# BERLIN 1933–1945
## ZWISCHEN PROPAGANDA UND TERROR

# BERLIN 1933–1945
## ZWISCHEN PROPAGANDA UND TERROR

Herausgegeben von der
Stiftung Topographie des Terrors

# IMPRESSUM

**Berlin 1933–1945
Zwischen Propaganda und Terror**

Ein Begleitkatalog zur gleichnamigen Ausstellung. Nicht enthalten sind die Sonderelemente „Adressen der Macht 1936" und „Die nationalsozialistischen Fest- und Feiertage 1937".

Herausgeber
Stiftung Topographie des Terrors
vertreten durch Prof. Dr. Andreas Nachama

Konzeption und wissenschaftliche Bearbeitung
Dr. Claudia Steur
Mirjam Kutzner

Wissenschaftliche Beratung
Prof. Dr. Laurenz Demps
Prof. Dr. Peter Steinbach
Prof. Dr. Johannes Tuchel

Lektorat
Anna von Arnim

Englische Übersetzung
Karen Margolis

Ausstellungsarchitektur
Heinle, Wischer und Partner, Berlin
Ursula Wilms

Ausstellungsgrafik und Katalog
Braun Engels Gestaltung, Ulm
Eike Beck, Umschlag Gerhard Braun

Medien
Andreas Wenzel
eventify, Berlin

Titelfoto
Für den Film „Hans Westmar" im Sommer 1933 nachgestellte Szene des Fackelzuges vom 30. Januar 1933, Landesarchiv Berlin.

Druck
EBERL PRINT, Immenstadt

© 2010 Stiftung Topographie des Terrors und die Urheberrechtsinhaber. Alle Rechte vorbehalten.

ISBN 978-3-941772-02-1

Gefördert durch
den Beauftragten der Bundesregierung für Kultur und Medien (BKM) und den Regierenden Bürgermeister von Berlin, Senatskanzlei – Kulturelle Angelegenheiten

**Für die freundliche Unterstützung danken wir folgenden Institutionen**
Akademie der Künste, Berlin; Alliierten Museum, Berlin; akg-images, Berlin; Bayerische Staatsbibliothek München; Bibliothek für bildungsgeschichtliche Forschung, Berlin; Bildarchiv Preußischer Kulturbesitz, Berlin; Bundesarchive Berlin und Koblenz; Bundesbeauftragte für die Unterlagen des Staatssicherheitsdienstes (BStU), Berlin; DEFA-Stiftung, Berlin; Deutsche Kinemathek, Berlin; Deutsches Historisches Museum, Berlin; Deutsches Rundfunkarchiv Frankfurt; Entschädigungsbehörde Berlin; Erich Schmidt Verlag; Focus; Gedenkstätte Deutscher Widerstand, Berlin; Gedenkstätte und Museum Sachsenhausen, Oranienburg; Heimatmuseum Köpenick, Berlin; Historisches Archiv Köln; Hoffnungstaler Anstalten Lobetal; Karl Rauch Verlag, Düsseldorf; Landesarchiv Berlin; Landesdenkmalamt Berlin; Landesverband der Sinti und Roma Berlin-Brandenburg; Leo Baeck Institute, New York; rbb, Berlin; Schwules Museum, Berlin; Staatsbibliothek Berlin; Stiftung Neue Synagoge Berlin – Centrum Judaicum; Stadtmuseum Berlin; Süddeutscher Bilderdienst, München; Ullstein Bilderdienst, Berlin sowie dem Zentrum für Berlin-Studien

**und Personen**
Michael Albrecht, Dr. Götz Aly, Prof. Dr. Wolfgang Ayaß, Frau Bartsch, Prof. Dr. Detlev Belling, Gabriele Bohm, Jürgen Bogdahn, Christian Boros, Jan Cantow, Herr Dr. Dettmer, Marion Dlugosch, Peter Eckel, Dennis Egginger, Prof. Dr. Manfred Gailus, Heike Geisler, Waltraud Girbig, Prof. Dr. Wolf Gruner, Evelin-Gisela Halke, Stefan Hanel, René Heilig, Babette Heusterberg, Dr. Ute Hoffmann, Jonna Josties, Sven Felix Kellerhoff, Prof. Dr. Alfons Kenkmann, Peter Leon, Dr. Astrid Ley, Monika Liebscher, Herr Leutner, Dr. Martin Luchterhandt, Marian Natter, Dr. Claudia Nothelle, Alessandro Pastore, Herr Pett, Andreas Pretzel, Matthias Meissner, Prof. Dr. Günther Morsch, Beate Niemann, Nina Reiter, Petra Rosenberg, Traudel Rosenthal, Karl-Heinz Rümenast, Dr. Dietmar Schiller, Manuela Schulz, Michael Sontheimer, Karl-Heinz Steinle, Frau Steuck, Karsten Sydow, Dr. Günter Thiede, Peter Vier, Horst Weigert, Bianca Welzing-Bräutigam, Andreas Wenzel, Prof. Dr. Michael Wildt, Dr. Susanne Willems

**INHALT**

7 Andreas Nachama
**Vorwort**

**Ausstellung**

| 8 | **DAS BERLIN DER WEIMARER REPUBLIK** |
| 30 | **ETABLIERUNG DER FÜHRERDIKTATUR IN BERLIN** |
| 50 | **BERLIN UND DIE „VOLKSGEMEINSCHAFT"** |
| 114 | **BERLIN IM KRIEG 1939–1945** |
| 168 | **BERLIN UND DIE FOLGEN DER NS-HERRSCHAFT** |

**Essays**

201 Michael Wildt
**„Volksgemeinschaft"**

207 Johannes Tuchel
**Radikalisierung und Formen des nationalsozialistischen Terrors in Berlin**

216 Wolf Gruner
**Die Berliner Stadtverwaltung und die Judenverfolgung**

223 Andreas Pretzel
**Homosexuellenverfolgung in Berlin – Politische Strategien und Verfolgungspraxis**

230 Laurenz Demps
**Kontrolle und Überwachung ausländischer Zwangsarbeiter in Berlin – Der „Sonderfahndungsplan der Kriminalpolizeileitstelle Berlin"**

234 Peter Steinbach
**Berlin – Hauptstadt des Widerstands**

242 Sven Felix Kellerhoff
**Luftkrieg um die Reichshauptstadt**

249 Laurenz Demps
**Berlin und die Folgen der NS-Herrschaft**

255 **Nachweis der verwendeten Zitate und Zeitungen**
258 **Ausgewählte Literatur**
261 **Personenregister**
263 **Die Autoren**
264 **Abkürzungsverzeichnis**

## VORWORT

Auch 65 Jahre nach dem Ende der nationalsozialistischen Herrschaft fehlt noch immer eine Gesamtdarstellung über das Berlin der NS-Zeit. Dies liegt einerseits an der disparaten Quellenlage, zum anderen an der jahrzehntelangen Teilung der Stadt und der Zersplitterung wichtiger Aktenbestände.

Die Ausstellung „Berlin 1933–1945. Zwischen Propaganda und Terror" thematisiert die nationalsozialistische Politik in Berlin und ihre Folgen für die Stadt und ihre Bevölkerung. Sie zeigt, wie es den Nationalsozialisten gelang, im „roten" Berlin Fuß zu fassen und die Stadt zum politischen Zentrum ihrer Herrschaft auszubauen.

In der deutschen Hauptstadt hatten nicht nur alle Ministerien ihren Sitz, hier etablierten die Nationalsozialisten auch die wichtigsten Terrorbehörden. Die Stadt nahm bei der Verfolgung Andersdenkender und rassisch „Missliebiger" vielfach eine Vorreiterrolle ein. In den Expansionsplänen der Nationalsozialisten kam der Reichshauptstadt eine besondere Bedeutung zu. Hier entstanden die Pläne zur Eroberung eines „Weltreiches": Berlin sollte zur „Welthauptstadt Germania" ausgebaut werden. Der Beginn des Krieges führte in Berlin zunächst zu einer Radikalisierung der Verfolgungspolitik. Für einzelne Bevölkerungsgruppen, beispielsweise Juden, „Zigeuner" und Behinderte, bedeutete dies den sicheren Tod. Die Berliner „Volksgenossen" hingegen erlebten den Krieg zunächst als schnelle Abfolge von Siegen. Zu einer erheblichen Verschlechterung der Lebensbedingungen kam es erst durch den in der zweiten Kriegshälfte verstärkt geführten Luftkrieg um Berlin.

Ab dem 2. Mai 1945 schwiegen die Waffen in Berlin. Das ehemalige Regierungszentrum lag in Schutt und Asche. Einschusslöcher in Fassaden, der Ruinenturm der Kaiser-Wilhelm-Gedächtnis-Kirche, Stolpersteine, Gedenktafeln und Spuren der NS-Herrschaft – das Vergangene bleibt gegenwärtig. Die Dokumentation im Ausstellungsgraben der „Topographie des Terrors" soll helfen, diese Spuren lesbar zu machen, um verstehen zu helfen, was damals geschah und welche Folgen es für unsere Gegenwart hat.

Berlin, im Juli 2010

Professor Dr. Andreas Nachama
Geschäftsführender Direktor
Stiftung Topographie des Terrors

Das Luftschiff Graf Zeppelin über dem
Brandenburger Tor, August 1929.

# DAS BERLIN DER WEIMARER REPUBLIK

Mit Gründung des Deutschen Reiches 1871 wurde Berlin das politische Zentrum Deutschlands. Innerhalb kurzer Zeit entwickelte sich die bevölkerungsstärkste Stadt im Reich zum wichtigsten Wirtschafts- und Kulturstandort. In den 1920er Jahren galt Berlin als attraktivste Metropole Europas.

Die 1929 einsetzende Weltwirtschaftskrise traf die Stadt besonders hart. Vor allem die finanziellen Belastungen infolge der Massenarbeitslosigkeit trieben Berlin an den Rand des Ruins. Zudem wurden Oberbürgermeister und Stadtverwaltung in einen Korruptionsskandal verwickelt. Das Vertrauen der Bürger in die Politik schwand. Die daraus resultierende politische Krise begünstigte den Aufstieg der bisher in Berlin erfolglosen NSDAP. Noch im selben Jahr zog sie erstmals in die Stadtverordnetenversammlung ein.

An der Spitze der Berliner NSDAP stand seit 1926 Joseph Goebbels. Unter seiner Führung machte die Partei durch Aufmärsche und Straßenschlachten auf sich aufmerksam und konnte immer mehr Wähler gewinnen. Trotz des Stimmenzuwachses war die NSDAP in Berlin nicht so erfolgreich wie im Reich. Dort war sie seit Juli 1932 stärkste Partei. Sechs Monate später wurde Hitler in Berlin zum Reichskanzler ernannt.

# ZENTRUM VON POLITIK UND WIRTSCHAFT

Der Reichstag, Sitz des deutschen Parlaments, um 1920. Auch die Reichsregierung hatte in Berlin ihren Sitz.

Paul von Hindenburg (1847–1934), um 1930. Der ehemalige Generalfeldmarschall war von 1925 bis 1934 Reichspräsident. Hindenburg ernannte 1933 Hitler zum Reichskanzler und ebnete mit der Unterzeichnung der „Verordnung zum Schutz von Volk und Staat" Ende Februar den Weg in die nationalsozialistische Diktatur.

Der Preußische Landtag, um 1930. Preußen war das größte und bevölkerungsstärkste Land des Deutschen Reiches und galt bis Sommer 1932 als Bollwerk der Demokratie.

Zeitungsverkäufer am Halleschen Tor, Berlin, 1930. Die Berliner Presselandschaft wurde von den Verlagshäusern Mosse, Scherl und Ullstein dominiert. Die Berliner konnten zwischen 45 Morgen-, 14 Abend-, zwei Mittagszeitungen und verschiedenen Zeitschriften wählen.

Montagehalle der Siemens-Schuckert-Werke, um 1930. Zu den wichtigsten Wirtschaftszweigen Berlins zählten die Industrie, die Modebranche und der Finanz- und Dienstleistungssektor. Führende Industrieunternehmen waren Siemens und AEG.

# BERLIN IN ZAHLEN 1929

**GROSS-BERLIN**

| | |
|---|---:|
| Fläche: | 883,47 km² |
| Verwaltungsbezirke: | 20 |
| Einwohnerzahl: | 4.346.735 |
| Unterstützte Arbeitslose: | 3% (167.700) |
| Touristen: | 1.633.133 |

**RELIGIONSZUGEHÖRIGKEIT**

| | |
|---|---:|
| Evangelisch: | 76% |
| Katholisch: | 10% |
| Jüdisch: | 4,3% |
| | (170.000) |
| Atheistisch: | 7,2% |

**BILDUNG, KULTUR UND UNTERHALTUNG**

| | |
|---|---:|
| Universität: | 1 |
| Staatliche (Fach-) Hochschulen: | 10 |
| Schulen: | 841 |
| Städtische Bibliotheken: | 110 |
| Theater: | 41 |
| Opern: | 3 |
| Varietés und Kabarette: | 8 |
| Kinos: | 396 |
| Museen: | 30 |
| Kneipen und Restaurants: | 20.124 |

**WICHTIGSTE INDUSTRIEZWEIGE**

(Beschäftigte)

| | |
|---|---:|
| Elektroindustrie: | 147.000 |
| Maschinenbau: | 60.000 |
| Textilindustrie: | 52.000 |
| Druckgewerbe: | 37.000 |

Statistisches Jahrbuch Berlin 1931

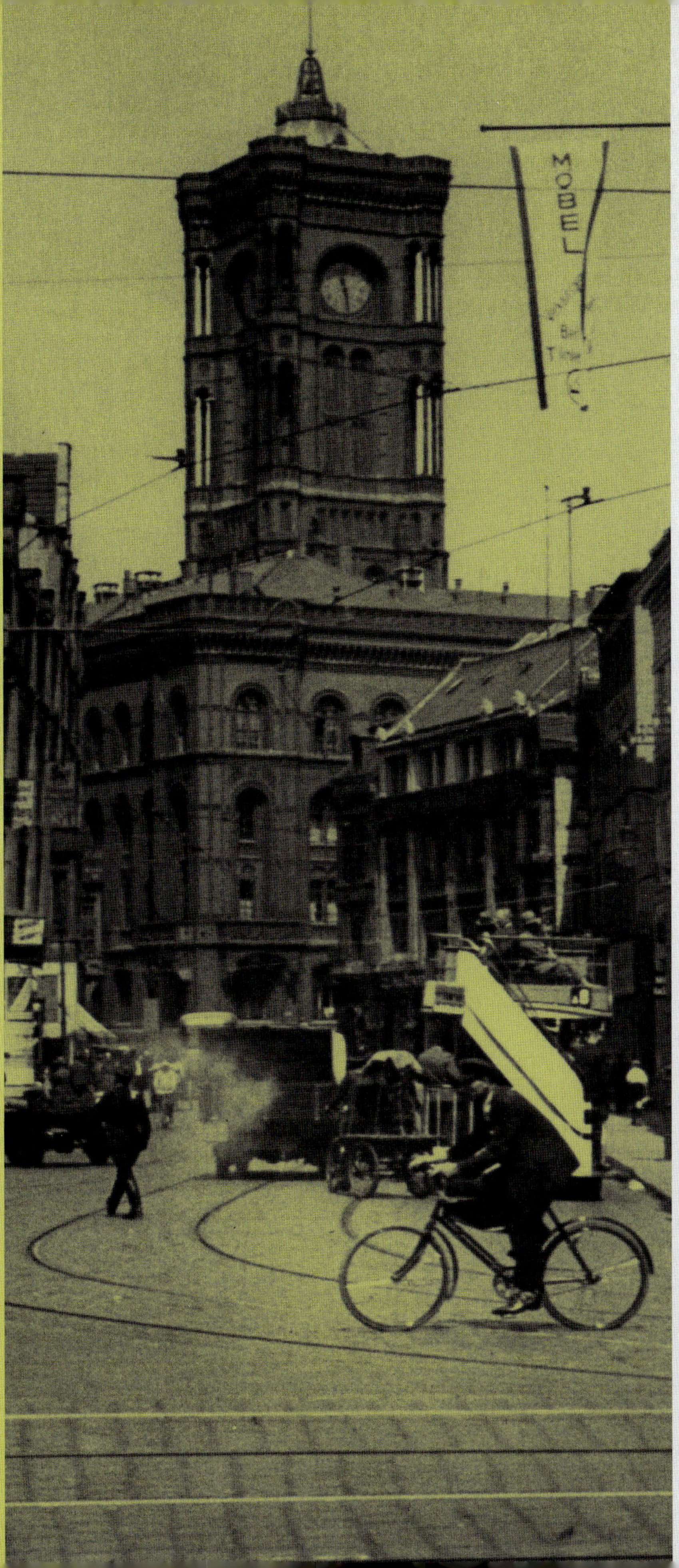


ullstein bild, Berlin

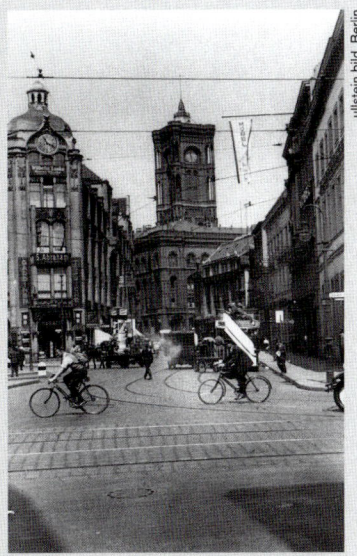

Das Berliner Rathaus, auch Rotes Rathaus genannt, Sitz des Berliner Oberbürgermeisters und des Magistrats, April 1930.

# ZENTRUM VON KULTUR UND BILDUNG

Die Scala-Girls, 1929. Zahlreiche Revuen prägten das liberale, freizügige Berlin der 1920er Jahre. Darüber hinaus boten mehr als 60 Berliner Bühnen ein vielfältiges Theaterprogramm.

„Berlin – Die Sinfonie der Grosstadt", Filmplakat, 1927. Berlin war das Zentrum der deutschen Filmindustrie und verfügte mit der Ufa über das größte Filmunternehmen außerhalb Hollywoods.

Romanisches Café am Kurfürstendamm 238, Zeichnung, um 1930. Zu den Gästen des beliebten Treffpunkts von Intellektuellen und Künstlern gehörten Otto Dix, Gottfried Benn, Else Lasker-Schüler, Bertolt Brecht, Max Liebermann und Stefan Zweig.

„[...] daß Berlin ungleich lebendiger, dynamischer, moderner war als das Paris des Montparnasse und des Café Dome. Berlin war das 20. Jahrhundert."
Hans Sahl, Erinnerungen, 1983

Friedrich-Wilhelms-Universität, Unter den Linden, um 1912. Berlin hatte zudem zehn Fachhochschulen und verfügte mit der Kaiser-Wilhelm-Gesellschaft über einen aus mehreren Instituten bestehenden renommierten Forschungsverband.

„Führer durch das lasterhafte Berlin", um 1930. Die Stadt war bekannt für ihr reges Nachtleben. Allein 150 Cafés und Vergnügungshäuser dienten der Schwulen- und Lesbenszene als Treffpunkte.

# WIRTSCHAFTSKRISE

Die Kaufleute Leo und Willy Sklarek, um 1928. Sie nutzten ihr Monopol zur Versorgung städtischer Beamter mit Dienstkleidung zum Betrug. Berlin verlor über zwei Millionen Mark. Oberbürgermeister Gustav Böß wurde Korruption vorgeworfen. 1929 trat er zurück, die Sklareks wurden verhaftet.

Die Weltwirtschaftskrise, die 1929 in den USA begann, führte 1931 in Deutschland zum Zusammenbruch zahlreicher Banken. Viele Kunden versuchten vergeblich – hier vor der Sparkasse der Stadt Berlin am Mühlendamm im Juli 1931 – ihr Geld abzuheben.

Pressemeldungen über die Auswirkung der Wirtschaftskrise auf Berlin, 1931. Im Mai musste die Stadt ihre Elektrizitätswerke verkaufen, um den Haushalt zu sanieren. Im Dezember schloss mit der A. Borsig GmbH in Tegel der weltweit zweitgrößte Lokomotivlieferant.

„Stall Sklarek – Der Berliner Bär wird gemolken", Karikatur, 29. September 1929. Der Skandal ließ das Vertrauen der Bürger in die Politik schwinden und führte zu einem Zulauf für die antidemokratischen Parteien. Die NSDAP nutzte den Skandal und die jüdische Herkunft der Sklareks erfolgreich für einen antisemitischen Wahlkampf. Ende 1929 zog die Partei erstmals in die Stadtverordnetenversammlung ein.

„Wir sind Pleite – darum geschlossen", Anschlag an einem Gemischtwarenladen in Berlin, 1932. Insbesondere der Kleinhandel litt unter der Weltwirtschaftskrise.

Unter dem Motto „Hallo! Ich suche Arbeit!" warb eine Berlinerin im Dezember 1931 um eine neue Anstellung. Durch die Massenentlassungen stieg die Arbeitslosenzahl in Berlin rasant an. 1932 waren 636.000 Berliner arbeitslos gemeldet, mehr als doppelt so viele wie 1929.

# POLITISCHE KRISE

Heinrich Brüning (1885–1970) im Berliner Sportpalast, 1930. Er war führendes Mitglied der katholischen Zentrumspartei und von 1930 bis 1932 Reichskanzler. Da Brüning für wichtige Gesetze keine Mehrheit fand, regierte er vor allem mit Notverordnungen.

In den 13 Jahren der Weimarer Republik wurden die Berliner zu sieben Reichstags-, fünf Landtags- und vier Stadtverordnetenwahlen aufgerufen. Der Dauerwahlkampf förderte die antidemokratische Haltung in der Bevölkerung. Wie in anderen Großstädten unterschied sich das Wahlverhalten aufgrund des hohen Arbeiteranteils in Berlin deutlich vom reichsweiten Gesamtergebnis. Die KPD erhielt hier deutlich mehr, die NSDAP weniger Stimmen als im Reichsdurchschnitt.

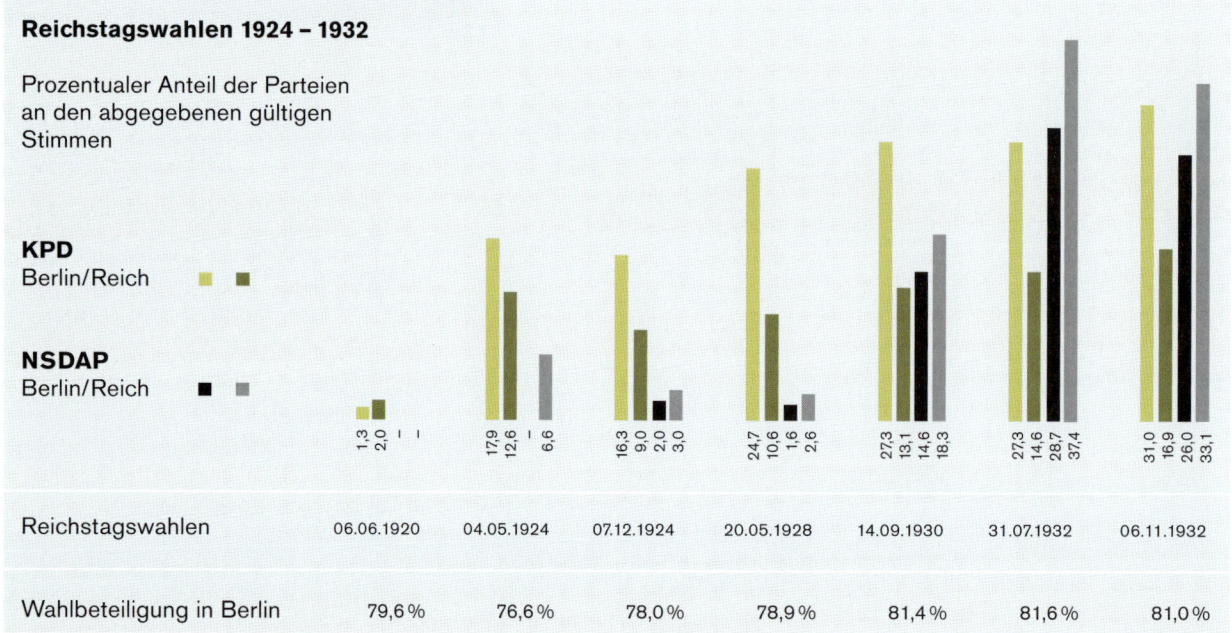

**Reichstagswahlen 1924 – 1932**

Prozentualer Anteil der Parteien an den abgegebenen gültigen Stimmen

**KPD** Berlin/Reich

**NSDAP** Berlin/Reich

| Reichstagswahlen | 06.06.1920 | 04.05.1924 | 07.12.1924 | 20.05.1928 | 14.09.1930 | 31.07.1932 | 06.11.1932 |
|---|---|---|---|---|---|---|---|
| KPD Berlin | 1,3 | 17,9 | 16,3 | 24,7 | 27,3 | 27,3 | 31,0 |
| KPD Reich | 2,0 | 12,6 | 9,0 | 10,6 | 13,1 | 14,6 | 16,9 |
| NSDAP Berlin | – | – | 2,0 | 1,6 | 14,6 | 28,7 | 26,0 |
| NSDAP Reich | – | 6,6 | 3,0 | 2,6 | 18,3 | 37,4 | 33,1 |
| Wahlbeteiligung in Berlin | 79,6 % | 76,6 % | 78,0 % | 78,9 % | 81,4 % | 81,6 % | 81,0 % |

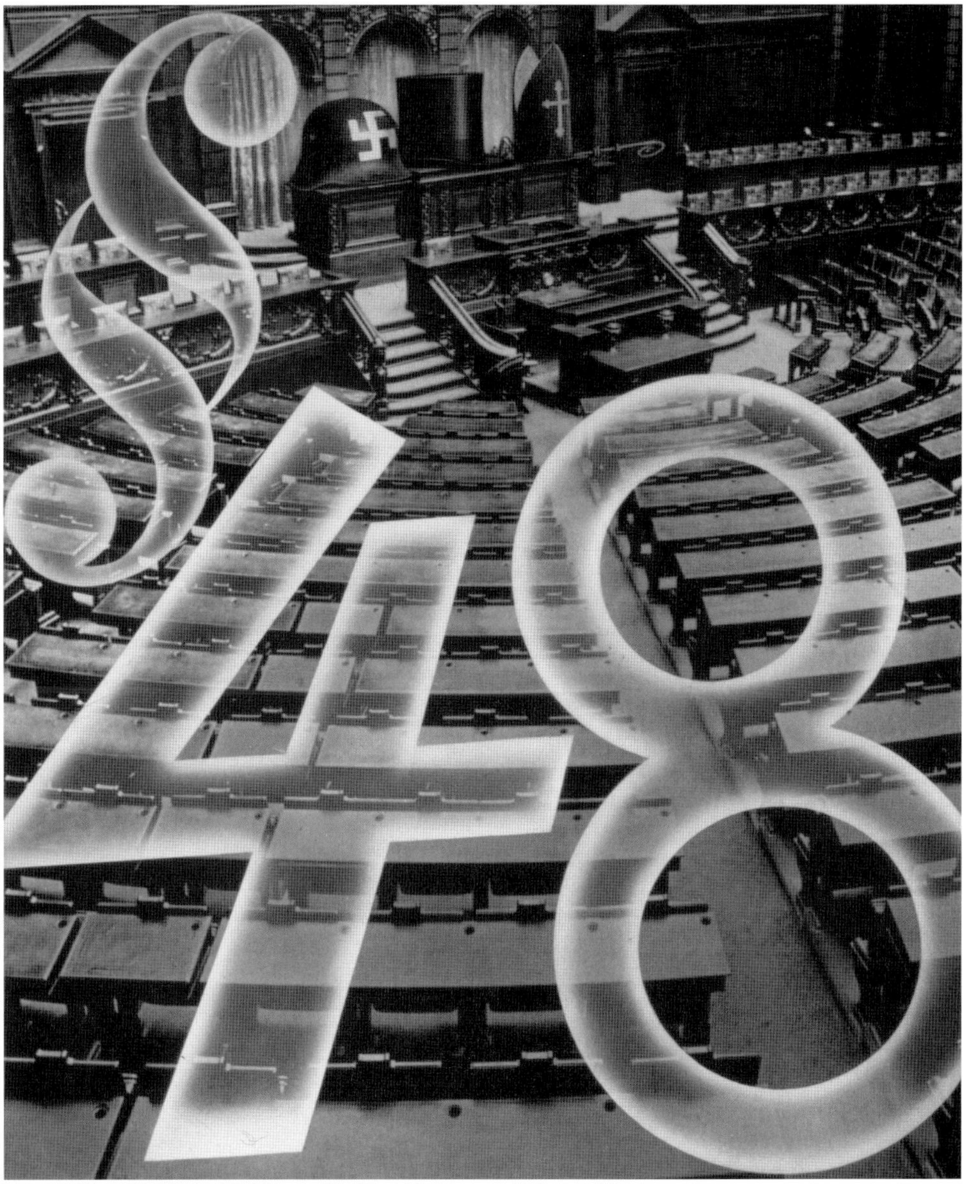

Archiv der Akademie der Künste, Berlin

„Das tote Parlament“, Fotomontage von John Heartfield, 1930. Aufgrund des Artikels 48 der Weimarer Reichsverfassung konnte der Reichspräsident wesentliche Grundrechte vorübergehend außer Kraft setzen und Notverordnungen ohne Zustimmung des Reichstages erlassen. Damit war das Parlament nahezu ausgeschaltet.

Landesarchiv Berlin

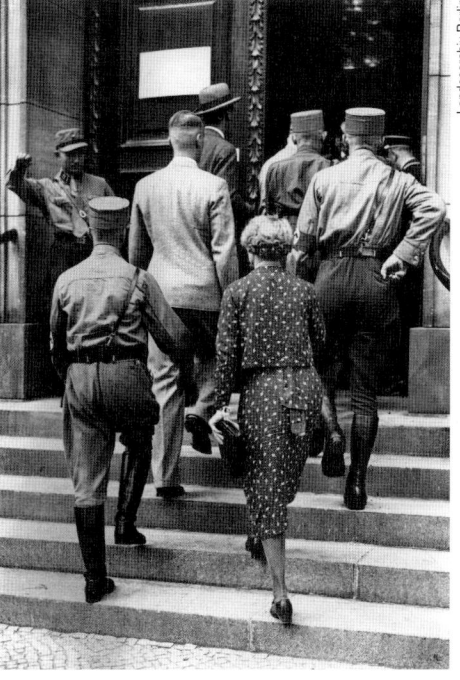

NSDAP-Abgeordnete auf dem Weg in den Reichstag, 30. August 1932. Die NSDAP war seit 1924 im Reichstag und im Preußischen Landtag vertreten, seit 1929 auch in der Stadtverordnetenversammlung.

# NSDAP IN BERLIN

Adolf Hitler (1889–1945), 1923. Der gebürtige Österreicher wurde 1921 Vorsitzender der NSDAP. Am 8./9. November 1923 versuchte er erfolglos, die bayerische Regierung zu stürzen. Er wurde verhaftet, die Partei verboten. Während der Haft verfasste Hitler den ersten Band von „Mein Kampf". Nach seiner vorzeitigen Entlassung 1925 gründete er die NSDAP neu und baute sie zur Massenorganisation aus. 1932 erhielt Hitler die deutsche Staatsbürgerschaft. Nach seiner Ernennung zum Reichskanzler 1933 begann er mit der Errichtung einer Führerdiktatur. Am 30. April 1945 beging er Selbstmord.

Dr. Joseph Goebbels (1897–1945), 1928. Der promovierte Germanist trat 1925 in die NSDAP ein. 1926 übernahm er die Führung der zerstrittenen Berliner NSDAP. Seine Doppelstrategie von Propaganda und gewalttätigen Straßendemonstrationen führte zwischen 1925 und 1930 zu einem Anstieg der Mitgliederzahlen von 350 auf 12.000. 1933 wurde er Reichsminister für Volksaufklärung und Propaganda sowie Präsident der Reichskulturkammer. Als Reichsbevollmächtigter für den totalen Kriegseinsatz mobilisierte er seit 1944 alle verfügbaren Kräfte zur Verteidigung des Reiches. Am 1. Mai 1945 beging er Selbstmord.

„Wer die Straße erobern kann, der kann auch die Massen erobern; und wer die Massen erobert, der erobert damit den Staat."
Joseph Goebbels, 1932

Erste Ausgabe der von Goebbels gegründeten und herausgegebenen Zeitung „Der Angriff", 4. Juli 1927. Die antisemitische und antiparlamentarische Zeitung der Berliner NSDAP erschien seit 1930 täglich. Zielscheibe nationalsozialistischer Hetze waren vor allem politische Gegner, Juden, Intellektuelle und Künstler.

Bericht über eine Schlägerei zwischen Kommunisten und Nationalsozialisten in den Pharus-Sälen im Arbeiterbezirk Wedding, 11. Februar 1927. Goebbels hatte die Ausschreitungen provoziert, indem er den KPD-Treffpunkt für eine NSDAP-Veranstaltung nutzte.

„Und was ich erwartet hatte, trat denn auch prompt ein: […] an die zehn Minuten wogte die Schlacht hin und her. Gläser, Flaschen, Tisch- und Stuhlbeine sausten wahl- und ziellos durch die Luft."
Joseph Goebbels, 1932

„Dritter Märkertag 29.–30. September 1928 – Berlin voran!", NSDAP-Plakat, 1928. Die Versammlungen des Gaues Berlin-Brandenburg wurden „Märkertage" genannt.

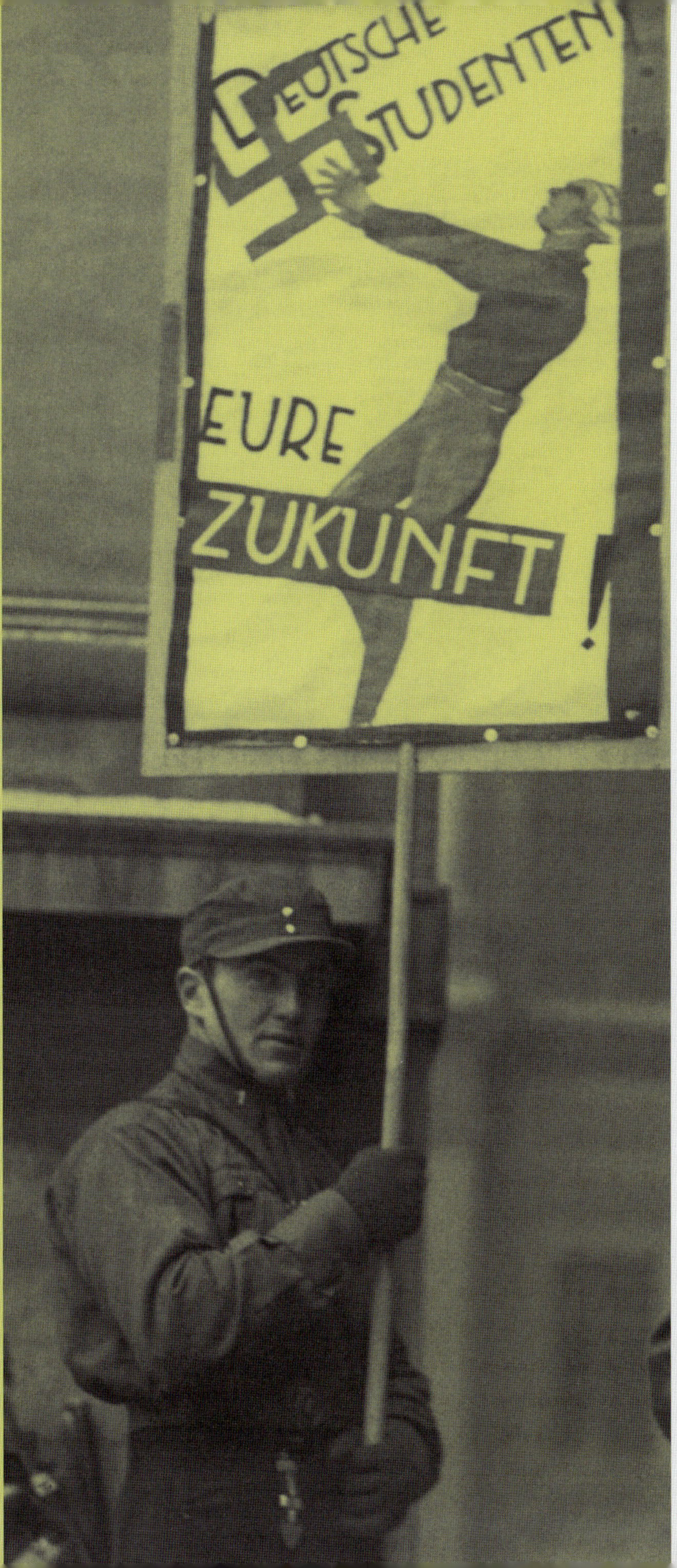


ullstein bild, Berlin

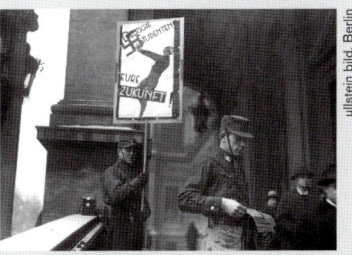

Angehörige der SA verteilen an der Friedrich-Wilhelms-Universität Propagandamaterial, um 1930.

# NSDAP AUF DER STRASSE

Eingeschlagene Schaufenster des Wäschehauses Grünfeld am Kurfürstendamm, 1930. Nachdem Anhänger der NSDAP das Geschäft der jüdischen Familie demoliert hatten, patrouillierten Schutzpolizisten vor dem Laden.

„Nazi-Krawalle am Kurfürstendamm", Pressemeldung, 13. September 1931. Unter maßgeblicher Beteiligung des SA-Führers Berlin-Brandenburg Wolf-Heinrich Graf von Helldorff kam es am 12. September 1931, dem jüdischen Neujahrsfest, auf dem Kurfürstendamm zu schweren Übergriffen auf jüdisch aussehende Passanten. Das milde Gerichtsurteil gegen Helldorff unterminierte das Vertrauen der in Berlin lebenden Juden in den Rechtsstaat.

Geschlossenes Geschäft der Berliner NSDAP, 15. April 1932. Der Terror von SA und SS führte im April 1932 zu einem reichsweiten Verbot der NSDAP und ihrer Gliederungen. In Berlin-Brandenburg war die Partei bereits 1927 für etwa ein Jahr verboten worden.

BVG-Streik vom 3. bis 7. November 1932. KPD und NSDAP riefen zum Streik gegen eine von den Berliner Verkehrsbetrieben (BVG) beabsichtigte Lohnsenkung auf, um die Arbeiter für sich zu gewinnen. Dies war die einzige gemeinsame Aktion der beiden verfeindeten Parteien. Die demokratischen Parteien befürchteten, dass KPD und NSDAP auch im Parlament kooperieren könnten und so die Mehrheit gehabt hätten.

# AUF DEM WEG ZUR MACHT

Wahlkampf, 1932. Bei der Reichstagswahl am 31. Juli 1932 erzielte die NSDAP mit 37,4 % der Stimmen im Reich und 28,7 % in Berlin ihr bestes Wahlergebnis und wurde stärkste Partei. Bei den Novemberwahlen 1932 verzeichnete sie bereits wieder Verluste.

„Wir gehen in den Reichstag hinein, um uns im Waffenarsenal der Demokratie mit deren eigenen Waffen zu versorgen. Wir werden Reichstagsabgeordnete, um die Weimarer Gesinnung mit ihrer eigenen Unterstützung lahmzulegen. […] Wir kommen als Feinde!"
Joseph Goebbels, 30. April 1928

Hitler in der Braunschweigischen Gesandtschaft in Berlin, 26. Februar 1932. Um für das Amt des Reichspräsidenten kandidieren zu können, musste der Österreicher Hitler zunächst deutscher Staatsbürger werden. Die nationalsozialistische Regierung in Braunschweig ernannte ihn am 26. Februar 1932 zum Regierungsrat. Mit dieser Ernennung war die deutsche Staatsbürgerschaft verbunden.

Wahlkampfrede von Gauleiter Joseph Goebbels auf der Terrasse des Berliner Schlosses, 1932.

Franz von Papen (1879–1969), 1932. Nachdem der konservative Politiker 1932 kurzzeitig Reichskanzler gewesen war, versuchte er durch eine Kooperation mit der NSDAP erneut an die Macht zu gelangen. Der ehemalige Zentrumspolitiker überzeugte Reichspräsident Hindenburg, Hitler zum Reichskanzler zu ernennen und war von 1933 bis 1934 Vizekanzler im Kabinett Hitler. Später fungierte er als Deutscher Botschafter in Wien und wechselte 1939 nach Ankara. 1946 wurde Papen vom Internationalen Militärgerichtshof in Nürnberg freigesprochen. Ein Jahr später verurteilte ihn die Spruchkammer Nürnberg zu acht Jahren Arbeitslager. 1949 wurde er vorzeitig aus der Haft entlassen.

„Wir engagieren uns Hitler!"
Franz von Papen, 1933

ullstein bild, Berlin

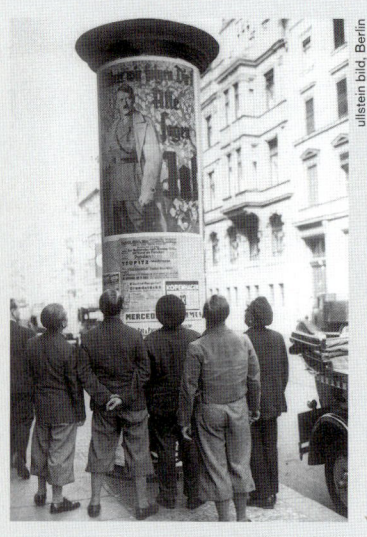

NSDAP-Plakat „Führer wir folgen Dir! Alle sagen Ja!“ an einer Litfaß-Säule, um 1933.

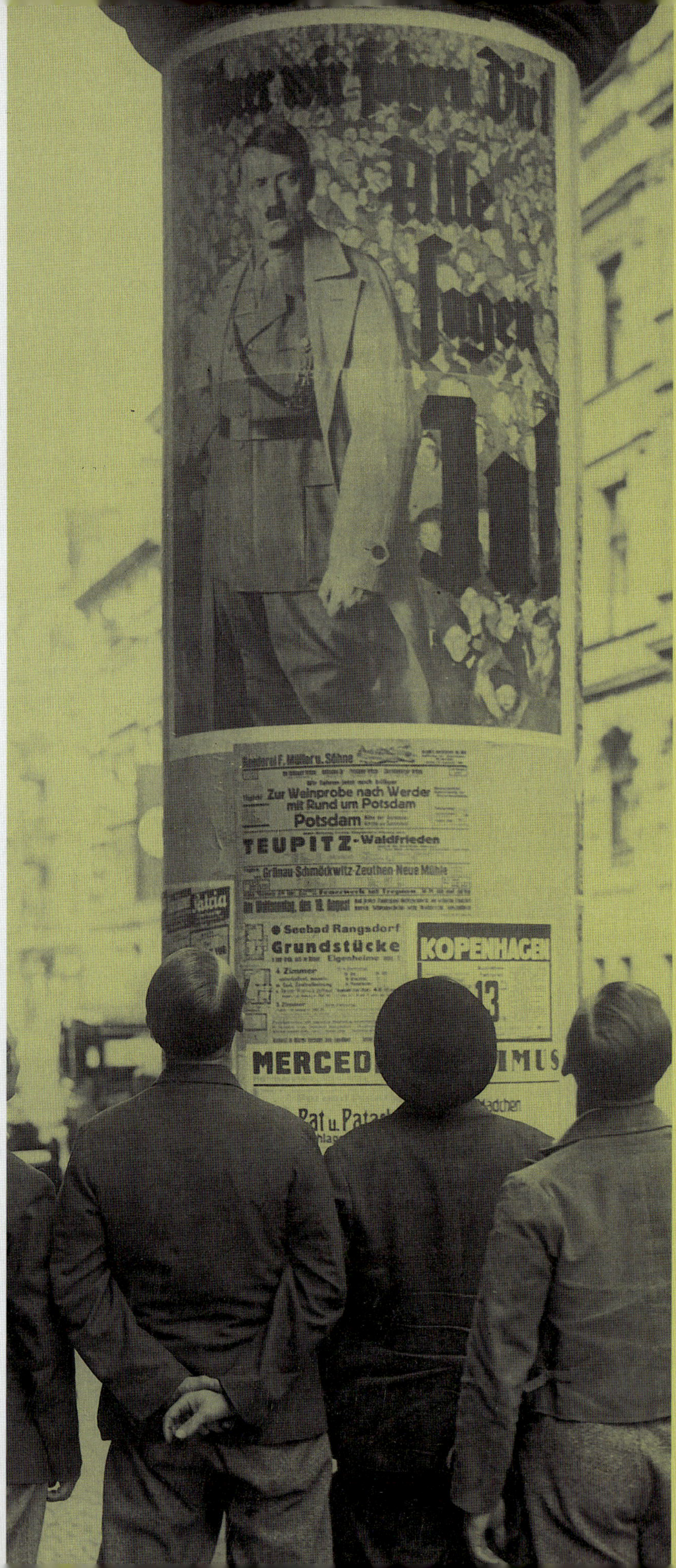

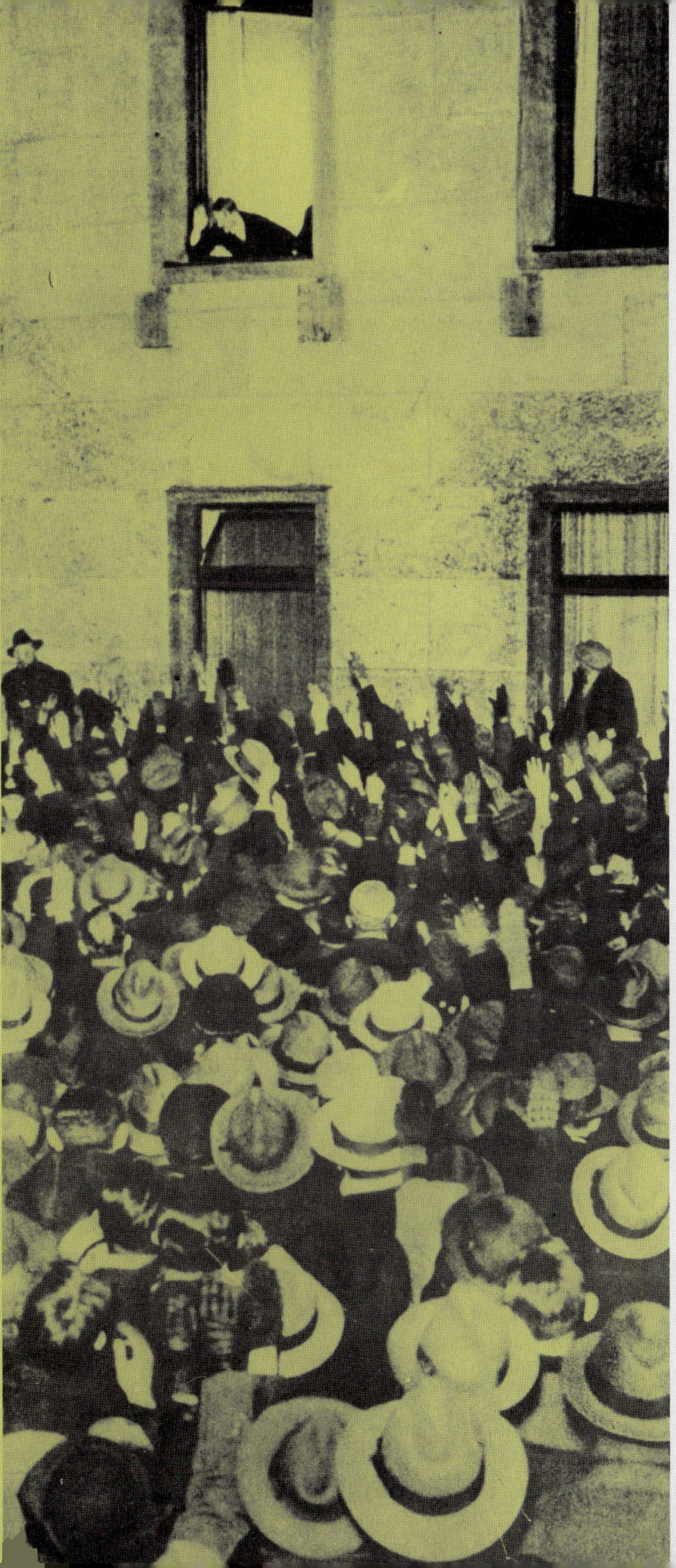

Bayerische Staatsbibliothek München

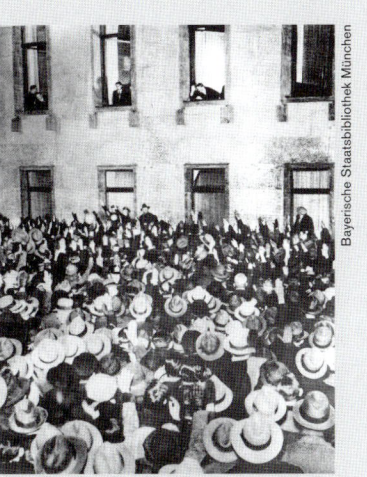

Hitler lässt sich am Abend des 30. Januar 1933 als neu ernannter Reichskanzler am Fenster des Erweiterungsbaus der Reichskanzlei von der Menge feiern.

Für den Film „Hans Westmar" im Sommer 1933 nachgestellte Szene des Fackelzuges vom 30. Januar 1933.

# ETABLIERUNG DER FÜHRERDIKTATUR

Unmittelbar nach der Ernennung Hitlers zum Reichskanzler festigten die Nationalsozialisten ihre Macht. Sie zerstörten die Demokratie und den Rechtsstaat, allerdings ohne die Weimarer Reichsverfassung formal abzuschaffen.

Um ihre Gegner mit allen Mitteln bekämpfen zu können, setzten sie wesentliche Grundrechte außer Kraft. Der nun eskalierende Terror führte auf den Straßen Berlins zu zahllosen willkürlichen Festnahmen, Misshandlungen und Morden. Mit dem Geheimen Staatspolizeiamt schufen die Nationalsozialisten im April 1933 in Berlin eine staatliche Behörde, die den schrankenlosen Terror in organisierte Bahnen lenken und die Verfolgung koordinieren sollte.

Gleichzeitig wurde das politische und kulturelle Leben „gleichgeschaltet". Versammlungs- und Meinungsfreiheit wurden abgeschafft, das Parlament entmachtet und der Einparteienstaat errichtet. Nach Beseitigung der Länderhoheit wurde Berlin zum Zentrum der Macht.

Nach der Ausschaltung der SA-Führung am 1. Juli 1934 und dem Tod von Reichspräsident Hindenburg am 2. August 1934 stand Hitlers Herrschaft nichts mehr im Wege.

# MACHTANTRITT

Eine jubelnde Menge umringt Hitlers Wagen, Reichskanzlei, 30. Januar 1933.

Hitler verlässt nach seiner Ernennung zum Reichskanzler durch Hindenburg am 30. Januar 1933 die Reichskanzlei.

„Es ist fast wie ein Traum.
Die Wilhelmstraße gehört uns."
Joseph Goebbels, 30. Januar 1933

„Ich kann gar nicht so viel fressen,
wie ich kotzen möchte."
Max Liebermann, 30. Januar 1933

Nachgestellte Aufnahme des Fackelzuges vom 30. Januar 1933, Sommer 1933. Der Aufmarsch am Abend des 30. Januar beeindruckte viele Augenzeugen. Die NS-Presse berichtete von 500.000 Teilnehmern, der britische Botschafter in Berlin Horace Rumbold hingegen von 50.000.

## MACHTANTRITT

Bericht über das Kabinett Hitler, 30. Januar 1933. Es war das 21. Kabinett der Weimarer Republik. Da nur zwei Minister der NSDAP angehörten, sahen viele Bürger darin keine Bedrohung.

Hitler in seinem Arbeitszimmer in der Reichskanzlei, Februar 1933.

Hermann Göring (1893–1946), 1933. Der hochdekorierte Jagdflieger des Ersten Weltkriegs trat 1922 in die NSDAP ein. Seit 1928 war er Reichstagsabgeordneter. Als kommissarischer Innenminister und Ministerpräsident Preußens schuf er 1933 die Geheime Staatspolizei. Im selben Jahr wurde er Reichsminister für Luftfahrt, zwei Jahre später erhielt er den Oberbefehl über die Luftwaffe. Seit 1936 war er als „Beauftragter für den Vierjahresplan" für die Kriegsvorbereitungen verantwortlich. Er war an vielen NS-Verbrechen beteiligt. Im Nürnberger Hauptkriegsverbrecherprozess wurde er zum Tode verurteilt. Vor der Vollstreckung des Urteils beging er am 15. Oktober 1946 Selbstmord.

Joseph Goebbels, 1936. Er war seit dem 13. März 1933 Reichsminister für Volksaufklärung und Propaganda. Goebbels nutzte seine Kontrollfunktion über die Medien und alle Bereiche des kulturellen Lebens, um die Bevölkerung im nationalsozialistischen Sinne auszurichten.

# TERROR GEGEN POLITISCHE GEGNER

Verordnung zum „Schutz von Volk und Staat" vom 28. Februar 1933. Sie setzte wesentliche Grundrechte außer Kraft und ermöglichte die massive Bekämpfung politischer Gegner.

Pressemeldung zum Reichstagsbrand, 1. März 1933. Die Nationalsozialisten machten die Kommunisten für den in der Nacht vom 27. zum 28. Februar gelegten Brand verantwortlich und nutzten ihn als Vorwand für die Verfolgung politischer Gegner.

Appell politischer Häftlinge im Konzentrationslager (KZ) Oranienburg, links außen die SPD-Politiker Ernst Heilmann und Friedrich Ebert junior, August 1933. In Oranienburg, vor den Toren Berlins, befand sich eines der ersten Lager zur Inhaftierung politischer Gegner.

Rekrutierung von Hilfspolizisten durch die SA, Februar 1933. In Preußen erhielten etwa 50.000 Angehörige von SA, SS und Stahlhelm polizeiliche Befugnisse. In der Folge eskalierte der Terror gegen politische Gegner.

Bericht eines SS-Mannes über das KZ Columbia in der Arbeiterzeitung AIZ, 23. Mai 1935. Das KZ Columbia diente von Sommer 1933 bis Oktober 1936 als Haftstätte.

Fahrzeug der Gestapo im KZ Columbia, um 1936. Mit solchen Fahrzeugen wurden seit Mai 1935 täglich um 7.30, 13.00 und 17.00 Uhr Häftlinge zum Verhör in die Gestapo-Zentrale in der Prinz-Albrecht-Straße gebracht.

bpk, Berlin

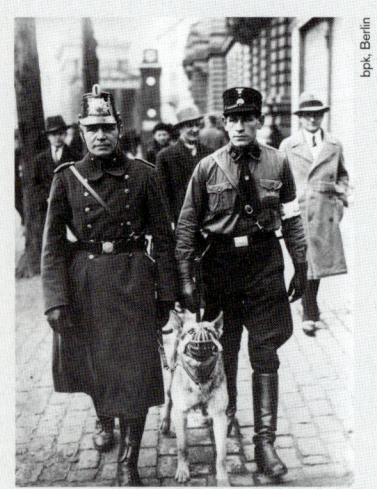

Ein Berliner Schutzpolizist und ein SS-Hilfspolizist auf Patrouille, 5. März 1933.

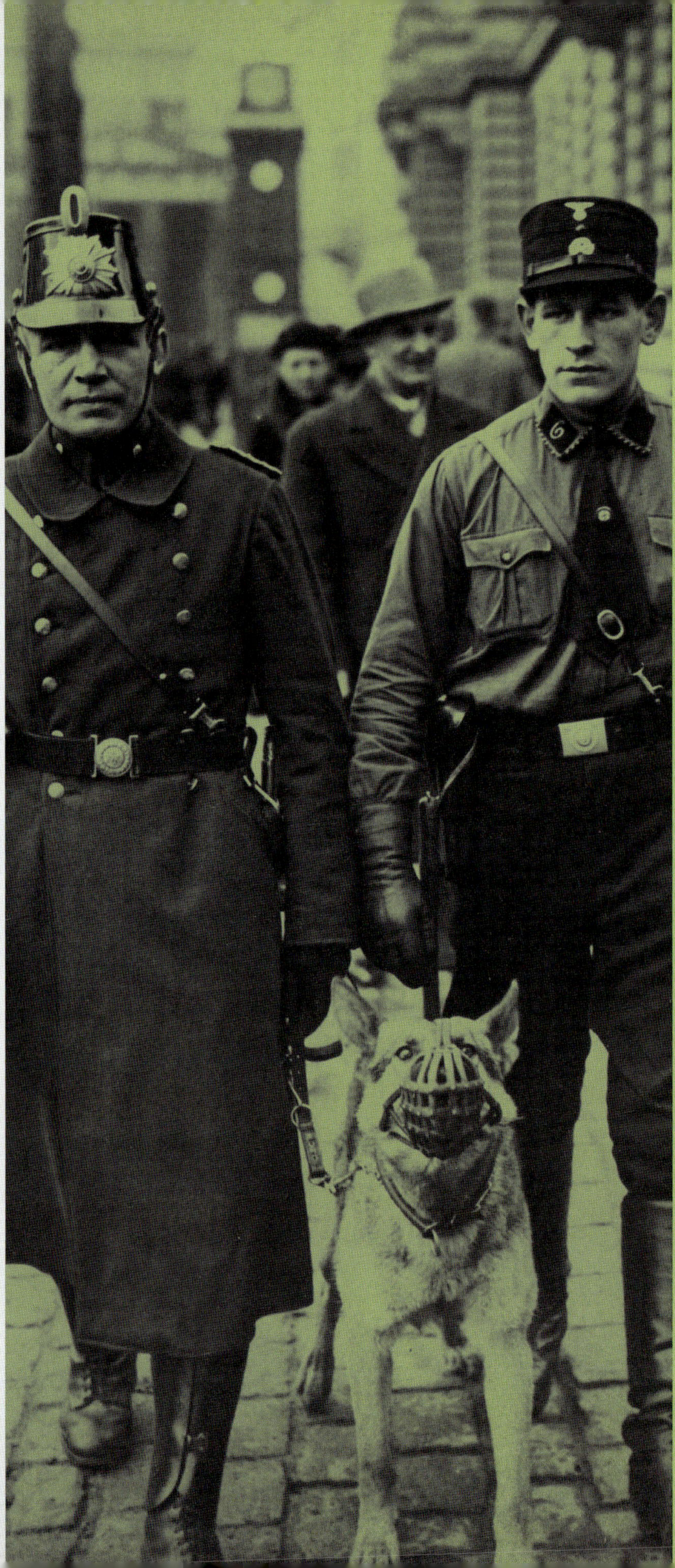

# HAFTSTÄTTEN IN BERLIN

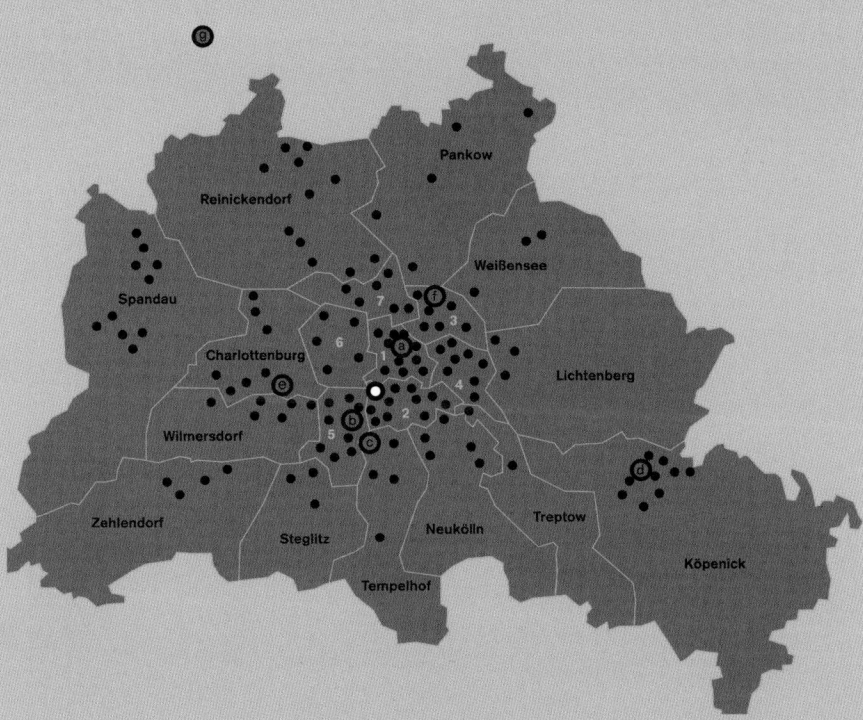

1 Mitte
2 Kreuzberg
3 Prenzlauer Berg
4 Friedrichshain
5 Schöneberg
6 Tiergarten
7 Wedding

○ Hausgefängnis im Geheimen Staatspolizeiamt, Prinz-Albrecht-Straße 8

ⓐ Polizeigefängnis am Alexanderplatz

ⓑ Gefängnis in der Polizeikaserne General-Pape-Straße

ⓒ KZ Columbia

ⓓ Amtsgerichtsgefängnis Köpenick

ⓔ SA-Kaserne Rosinenstraße

ⓕ SA-Kaserne Wasserturm

ⓖ Konzentrationslager Oranienburg

• SA-Sturmlokale und -kasernen

Karte der frühen Berliner Konzentrationslager und Haftstätten. 1933 wurden an über 150 Orten in der Stadt politische Gegner festgehalten, misshandelt und ermordet.

Heimatmuseum Köpenick

# „KÖPENICKER BLUTWOCHE"

Eingang zum Amtsgerichtsgefängnis Köpenick, eine der Haftstätten während der „Köpenicker Blutwoche". Vom 21.–26. Juni 1933 wurden hunderte politische Gegner von der SA in Sturmlokale geschleppt und misshandelt. Mindestens 23 Menschen starben.

Johann Schmaus (1879–1933), undatiert. In der Nacht vom 21. Juni 1933 drangen SA-Angehörige in die Wohnung des SPD-Politikers ein, misshandelten und erhängten ihn.

Anton Schmaus (1910–1934), undatiert. Bei dem Versuch seinen Vater zu schützen, tötete er am 21. Juni zwei SA-Männer und verletzte einen dritten tödlich. Anton Schmaus floh, stellte sich aber später. Auf dem Polizeipräsidium Alexanderplatz wurde er von SA-Männern angeschossen. Anfang 1934 starb er an den Folgen seiner Verletzungen.

Pressebericht, 27. Juni 1933. Die von Schmaus getöteten SA-Angehörigen wurden von den Nationalsozialisten zu Märtyrern stilisiert. In Köpenick wurden zwei Straßen nach ihnen benannt.

# BÜCHERVERBRENNUNG

Plünderung und Zerstörung des Magnus-Hirschfeld-Instituts, 10. Mai 1933. Hirschfeld war den Nationalsozialisten seit Langem ein Dorn im Auge. Sein renommiertes Sexualforschungsinstitut wurde 1933 geschlossen.

Berliner Opernplatz, 10. Mai 1933. Opfer der Flammen wurden unter anderem die Bibliothek des Hirschfeld-Instituts sowie Werke von Erich Kästner, Heinrich Mann, Rosa Luxemburg, Karl Marx und Friedrich Engels.

„Ich stand vor der Universität, eingekeilt zwischen Studenten in SA-Uniform, den Blüten der Nation, sah unsere Bücher in die zuckenden Flammen fliegen und hörte die schmalzigen Tiraden des kleinen abgefeimten Lügners [Goebbels]."
Erich Kästner

Nationalsozialistische Studenten bringen „undeutsche" Bücher zum Opernplatz, 10. Mai 1933. In einer geplanten Aktion beschlagnahmten die Nationalsozialisten politisch unerwünschte Publikationen und verbrannten diese.

Berliner Opernplatz, 10. Mai 1933. In Anwesenheit von Gauleiter Joseph Goebbels und unter den Augen zahlreicher Schaulustiger verbrannten Studenten tausende politisch unerwünschte Schriften.

# „GLEICHSCHALTUNG" DES REICHES

„Der Reichstag übergibt Adolf Hitler die Herrschaft", Pressebericht, 24. März 1933. Mit dem „Ermächtigungsgesetz" gingen die Gesetzgebung und alle anderen Kompetenzen des Reichstags auf die Reichsregierung über. Lediglich die SPD hatte gegen die Selbstentmachtung des Parlamentes gestimmt.

Dr. Robert Ley (1890–1945) während seiner Rede zur „Gleichschaltung" der Gewerkschaften, Lustgarten, 5. Mai 1933. Der Chemiker war seit 1925 Mitglied der NSDAP und seit 1926 Gauleiter im Rheinland. Anfang Mai 1933 ließ er die Gewerkschaften auflösen und gründete am 10. Mai mit der Deutschen Arbeitsfront (DAF) die größte NS-Massenorganisation, die er bis Kriegsende leitete. 1945 wurde er vor dem Internationalen Militärgerichtshof in Nürnberg als Kriegsverbrecher angeklagt. Vor Beginn der Hauptverhandlung beging er am 26. Oktober 1945 Selbstmord.

Reichsbischof Ludwig Müller (1883–1945) im Berliner Dom, 27. September 1933. Müller wurde 1933 zum Reichsbischof ernannt, um die evangelische Kirche „gleichzuschalten". Der Nationalsozialist war Mitbegründer der Deutschen Christen, die eine Synthese zwischen Christentum und Nationalsozialismus propagierten. Als Gegenbewegung entstand im Mai 1934 die von Pfarrer Martin Niemöller mitgegründete „Bekennende Kirche". Sie widersetzte sich der „Gleichschaltung" der evangelischen Kirche und entwickelte sich zu einem Zentrum des christlichen Widerstandes.

Pressemeldungen aus den Monaten Februar bis Juni 1933 über die „Gleichschaltung". Zur Herrschaftssicherung ergriffen die Nationalsozialisten eine Reihe von Maßnahmen. Sie reichten vom Verbot der linken Parteien über den Aufbau einer Einheitsgewerkschaft bis zur Kontrolle der Medien. Mit dem Vatikan wurde am 20. Juli ein Konkordat geschlossen. Darin sicherte das Deutsche Reich der katholischen Kirche die Freiheit des Bekenntnisses und seine öffentliche Ausübung in Deutschland zu.

# „GLEICHSCHALTUNG" BERLINS

Heinrich Sahm (1877–1939), 18. Januar 1932. Der seit 1931 amtierende Oberbürgermeister von Berlin wurde nach dem Machtantritt der Nationalsozialisten von Staatskommissar Julius Lippert kontrolliert und verlor an Einfluss. Ende 1935 legte er daher sein Amt nieder und ging als Gesandter nach Oslo. Oskar Maretzky übernahm die kommissarische Leitung des Oberbürgermeisteramtes.

Dr. Julius Lippert (1895–1956), 1938. Er war seit 1927 Mitglied der NSDAP und Chefredakteur der NS-Zeitung „Der Angriff". Als Staatskommissar für Berlin kontrollierte er seit 1933 Stadtverwaltung und Oberbürgermeister. Von 1937 bis 1940 war er zudem Oberbürgermeister von Berlin. Lippert nahm am Westfeldzug teil und war 1941 auf dem Balkan eingesetzt. 1943 wurde er Kommandant der belgischen Stadt Arlon. In Belgien wurde er 1952 zu sieben Jahren Zwangsarbeit verurteilt, jedoch kurz darauf nach Deutschland abgeschoben. Dort starb er 1956.

## Nationale Männer in den Magistrat!
### Konsequenzen des gestrigen Wahlsieges: Vor entscheidenden Personalveränderungen.
### Graf Helldorff und Dr. Lippert bei Oberbürgermeister Sahm.

Pressemeldung über die politische Säuberung des Stadtparlaments durch die Nationalsozialisten, 13. März 1933. Sie waren seit der Wahl zur Stadtverordnetenversammlung am 12. März 1933 mit 38,2 % der Stimmen stärkste Partei.

# BVZ Berliner Volks-Zeitung

Montag, 27. Februar 1933 — ABEND-AUSGABE — Nr. 98 – 81. Jahrgang

## Wohnung eines S.P.D.-Stadtrats nachts gestürmt und demoliert

### Schüsse durch die Tür — Ueberfall auf Abg. Löwenstein

„Wohnung eines SPD-Stadtrats nachts gestürmt und demoliert", Pressemeldung, 27. Februar 1933. Der jüdische SPD-Stadtrat Kurt Löwenstein emigrierte nach dem nächtlichen Überfall der SA mit seiner Familie nach Frankreich.

Vereidigung der Reichsstatthalter in der Reichskanzlei durch Wilhelm Frick, Rudolf Heß, Adolf Hitler und Hans Heinrich Lammers, 31. Oktober 1934. Links die Reichsstatthalter Martin Mutschmann, Fritz Sauckel, Wilhelm Murr, Robert Wagner, Jakob Sprenger, Friedrich Hildebrandt. Sie sollten eine einheitliche nationalsozialistische Politik in den Ländern gewährleisten. Reichsstatthalter von Berlin war zunächst Adolf Hitler. 1935 übertrug er die Ausübung des Amtes auf den preußischen Ministerpräsidenten Hermann Göring.

# ETABLIERUNG DER FÜHRERDIKTATUR

„Hitler zerschlägt Röhm-Meuterei", Pressemeldung, 1. Juli 1934. SA-Chef Ernst Röhm wollte seinen paramilitärischen Kampfverband zu einem Volksheer ausbauen. Damit wäre die SA zu einem unkalkulierbaren Machtfaktor geworden. Hitler nutzte angebliche Umsturzpläne als Vorwand, um die SA-Führung auszuschalten und politische Gegner zu ermorden.

Karl Ernst (1904–1934), 1933. Er gehörte seit 1923 der Berliner SA an und war an zahlreichen antisemitischen Ausschreitungen beteiligt. Am 20. März 1933 wurde er Chef der SA in Berlin-Brandenburg und befehligte seither die Verfolgung politischer Gegner. Im Zuge des „Röhm-Putsches" wurde er am 30. Juni 1934 in der Kaserne der Leibstandarte SS Adolf Hitler in Berlin-Lichterfelde erschossen.

Todesanzeige für Erich Klausener, 3. Juli 1934. Die NS-Führung nutzte den „Röhm-Putsch", um auch politische Gegner wie den katholischen Politiker und Regimegegner Erich Klausener zu ermorden. Seine Todesanzeige erschien auf Weisung der Gestapo ohne die Worte „für Familie, Kirche und Vaterland".

Trauerfeier des Reichstags für den am 2. August verstorbenen Reichspräsidenten Paul von Hindenburg in der Krolloper, 6. August 1934.

„Hitler Staatsoberhaupt", Pressemeldung, 3. August 1934. Noch am Todestag Hindenburgs übernahm Hitler auch die Funktion des Reichspräsidenten. Er nannte sich seither „Führer und Reichskanzler".

Truppenvereidigung in Berlin-Moabit, 2. August 1934. Die Ausschaltung der SA beendete den Konkurrenzkampf mit der Reichswehr. Sie blieb der einzige Waffenträger im Reich. Noch am Todestag Hindenburgs leistete das Militär Adolf Hitler den Treueid.

Unter den Linden, 30. April 1938.

# BERLIN UND DIE „VOLKSGEMEINSCHAFT"

Für die Nationalsozialisten stellte die „Volksgemeinschaft" die ideale gesellschaftliche Ordnung dar. Propagandistische, wirtschaftliche und sozialpolitische Maßnahmen sollten die Bevölkerung auf diese Gemeinschaft einschwören. Nach den unruhigen Jahren der Weimarer Republik erschien Hitler vielen Menschen als Garant für Stärke, Sicherheit und eine bessere Zukunft.

Zugleich machten die Nationalsozialisten nie einen Hehl daraus, dass nicht alle Deutschen zur „Volksgemeinschaft" gehören sollten. Wer als „artfremd", „anormal" oder „minderwertig" galt, wurde erfasst, verfolgt und ermordet. Dazu zählten neben Juden, „Zigeunern" und Behinderten auch „Asoziale", „Arbeitsscheue" und diejenigen, die sich nicht konform verhielten oder das System offen ablehnten.

Diese rassenideologisch definierte „Volksgemeinschaft" war untrennbar mit dem nationalsozialistischen Streben nach „Lebensraum" verbunden. Hitlers Politik war deshalb von Anfang an auf Expansion und Krieg ausgerichtet. Er wollte das „Dritte Reich" schaffen, dessen Zentrum das zur „Welthauptstadt Germania" umgestaltete Berlin sein sollte.

# „VOLKSGEMEINSCHAFT"

## Ein Volk, ein Geist, ein Wille.

„Ein Volk, ein Geist, ein Wille", Schlagzeile, 7. April 1933. Die „Volksgemeinschaft" vermittelte vielen Menschen das Gefühl von Stärke und Sicherheit. Den Meisten war nicht bewusst, dass sie dafür ihre Ansichten den Zielen der Nationalsozialisten unterordnen mussten.

Reichskanzler Adolf Hitler vor seiner ersten Rundfunkansprache, 1. Februar 1933. In seiner Regierungserklärung erhob er die Schaffung der „Volksgemeinschaft" zu einem zentralen politischen Ziel.

NS-Propagandaplakat, 1933. Das deutsche Volk wird als „Schicksalsgemeinschaft" beschrieben, dessen Zukunft Hitler „zum Guten" wenden werde.

> Schicksalsgemeinschaft begleitet ein Volk von seinem Entstehen bis zu seinem Vergehen. Unser Führer ADOLF HITLER wendete das Schicksal des deutschen Volkes zum Guten, damit widerlegte er die Irrlehren der internationalen Klassenkämpfer aller Art. Aus dem Wissen um die Schicksalsgemeinschaft wurde notwendig die ... Volksgemeinschaft

Propagandaplakat, undatiert. Die „rassisch hochwertige" Familie galt als „Keimzelle" der „Volksgemeinschaft" und sollte geschützt und gefördert werden. Wer diesem Ideal nicht entsprach, wurde ausgegrenzt und verfolgt.

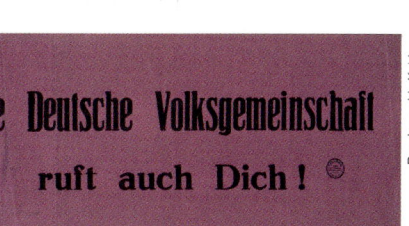

„Die Deutsche Volksgemeinschaft ruft auch Dich!", Aufruf der NSDAP, um 1933.

# FÜHRERPRINZIP

Hitler auf dem Tempelhofer Feld, 1. Mai 1933. Er positionierte sich als Führer über einer gleichförmigen, auf ihn ausgerichteten Menschenmasse.

Das Tempelhofer Feld, 1. Mai 1933. Die Menschenmenge stärkte den Zusammenhalt und vermittelte ein Gefühl der Sicherheit. Allerdings verlor in der Masse jeder Einzelne an Bedeutung.

„[...] und sie werden
nicht mehr frei
ihr ganzes Leben!"

Adolf Hitler, 2. Dezember 1938

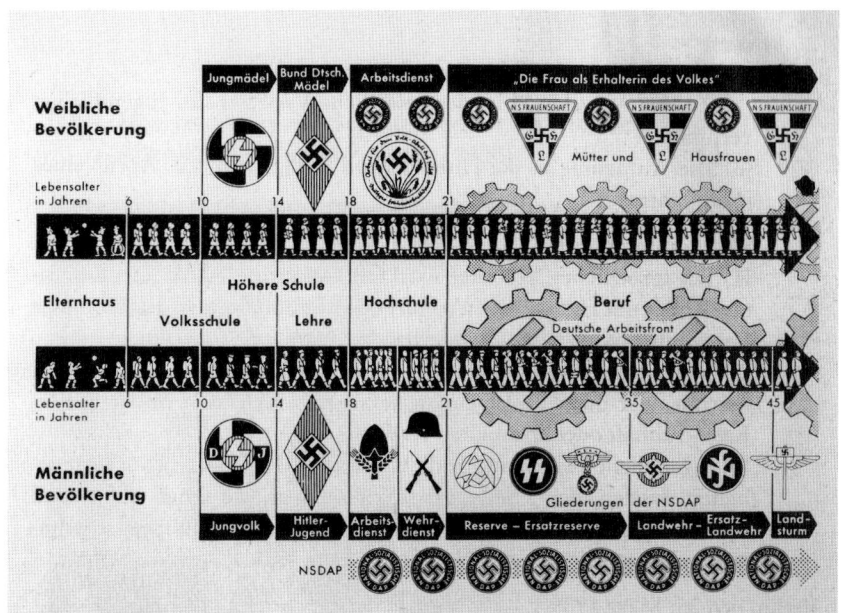

Der Weg des „gleichgeschalteten" Staatsbürgers, Grafik, undatiert. Jeder „Volksgenosse" sollte zeit seines Lebens in NS-Organisationen erfasst sein. Uniformen machten die hierarchische Struktur und die Zugehörigkeit zur „Volksgemeinschaft" sichtbar.

„Hitlergruß – deutscher Gruß", Pressemeldung, 17. August 1933. Beamte, Angestellte und Arbeiter wurden aufgefordert, den „deutschen Gruß" im Dienst und privat zu nutzen.

Wilhelmplatz, 1. April 1933. Der „deutsche Gruß" wurde zum Zeichen politischer Konformität. Wer den rechten Arm nicht zum Gruß erhob, konnte schnell in den Verdacht geraten, ein Regimegegner zu sein.

# FÜHRERMYTHOS

Angehörige der SS, der SA-Standarte 9 und der Hitlerjugend beim Pflanzen einer „Hitler-Eiche" in Berlin-Lichterfelde, April 1933.

Anlieferung von Geburtstagsgeschenken für Hitler, Reichskanzlei, 20. April 1937. Jedes Jahr an Hitlers Geburtstag trugen sich zahllose Menschen in ein Glückwunschbuch ein, das in der Reichskanzlei auslag.

Nachträglich kolorierte Aufnahme der Reichsausstellung „Gebt mir vier Jahre Zeit" in der Ehrenhalle am Kaiserdamm, 1937. Die Verehrung Hitlers als Führer trug früh pseudoreligiöse Züge.

Hitlers Geburtstag, 20. April 1939. Sein 50. Geburtstag wurde zum Feiertag erklärt und mit größtmöglichem Aufwand begangen. Eine große Parade unterstrich Hitlers Rolle als Führer des Volkes und des Militärs.

Ein an das Vaterunser angelehntes Gebet auf Adolf Hitler, abgedruckt in einer Fibel für die erste Volksschulklasse, 1936.

ullstein bild, Berlin

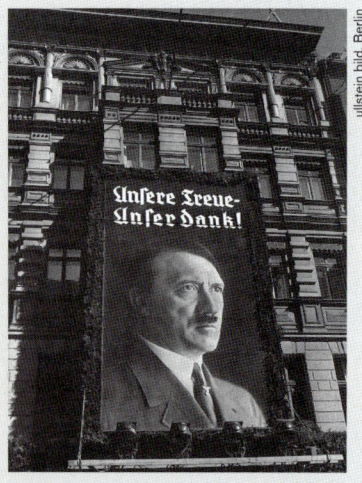

„Unsere Treue – unser Dank!", Transparent an einem Berliner Verlagshaus zu Hitlers 50. Geburtstag, 20. April 1939. Die Bevölkerung führte alle positiven Ereignisse auf Hitler zurück, für negative Geschehnisse machte sie ihn nicht verantwortlich.

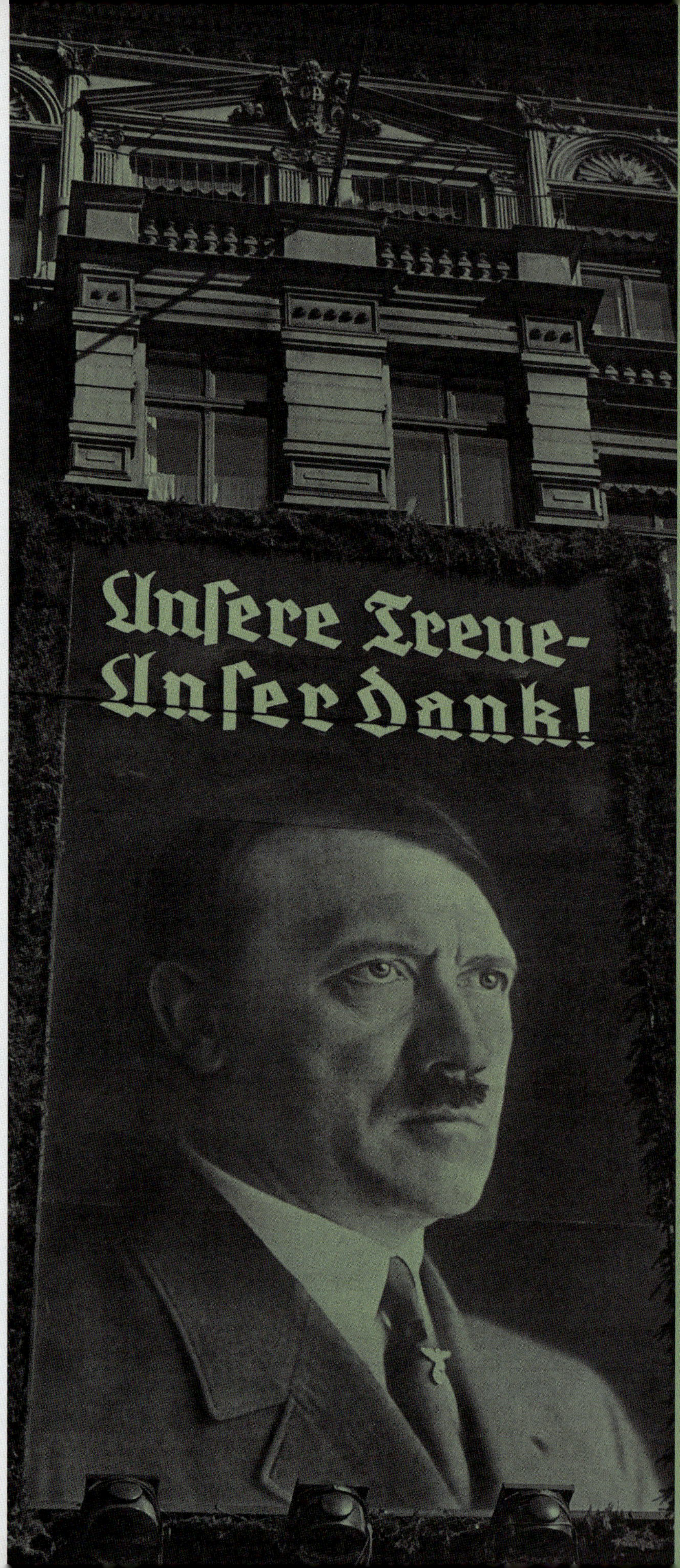

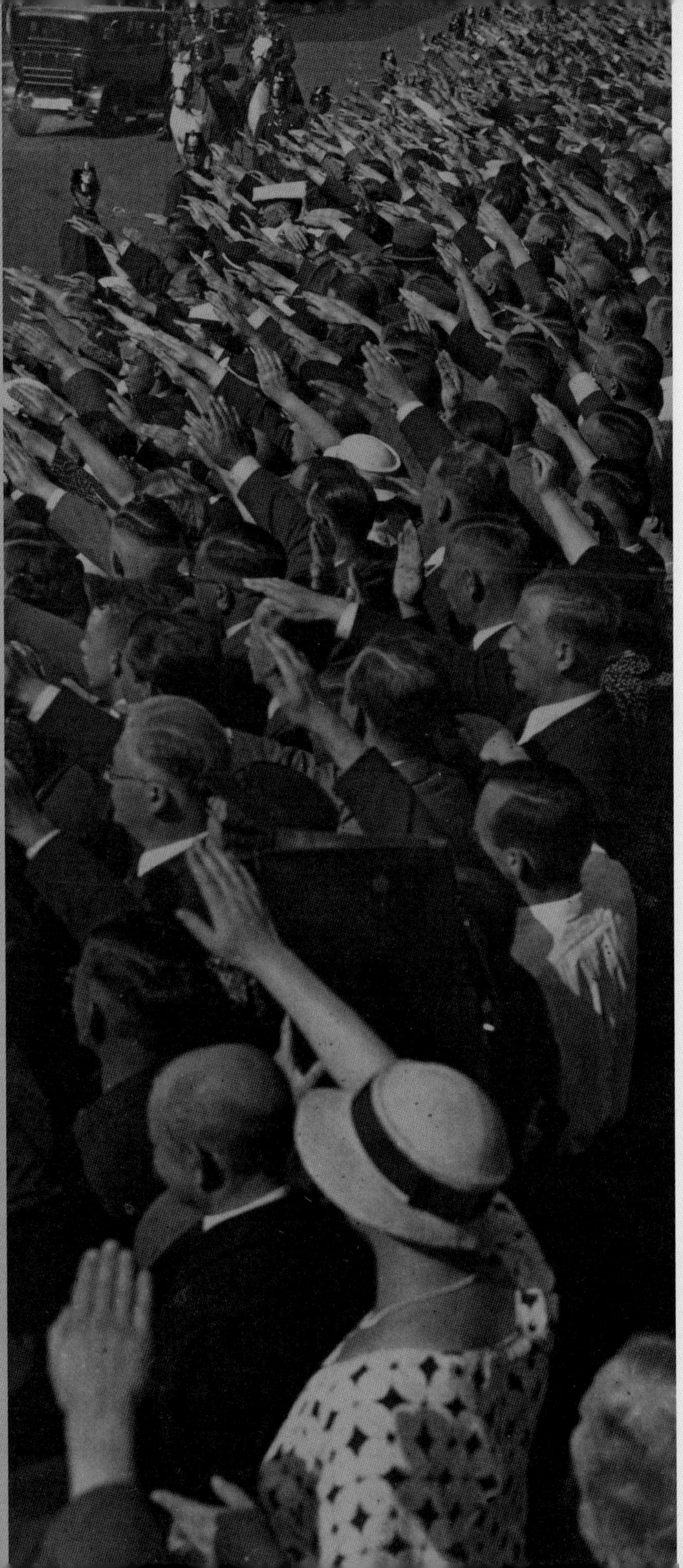

Landesarchiv Berlin

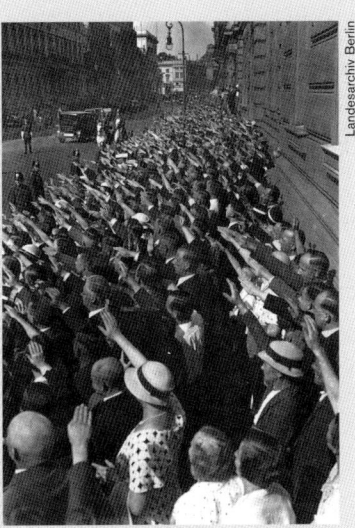

Menschenmenge in der Wilhelmstraße, die Hände zum Hitlergruß erhoben, 12. September 1934.

# INSZENIERUNG VON GESCHICHTE

Für den Film „Hans Westmar" im Sommer 1933 nachgestellte Aufnahme des 30. Januar 1933. Jedes Jahr an diesem Tag wurde feierlich an den „Sieg der Bewegung" erinnert.

Gedenktafel im Berliner Rathaus für die „Gefallenen der Bewegung im Gau Berlin der NSDAP", Oktober 1936.

Horst Wessel (1907–1930), 1929. Er gehörte seit 1926 der NSDAP und der SA an. 1929 übernahm er die Führung des SA-Sturms 5 in Berlin. Im selben Jahr veröffentlichte er erstmals sein Gedicht „Die Fahne hoch, die Reihen fest geschlossen!", das als Horst-Wessel-Lied bekannt wurde. Am 14. Januar 1930 wurde er unter ungeklärten Umständen von dem Kommunisten Albrecht Höhler angeschossen. Er starb am 23. Februar an seinen Verletzungen.

Das Grab von Horst Wessel, Nikolaifriedhof, 1930. Wessel wurde noch am Tag seiner Beisetzung von Goebbels zum „Märtyrer der Bewegung" erklärt. Das von ihm verfasste Lied „Die Fahne hoch, die Reihen fest geschlossen!" war seither offizielle Hymne der NSDAP und wurde seit 1933 stets nach der Nationalhymne gesungen.

700-Jahr-Feier der Stadt Berlin, Festumzug vor dem Berliner Rathaus, 19. August 1937. Die Nationalsozialisten nutzten die Feier, um ihre Verbundenheit mit überlieferten Traditionen zu unterstreichen und inszenierten sich als Garanten einer sicheren Zukunft.

# „GEMEINSCHAFTSERLEBEN"

Ausstellung „Die Kamera", Berlin, 1933. „Volksgenossen", die nicht an Großveranstaltungen – wie dem hier gezeigten Nürnberger Parteitag – teilnehmen konnten, sollten über Ausstellungen, Wochenschauen und Presseberichte erreicht werden.

„Ganz Deutschland hört den Führer mit dem Volksempfänger", Werbeplakat, 1936. Um jeden über Rundfunk erreichen zu können, brachten die Nationalsozialisten ein preiswertes Radio auf den Markt. 1938 verfügte aber nur jeder zweite Haushalt über ein solches Gerät.

Öffentliche Übertragung der in Wien von Hitler gehaltenen Rede zum „Anschluss Österreichs", Berliner Lustgarten, 9. April 1938. Das gemeinsame Hören wichtiger Reden über Lautsprecher sollte die „Volksgemeinschaft" fördern.

## Rundfunkempfang ist Gemeinschaftserleben des ganzen Volkes

„Rundfunkempfang ist Gemeinschaftserleben des ganzen Volkes", Pressemeldung, 5. Februar 1935. Das Hören von NS-Sendern galt als Pflicht jedes „Volksgenossen" und sollte den Einzelnen in die Gemeinschaft einbinden. Verpönt war das Hören ausländischer Sender, das seit Kriegsbeginn unter Strafe stand.

# MYTHOS WIRTSCHAFTSAUFSCHWUNG

„Die Straßen Adolf Hitlers", NS-Broschüre, herausgegeben von Fritz Todt, Generalinspektor für das deutsche Straßenwesen, 1938. Hitler wurde in den Medien fälschlicherweise als Urheber der Reichsautobahnen dargestellt. Diese waren bereits in der Weimarer Republik geplant worden.

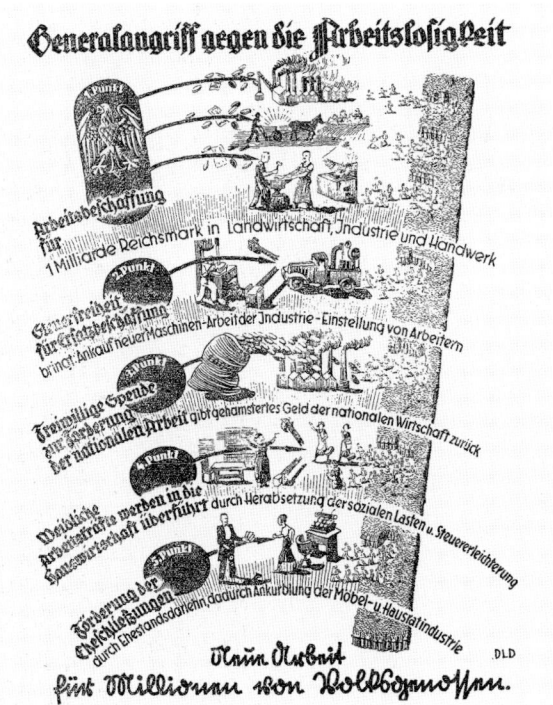

„Generalangriff gegen die Arbeitslosigkeit", Grafik, 14. Juni 1933. Mit großem Aufwand propagierten die Nationalsozialisten ihre Maßnahmen zur Bekämpfung der Arbeitslosigkeit. Dazu zählten unter anderem Investitionen in Infrastruktur und Industrie sowie die Förderung des privaten Dienstleistungsbereichs.

# Neues Arbeitsbeschaffungsprogramm für die Reichshauptstadt

„Neues Arbeitsbeschaffungsprogramm für die Reichshauptstadt", Pressemeldung, 16. Mai 1934. In Berlin waren im April 1934 immer noch 425.000 Menschen arbeitslos. Abhilfe sollte der so genannte Göring-Plan schaffen. Er beinhaltete unter anderem die Abschiebung junger Arbeitskräfte in die Landwirtschaft und verbot den weiteren Zuzug in die Stadt.

„Polizeilich geschlossen wegen Zuwiderhandlung gegen amtliche Preisvorschriften", Anschlag an einem Berliner Geschäft, August 1933. Geschäftsleute, die angeblich überhöhte Lebensmittelpreise verlangten, wurden von der Geheimen Staatspolizei festgenommen, ihre Geschäfte geschlossen.

Propagandaplakat über den Rückgang der Arbeitslosigkeit, um 1936. Die Nationalsozialisten verbuchten die sinkenden Arbeitslosenzahlen als ihren Erfolg. Entscheidende Maßnahmen für diese Entwicklung waren jedoch bereits durch die Vorgängerregierungen eingeleitet worden.

# MYTHOS FÜRSORGE

Öffentliches Eintopfessen an der Kaiser-Wilhelm-Gedächtnis-Kirche, 1935. Jeder musste von Oktober bis März an sechs Sonntagen einen günstigen Eintopf essen. In Berlin sammelten 75.000 Helfer das gesparte Geld direkt bei den Bürgern ein. Allein im Oktober 1935 wurden rund 375.000 Reichsmark gesammelt.

„Am Eintopfsonntag verzichtet der anständige Deutsche, damit den Notleidenden geholfen werde!", Schlagzeile, 10. Januar 1937. Das Spenden wurde zur moralischen Pflicht gemacht, der sich kaum einer entziehen konnte.

„Ein Volk hilft sich selbst", Reichsstraßensammlung für das Winterhilfswerk (WHW), 6. November 1937. Jedes Jahr mussten die Berliner in unzähligen Sammelaktionen Geld für die Gemeinschaft spenden.

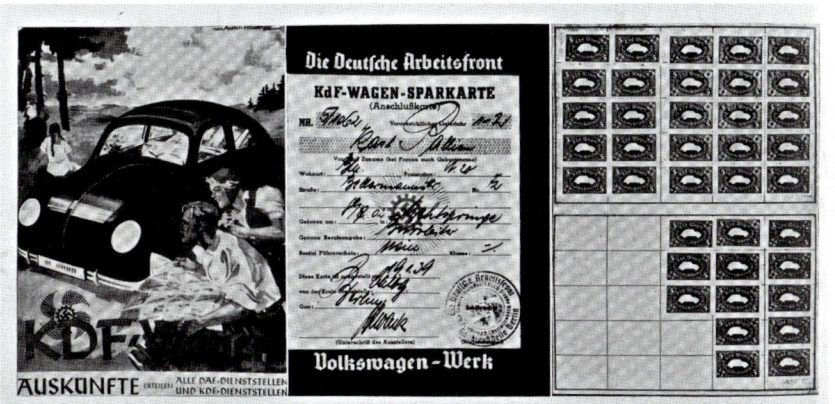

Werbeplakat der NS-Organisation „Kraft durch Freude" (KdF) für den Volkswagen. Seit 1938 sparten Hunderttausende unter dem Motto „5 Mark die Woche musst du sparen, willst du im eigenen Wagen fahren!" für den 990 Reichsmark teuren KdF-Wagen. 336.000 volle Sparkarten wurden eingereicht, aber niemand bekam den Wagen. Er wurde nach 1939 nur für die Wehrmacht gebaut.

> „Die Leute in Berlin sagen, dies sei eines der größten Schwindelmanöver, das die Nazis ausgeheckt haben. Die Nazis bekommen Millionenbeträge herein für etwas, das sie wahrscheinlich nie leisten werden."
>
> Ein Arbeiter über den KdF-Wagen, um 1938

# MYTHOS „ARISCHE FAMILIE"

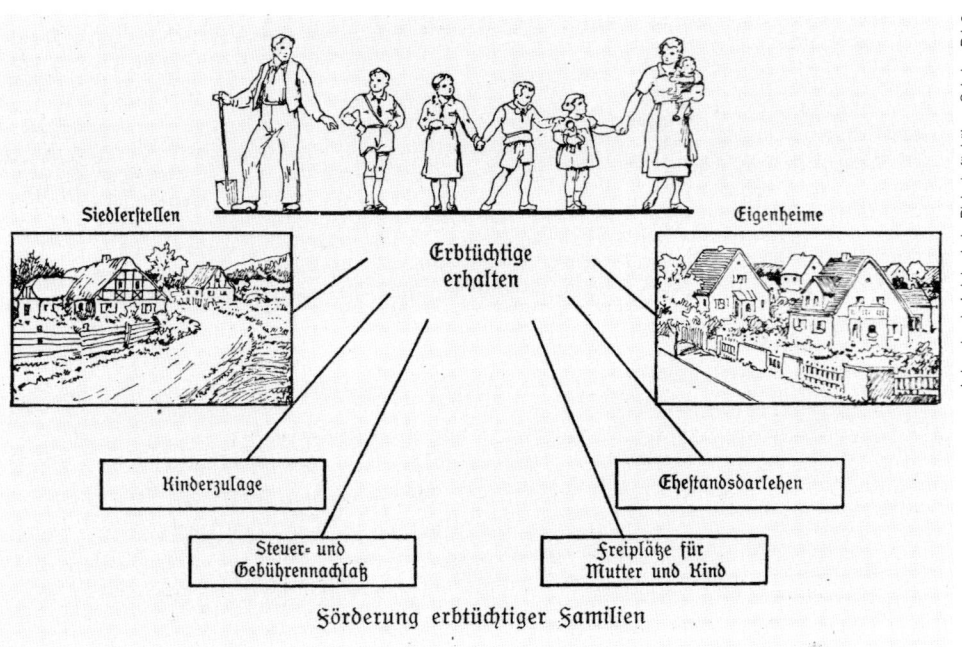

„Volksgemeinschaft – Blutsgemeinschaft", Schlagzeile, 24. Dezember 1936. Die Schaffung der „Volksgemeinschaft" war untrennbar mit der NS-Rassenideologie verbunden. Menschen mit angeblich „schlechten Erbanlagen" und so genannte Fremdrassige, zu denen Juden, „Zigeuner" und Farbige gehörten, waren grundsätzlich aus der Gemeinschaft ausgeschlossen.

Grafik zur NS-Familienpolitik, Schulbuch, 1942. Nur „Erbgesunde" durften der „Volksgemeinschaft" angehören. Ihre Familien erhielten unter anderem Ehestandsdarlehen, Kinderzulagen, Steuervergünstigungen und Hilfen für den Erwerb von Eigenheimen.

> „Dem Überwuchern der Geringwertigen über die Hochwertigen ist energisch entgegenzutreten."
> Oberbürgermeister Heinrich Sahm, März 1934

Die amerikanische Familie Kallikak, fiktives Beispiel zum angeblichen Anwachsen von Erbkrankheiten, Schulbuch, um 1936. Von den 480 Nachkommen aus Martin Kallikaks vorehelicher Beziehung mit einer „Schwachsinnigen" (rechts) waren angeblich „nur 46 Personen – also 10 % – vollständig normal". Aus seiner Ehe mit einer gesunden Frau seien hingegen vorwiegend „tüchtige und gesunde" Nachkommen hervorgegangen.

Zwölf Regeln zur „Reinhaltung der deutschen Rasse", 1938. Jeder „Volksgenosse" sollte durch sorgfältige Wahl des Ehepartners und durch Zeugung vieler Kinder die Zukunft des deutschen Volkes sichern.

Grafik, Schulbuch, 1942. Die Nationalsozialisten schürten stetig die Angst vor der Überfremdung der Deutschen durch kinderreiche, angeblich „minderwertige Bevölkerungsteile".

Völkischer Beobachter

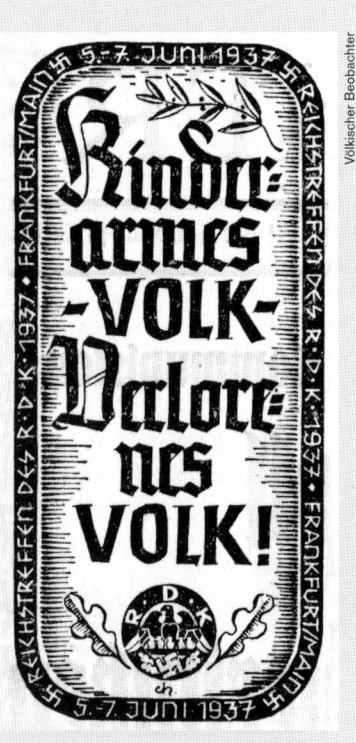

„Kinderarmes Volk – verlorenes Volk!", Zeitungsausschnitt, 20. Mai 1937.

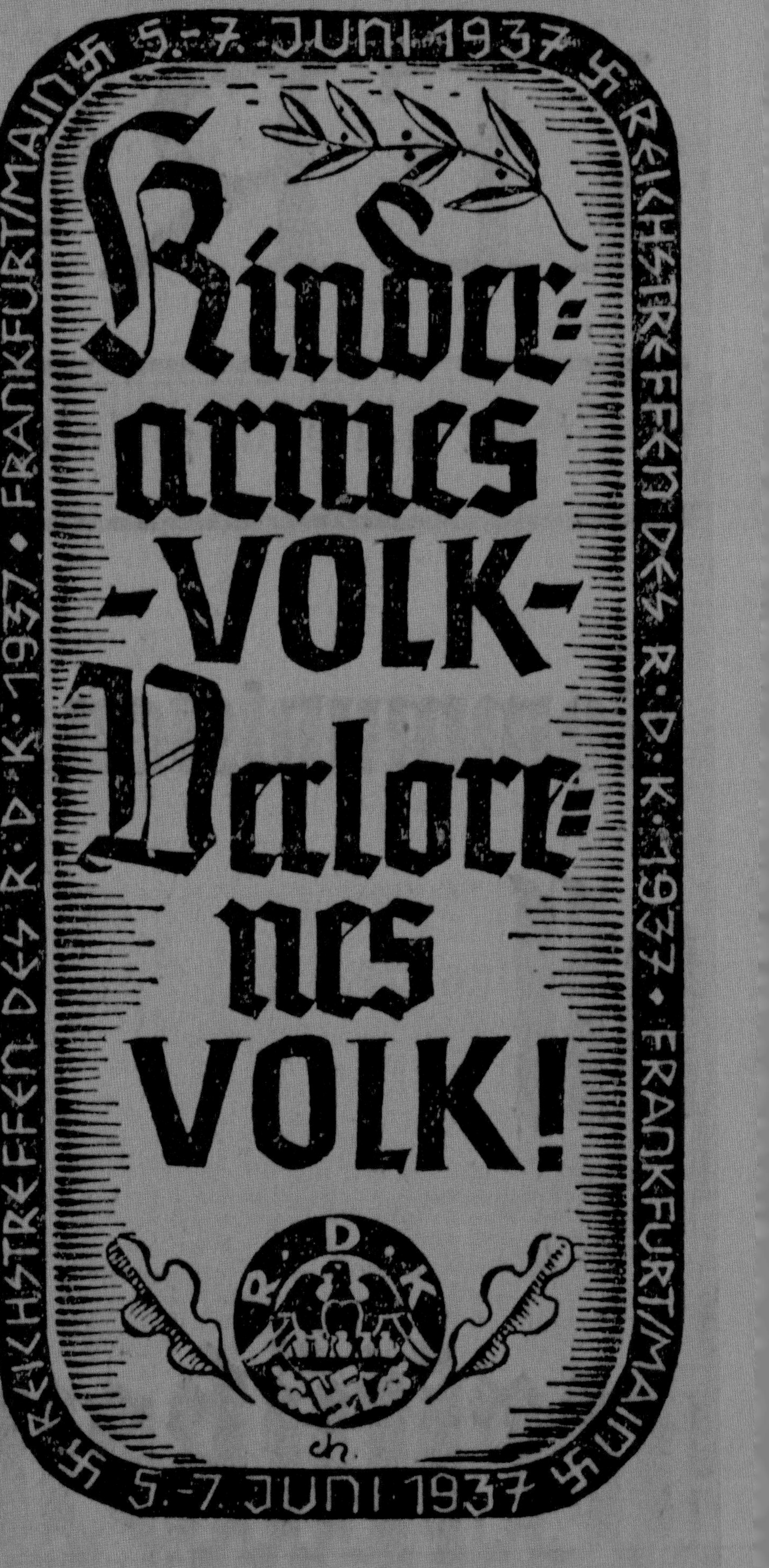

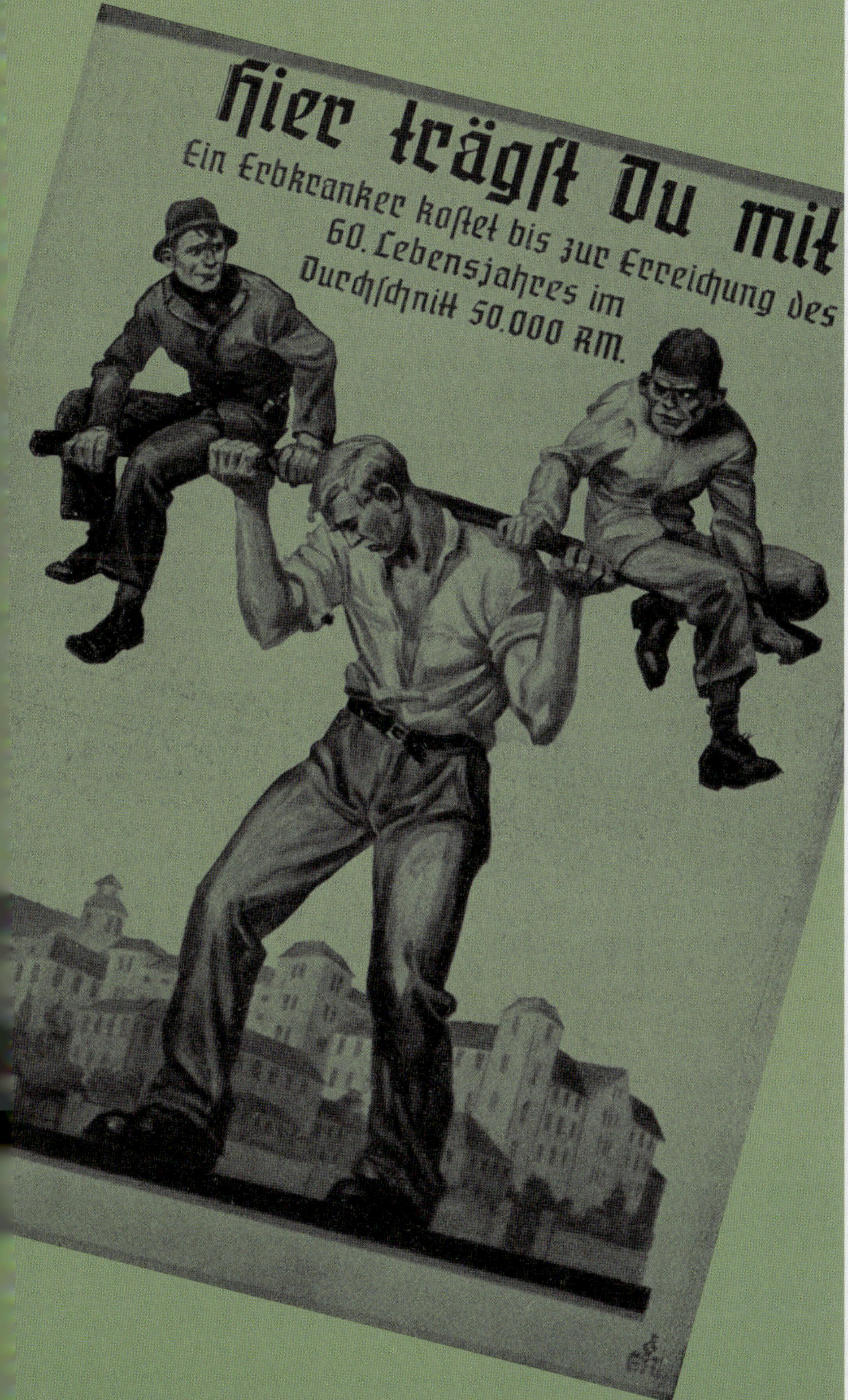


Jakob Graf, Biologie für Oberstufe und Gymnasium

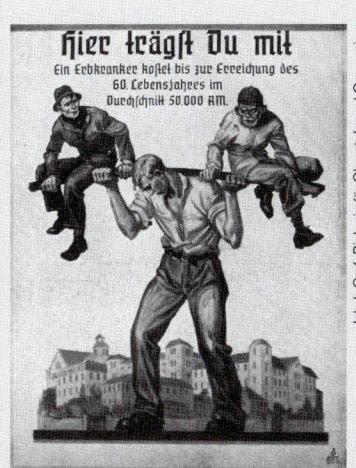

„Hier trägst Du mit", Schulbuch, 1940. Mit solchen Schaubildern wurden die angeblich von „Erbkranken" verursachten Kosten für die „Volksgemeinschaft" dargestellt. In den Augen der Nationalsozialisten führten „schlechte Erbanlagen" zu Behinderungen, Alkoholismus, Kriminalität und Asozialität.

# VERFOLGUNG DER „ASOZIALEN"

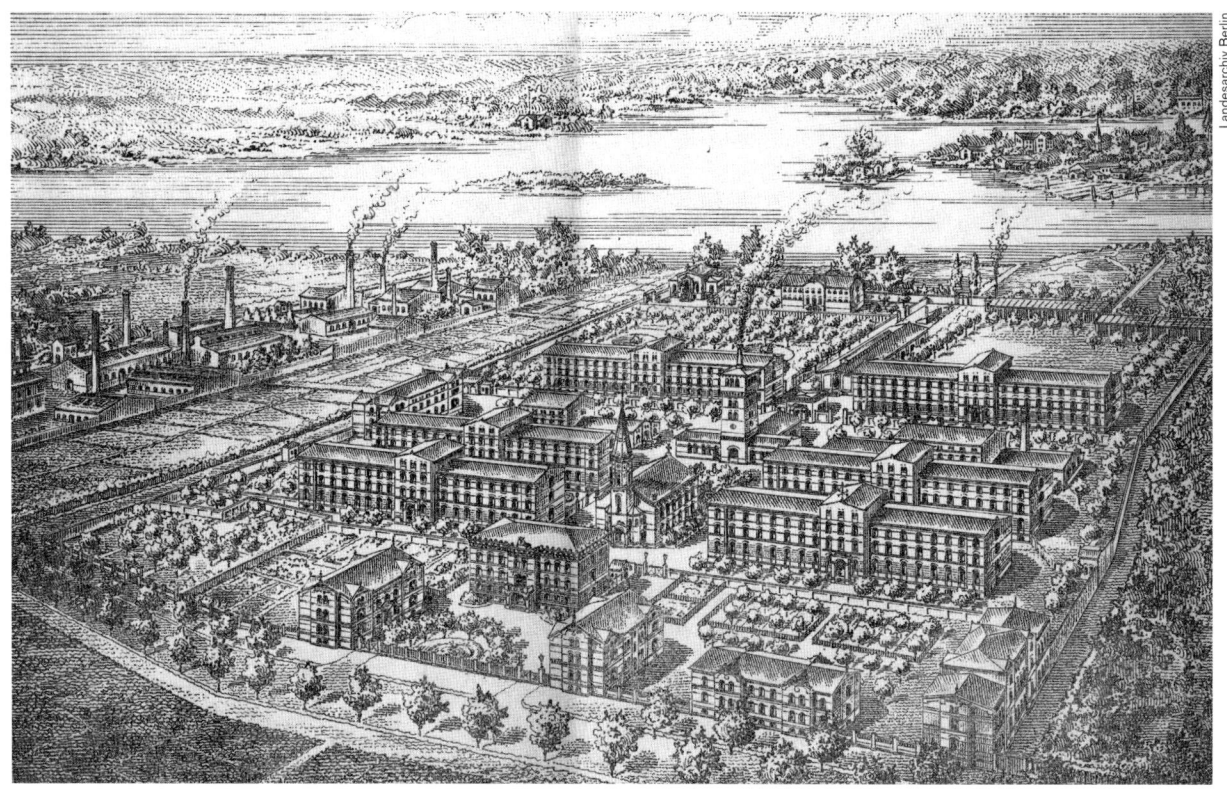

Das 1879 errichtete Arbeitshaus Rummelsburg, Stich, um 1920. Es wurde 1934 in „Städtisches Arbeits- und Bewahrungshaus" umbenannt. Laut Oberbürgermeister Lippert hatte es die Aufgabe, „die Arbeitsbeschaffung von den Arbeitsscheuen zu entlasten, die Fürsorge von Unterstützungsjägern aller Art zu befreien und die Volksgemeinschaft vor zersetzenden Einflüssen und Straftaten zu schützen".

„Berlin, die Stadt ohne Bettler", Pressemeldung, 12. Oktober 1933. Die Nationalsozialisten nahmen im September 1933 reichsweit über zehntausend Obdachlose wegen angeblich unsozialen Verhaltens fest. In Berlin lebten im Juli 1934 nur noch 328 Obdachlose, 963 weniger als im Vorjahr.

Häftlingszahlen des Arbeits- und Bewahrungshauses, März 1935. Der überwiegende Teil der 814 Inhaftierten war männlich, älter als 60 und arbeitsunfähig. Bis Ende 1936 verdoppelte sich die Zahl der Häftlinge. Die Verwahrung der „Häuslinge" sollte möglichst wenig kosten. Arbeitsfähige mussten daher für ihren Lebensunterhalt in den hauseigenen Betrieben oder in der Industrie arbeiten.

Aktenvermerk über Kuno Schulze, Rummelsburg, 8. Februar 1940. Der wegen einer psychischen Erkrankung entmündigte Schulze kam am 26. Mai 1939 als „Asozialer" in das Arbeits- und Bewahrungshaus. Neun Monate später wurde er in die Arbeitskolonie Lobetal verlegt. Nachdem er eine Anstellung gefunden hatte, wurde er am 8. April 1941 entlassen. Sein weiteres Schicksal ist unbekannt.

Schreiben des Fürsorgers Werner Herrmann an das Landgericht Berlin, 26. Oktober 1937. Im Auftrag seines Mündels Heinrich Aldag stellte er Strafantrag gegen Willi Gosch wegen widernatürlicher Unzucht. Beiläufig erwähnte er, dass er Aldag aufgrund von „Bummelei und Herumtreiben" in das Arbeits- und Bewahrungshaus eingewiesen habe. Aldags weiteres Schicksal ist unbekannt.

# VERFOLGUNG DER „ASOZIALEN"

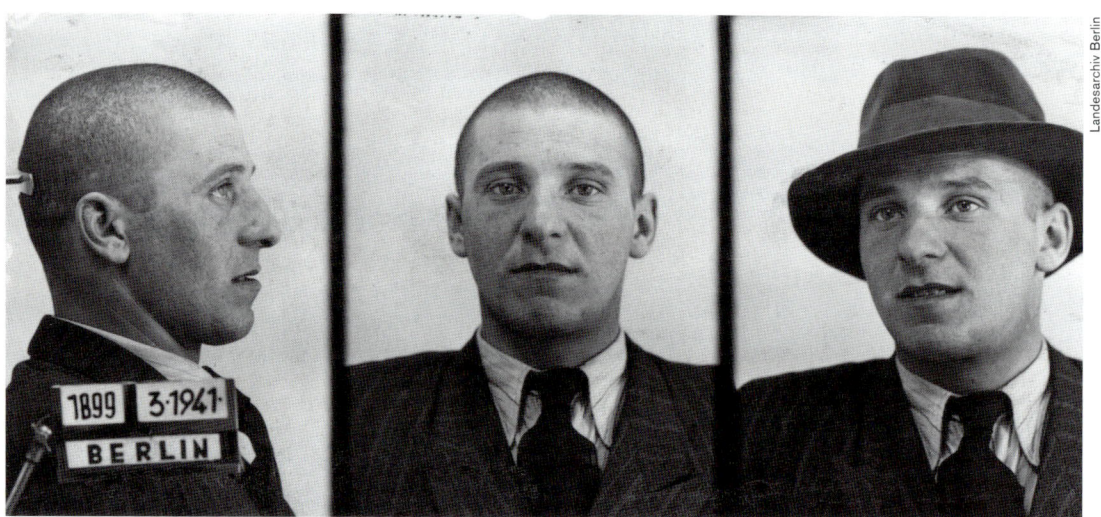

Erkennungsdienstliche Fotos von Rudolf Lauenburger, März 1941.

„Als asozial gilt, wer durch gemeinschaftswidriges, wenn auch nicht verbrecherisches, Verhalten zeigt, dass er sich nicht in die Gemeinschaft einfügen will."
Reinhard Heydrich, 1938

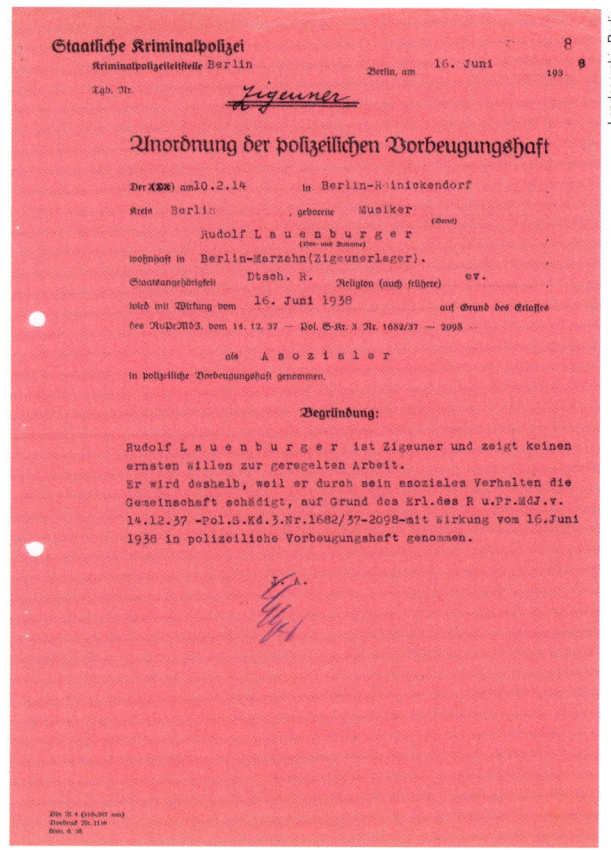

Haftbefehl der Berliner Kriminalpolizei gegen Rudolf Lauenburger, 16. Juni 1938. Lauenburger lebte im „Zigeunerlager Marzahn" und war einer von über tausend Menschen, die während der Aktion „Arbeitsscheu Reich" als „Asoziale" in „Vorbeugungshaft" genommen und in ein Konzentrationslager gebracht wurden.

Liste der Neuzugänge des Konzentrationslagers Sachsenhausen, Juni 1938. Lauenburger wurde am 17. Juni um 18.00 Uhr in das Konzentrationslager überstellt. Im Zuge der Aktion „Arbeitsscheu Reich" wurden etwa 6.000 als „Asoziale" verhaftete Personen nach Sachsenhausen gebracht.

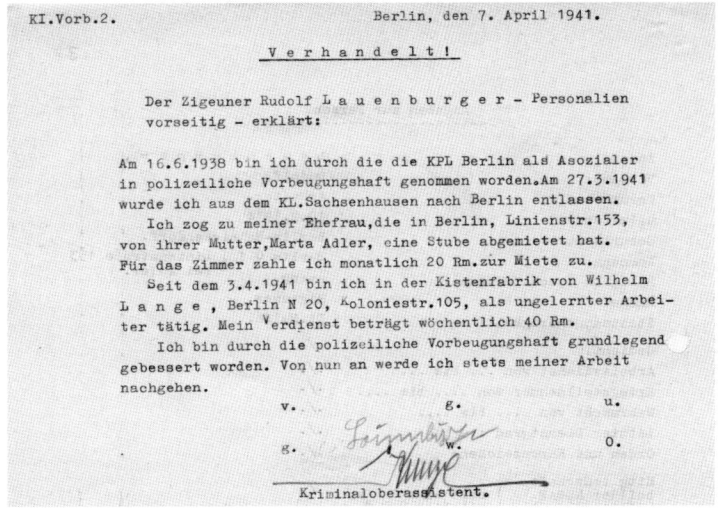

Aktennotiz der Berliner Kriminalpolizei, 7. April 1941. Lauenburger, der einige Tage zuvor aus Sachsenhausen entlassen worden war, musste schriftlich bestätigen, dass er „durch die polizeiliche Vorbeugungshaft grundlegend gebessert worden" sei und stets arbeiten werde. Am 14. April 1943 wurde er dennoch nach Auschwitz deportiert. Sein weiteres Schicksal ist ungeklärt.

### § 1. Begriff des Asozialen

Asozial im Sinn dieser Verfügung ist, wer sich wegen eines nicht nur vorübergehenden Zustands körperlicher, geistiger oder sittlicher Unzulänglichkeit nicht in das freie Gemeinschaftsleben einordnen kann oder will und dadurch das Volk, seine Familie oder sich selbst erheblich schädigt oder gefährdet, insbesondere, wer verwahrlost ist oder zu verwahrlosen droht.

Eine Familie ist asozial, wenn diese Voraussetzungen bei allen Angehörigen erfüllt sind, die zusammen wohnen.

Definition des Begriffs „asozial" durch Oberbürgermeister Julius Lippert, 29. März 1938. Als „asozial" galt, wer sich „nicht in das freie Gemeinschaftsleben einordnen" konnte oder wollte. Diese Auslegung ermöglichte der Stadtverwaltung, seit 1938 auch der Kriminalpolizei, gegen jeden vorzugehen, der in irgendeiner Weise auffällig war.

# VERFOLGUNG DER HOMOSEXUELLEN

## 14 Nachtlokale geschlossen

**Tanzdamen — im Straßenkleid**
**Die ersten Maßnahmen nach dem Sittlichkeits-Erlaß**

Auf den Runderlaß, den der kommissarische preußische Innenminister vor einigen Tagen an die Polizeibehörden hat ergehen lassen, gegen Gaststätten mit aller Schärfe vorzugehen, die „zur Förderung der Unsittlichkeit mißbraucht würden", sind jetzt die ersten Maßnahmen erfolgt. Der Berliner Polizeipräsident hat zunächst 14 Lokale in Berlin geschlossen. Die amtliche Mitteilung darüber besagt:

„Der Polizeipräsident von Berlin hat sich veranlaßt gesehen, einige Betriebe, die seit langem zu Beanstandungen in sittlicher Beziehung Anlaß geben, gemäß § 22 des Gaststättengesetzes bis auf weiteres zu schließen. Es handelt sich dabei um folgende Lokale und Cafèhäuser: Luisen-Kasino, Zauberflöte, Dorian Gray, Hollandais, Kleist-Kasino, Nürnberger Diele, Internationale Diele, Monokel-Bar, Geisha, Mali und Igel, Voral gen. Moses, Café Hohenzollern, Silhouette und Mikado. Die Polizeistunde wurde für die Lokale Dede, Verona-Diele und Café Turmhaus herabgesetzt."

Auch für Tanzlokale und Bars sind wichtige Bestimmungen ergangen. So dürfen die sogenannten Tanzdamen nicht mehr in Balltoilette in den Lokalen erscheinen, sondern müssen Straßenkleidung tragen. Die Bardamen dürfen ferner nicht mehr zum Trinken animieren, und sie dürfen auch nicht mehr bitten, zu einem Drink eingeladen zu werden.

„14 Nachtlokale geschlossen", Pressebericht, 5. März 1933. Unmittelbar nach der Machtübernahme zerstörten die Nationalsozialisten die Organisationsstrukturen der Homosexuellenszene. Zu den Maßnahmen gehörten die Schließung von Lokalen, das Verbot von Zeitungen und die Überwachung von Szenetreffpunkten.

Das Lokal „Eldorado", Schöneberg, März 1933. Der Betreiber gab das bei Homosexuellen beliebte Lokal im Januar 1933 auf und kam damit der Schließung durch die Polizei zuvor. Die SA nutzte die Räume seitdem als Wahllokal.

Gesetzliche Grundlage der Homosexuellenverfolgung, Strafgesetzbuch, 1935. Mit der Einführung des § 175a verschärften die Nationalsozialisten 1935 die seit 1872 bestehende Regelung zur Verfolgung von Homosexuellen. Jede als „unzüchtig" angesehene Handlung war seither strafbar.

Eintrittskarte für den Ball des Lesbenklubs „Lustige Neun", 1936. Die „Lustige Neun" tarnte sich als Kegelklub und richtete nach der Schließung von Szenelokalen regelmäßig Feste aus. Weibliche Homosexualität war nicht strafbar, konnte aber in Verbindung mit anderem nonkonformen Verhalten verfolgt werden.

„Wir wohnen 12 Jahre in einem Hause, aber noch nicht einmal ist er mit einem Mädchen gegangen. […] Behaupten kann ich natürlich nichts, aber mir kommt es doch zu verdächtig vor. Was sollen denn die Jungens bei ihm. Ich möchte Sie aber bitten, nicht meinen Namen zu nennen."

Schreiben von Hedwig R. an die Geheime Staatspolizei Berlin, 1938

# VERFOLGUNG DER HOMOSEXUELLEN

Der „Literarische Salon", um 1937. Richard Schultz lud bereits vor 1933 regelmäßig zum „Literarischen Salon" in seine Charlottenburger Wohnung ein. In der NS-Zeit wurden hier Schutzstrategien für Homosexuelle entwickelt. Der Salon existierte auch nach 1945.

Richard Schultz, um 1942. Er lebte seit 1916 in Berlin, arbeitete als Chefkellner im Luxushotel Bristol und engagierte sich seit den zwanziger Jahren in der Homosexuellenbewegung.

Dr. Kurt Gudell (1898–1964), 1938. Der Jurist wurde Ende 1937 wegen Homosexualität von der Gestapo verhaftet. Er war zeitweilig im Hausgefängnis der Gestapo inhaftiert und wurde dort misshandelt. 1938 verurteilte ihn das Landgericht Berlin zu einer viermonatigen Gefängnisstrafe. Nach der Haftentlassung emigrierte er in die Schweiz.

Werner B. (links) und Franz S., 1940. Sie waren seit Mai 1940 ein Paar. Als Werner einen Bekannten wegen Diebstahls bei der Kripo anzeigte, bezichtigte dieser ihn der Homosexualität. Die Gestapo übernahm den Vorgang. Am 21. September 1940 wurde Werner verhaftet, am folgenden Tag Franz.

Beschlagnahmter Liebesbrief, 16. Juli 1940. Im Gestapoverhör legte Franz ein Geständnis ab und stellte sich als „verführt" dar. Das Landgericht Berlin folgte dieser Einschätzung. Franz erhielt eine viermonatige Haftstrafe, die zur Bewährung ausgesetzt wurde. Werner galt als „Verführer" und wurde wegen Vergehen gegen § 175 zu drei Jahren Zuchthaus verurteilt, die er in Luckau verbüßte. Sein weiteres Schicksal ist unbekannt.

„Bereits bei meinen Vernehmungen von der Gestapo in der Prinz-Albrecht-Straße wurde mir von dem Gestapo-Kommissar Fehling mitgeteilt, daß ich auf unabsehbare Zeit ins KZ käme, wenn ich nicht so aussagte, daß man mich der Staatsanwaltschaft abgeben könne."
Kurt Gudell, 1947

# AN DER VERFOLGUNG DER HOMOSEXUELLEN BETEILIGTE BEHÖRDEN, STAND 1938

**Geheimes Staatspolizeiamt (Gestapa)**
Referat zur Bekämpfung der Homosexualität und Abtreibung (II S)

Leiter bis 1939: Josef Meisinger

Unterabteilung zur Bekämpfung der Homosexualität (II S 1)

Mitarbeiter: Fritz Fehling

Reichszentrale für die Bekämpfung von Homosexualität und Abtreibung (II S 3)

Mitarbeiter: Erich Jacob

**Staatspolizeileitstelle Berlin**

Leiter 1937–1939: Paul Kanstein

**Homosexuellenreferat (B 3)**

Leiter 1937–1939: Wilhelm Tenhold

Die Organisation der reichsweiten Verfolgung der Homosexuellen oblag dem Referat II S des Geheimen Staatspolizeiamtes. Bei der „Reichszentrale zur Bekämpfung von Homosexualität und Abtreibung" (II S 3) wurde eine umfangreiche Kartei der Personen geführt, die der Homosexualität verdächtigt wurden. Die Mitarbeiter der Abteilung II S 1 führten reichsweit die Festnahmen „verdächtiger Personen" durch. Sie wurden auch in Berlin tätig, obwohl dort die Zuständigkeit für die Homosexuellenverfolgung eigentlich bei der Staatspolizeileitstelle Berlin lag.

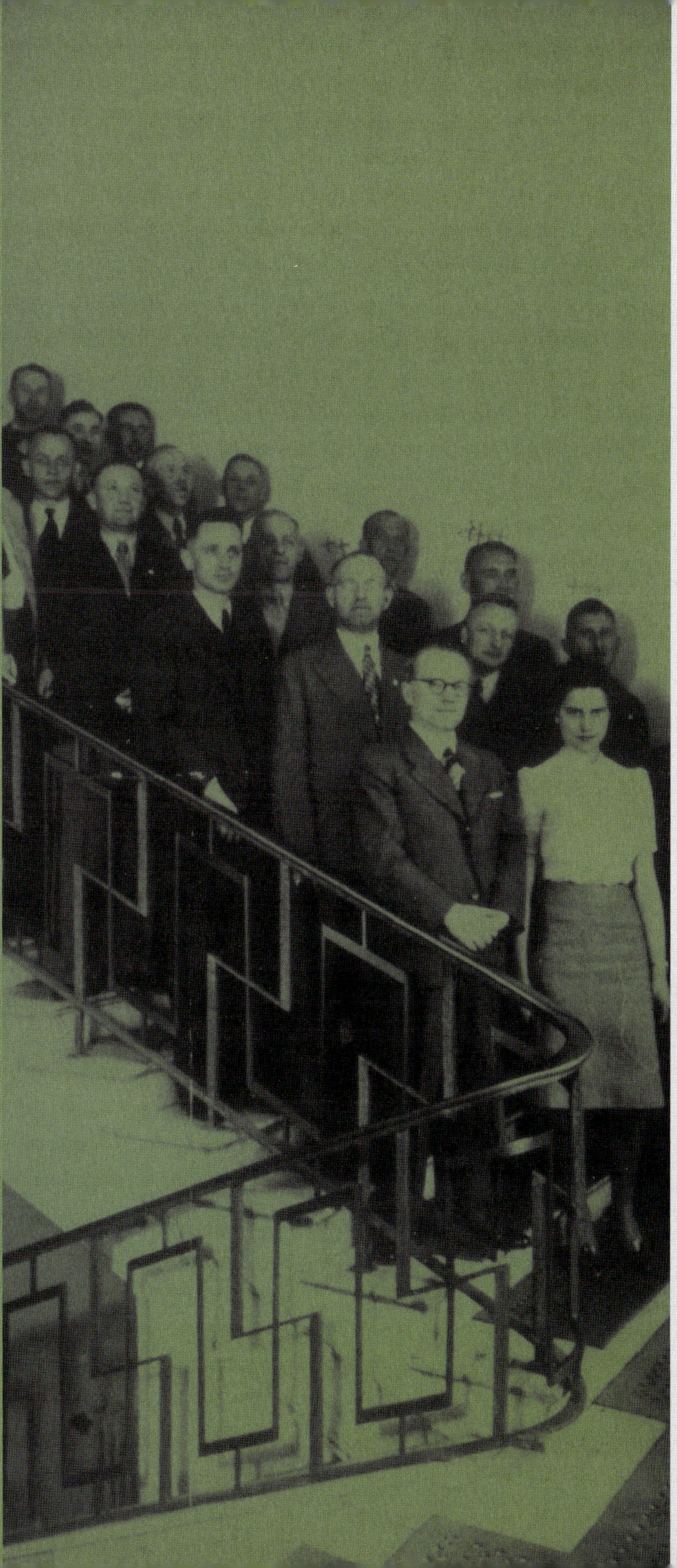

Landesarchiv Berlin

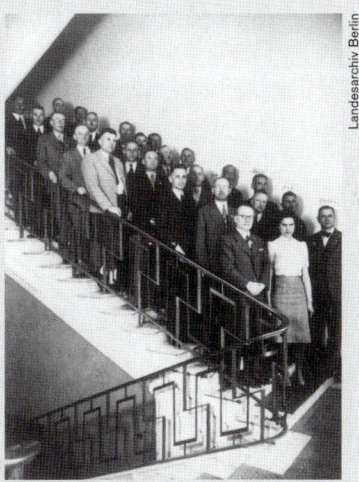

Mitarbeiter der „Reichszentrale zur Bekämpfung des Zigeunerunwesens", 28. Mai 1942. Ende 1938 wurde mit der Gründung der „Reichszentrale zur Bekämpfung des Zigeunerunwesens" die bislang von kommunalen Behörden durchgeführte Verfolgung zentral organisiert. Die Reichszentrale war die vorgesetzte Dienstbehörde der bei der Berliner Kriminalpolizeileitstelle angesiedelten „Dienststelle für Zigeunerfragen". Die rassenbiologisch ausgerichtete Verfolgung stützte sich auf Gutachten der von Robert Ritter geführten „Rassenhygienischen und bevölkerungspolitischen Forschungsstelle".

# VERFOLGUNG DER „ZIGEUNER"

Das neu errichtete „Zigeunerlager Marzahn", 1936. Am 16. Juli, einen Monat vor Beginn der Olympischen Spiele in Berlin, wurden die ersten etwa 600 Personen eingeliefert. Das Lager war die erste Station auf dem Weg von der systematischen Ausgrenzung zur Ermordung der in Berlin lebenden „Zigeuner". 1943 wurden fast alle Insassen nach Auschwitz deportiert und ermordet.

Otto Rosenberg (Mitte) und seine Schwester Therese (links), „Zigeunerlager Marzahn", um 1936. Der Neunjährige kam 1936 mit seiner Familie in das Lager Marzahn. Seit 1940 musste Otto in einem Berliner Rüstungsbetrieb Zwangsarbeit leisten. Dort wurde er wegen angeblichen Diebstahls und Sabotage verhaftet und 1943 nach Auschwitz deportiert.

Ottos Großmutter Charlotte (Mitte) mit ihren Geschwistern im Lager Marzahn, nach 1937. Charlotte gehörte zu den 68 Insassen, die 1942 in Leni Riefenstahls Film „Tiefland" als Komparsen mitspielten. Fast alle Insassen wurden anschließend nach Auschwitz deportiert.

Wachmannschaft des „Zigeunerlagers Marzahn", um 1936. Sie kontrollierte den Zugang zum Lager. Neben der Polizei war es lediglich Mitarbeitern der „Rassenhygienischen Forschungsstelle" und der „evangelischen Zigeunermission" erlaubt, das Lager zu betreten. Die Insassen durften das Lager nur verlassen, um zur Arbeit zu gehen oder Lebensmittel einzukaufen.

Blick auf das zwischen S-Bahngleisen, Rieselfeldern und dem Friedhof gelegene „Zigeunerlager Marzahn", 1937.

# „Zu den artfremden Rassen gehören alle anderen Rassen, das sind in Europa außer den Juden regelmäßig nur die Zigeuner."

Reichsministerium des Innern, 3. Januar 1936

# VERFOLGUNG DER JUDEN: BOYKOTT

Mit antisemitischen Plakaten beklebtes Schaufenster des Textilgeschäftes Degginger am Kurfürstendamm 224, 1. April 1933. Auf Veranlassung der Nationalsozialisten sollten an diesem Tag alle Geschäfte jüdischer Inhaber boykottiert werden.

„Beim Betreten des Ladens sagt jeweils der SA-Mann in durchaus höflichem, diszipliniertem Ton: ‚Jüdisches Geschäft!' Wir, ebenso höflich und diszipliniert: ‚Danke wir wissen Bescheid!' Erstaunter Blick des SA-Mannes, aber nirgends eine Anpöbelei."

Erich Ebermayer, Berlin, 1. April 1933

„Ich bin Jude – Arier betreten mein Geschäft auf eigene Gefahr!", mutige Reaktion eines jüdischen Geschäftsinhabers auf den Boykott.

„Meidet jüdische Ärzte und Rechtsanwälte", Plakat, undatiert. Auf der Grundlage des am 7. April 1933 verabschiedeten „Gesetzes zur Wiederherstellung des Berufsbeamtentums" wurden jüdische Bürger und politische Gegner aus dem Staatsdienst entfernt.

Jüdische Anwälte warten vor der Berliner Anwaltskammer auf die Prüfung ihrer Zulassung, April 1933. Die Mehrzahl der Berliner Rechtsanwälte war jüdischer Herkunft. Ihnen wurde aufgrund des neu erlassenen „Anwaltschaftsgesetzes" ebenso wie politischen Gegnern die Zulassung entzogen.

„Jüdische Frechheiten!", Pressemeldung über die so genannten Kurfürstendamm-Krawalle, 15. Juli 1935. Nach der Uraufführung eines antisemitischen Films kam es an diesem und den folgenden Tagen auf dem Kurfürstendamm zu Übergriffen auf Passanten, die für Juden gehalten wurden.

# NÜRNBERGER GESETZE

„Die Gesetze von Nürnberg", Pressebericht, 16. September 1935. Die am Vortag verabschiedeten Gesetze definierten, wer als „Jude" zu gelten hatte. Diesen Menschen wurden ihre Staatsbürgerrechte aberkannt. Jeder sexuelle Kontakt mit „Nichtjuden" war ihnen untersagt.

Öffentliche Diffamierung, September 1935. Johanna Paulert (links) wurde „Rassenschande" mit dem Juden Leo Pinkus vorgeworfen.

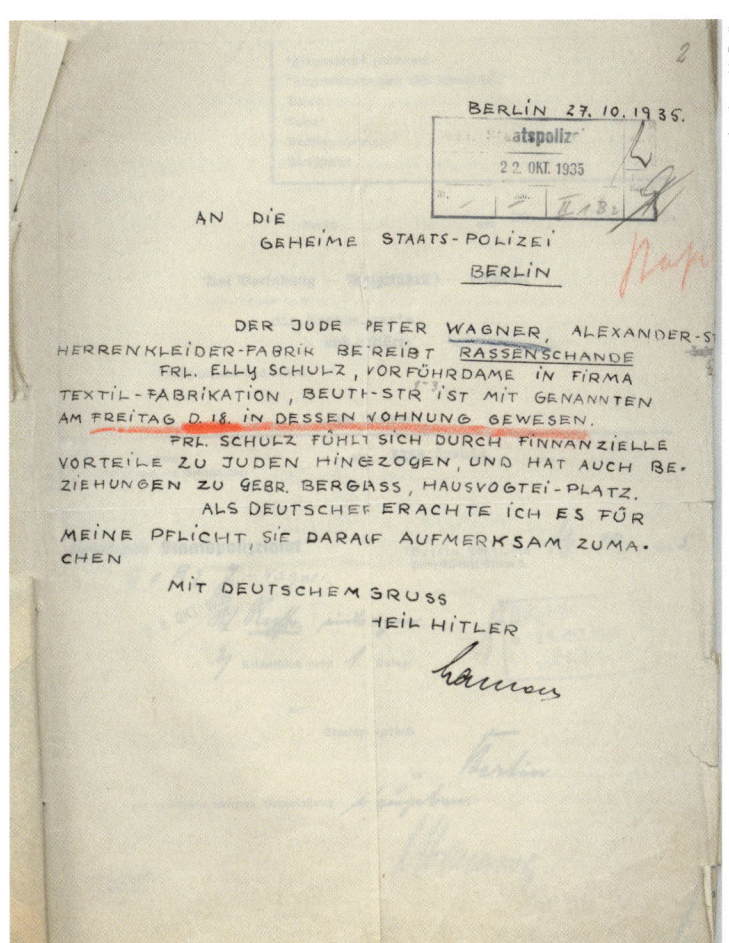

Denunziationsschreiben an die Gestapo, 27. Oktober 1935. Pesach Wagner wurde beschuldigt, „Rassenschande" mit Frl. Elly Schulz begangen zu haben. Der Schreiber vermerkte am Ende: „Als Deutscher erachte ich es für meine Pflicht, Sie darauf aufmerksam zu machen."

Passbild von Pesach Wagner, um 1935. Wagner entzog sich einer Vorladung der Gestapo am 19. Dezember 1935 durch Flucht nach Łódź (Polen). Er wurde zur Fahndung ausgeschrieben. Sein weiteres Schicksal ist unbekannt.

# „ARISIERUNG" DER FIRMA GRÜNFELD

Das Leinen- und Wäschegeschäft der jüdischen Familie Grünfeld am Kurfürstendamm 227, undatiert. Berlin war seit 1891 Hauptsitz der dreißig Jahre zuvor in Landeshut (Schlesien) gegründeten Firma.

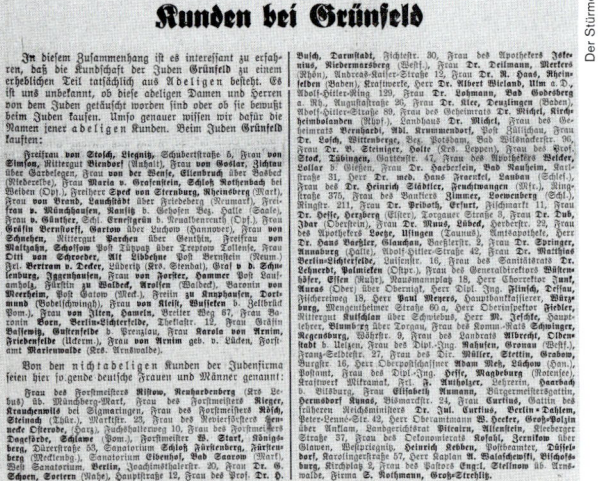

Im „Stürmer" veröffentlichte Namens- und Adressliste von Kunden der Firma Grünfeld, März 1938.

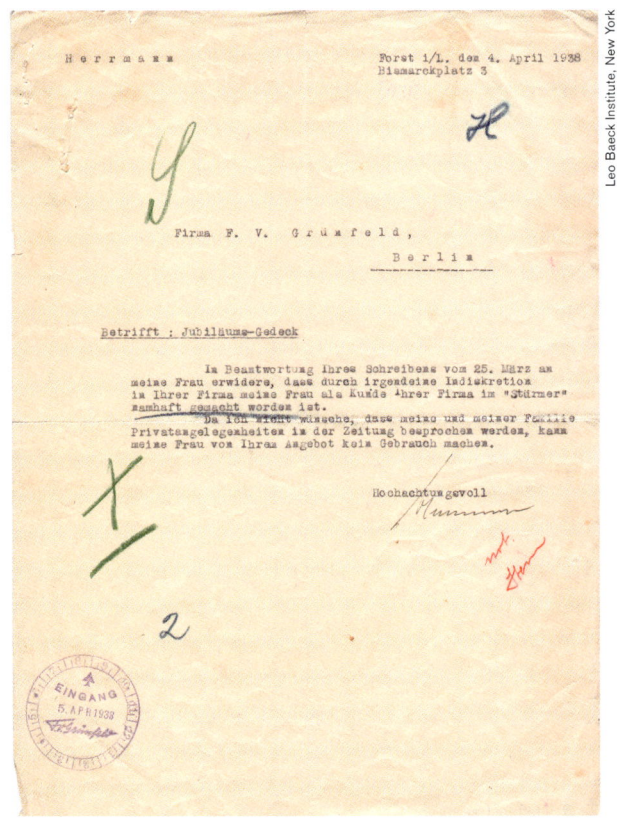

Protestschreiben an die Firma Grünfeld, 4. April 1938. Herr Herrmann beschwerte sich, „dass durch irgendeine Indiskretion in Ihrer Firma meine Frau als Kunde Ihrer Firma im ‚Stürmer' namhaft gemacht worden ist."

„Deutsche Frauen! Kennt Ihr dieses Gesicht?", Hetzkampagne des „Stürmer" gegen Max Grünfeld und seine Firma, 1938. Anschläge dieser Art wurden vor den Berliner Geschäften der Grünfelds angebracht, um die überwiegend weibliche Kundschaft abzuschrecken.

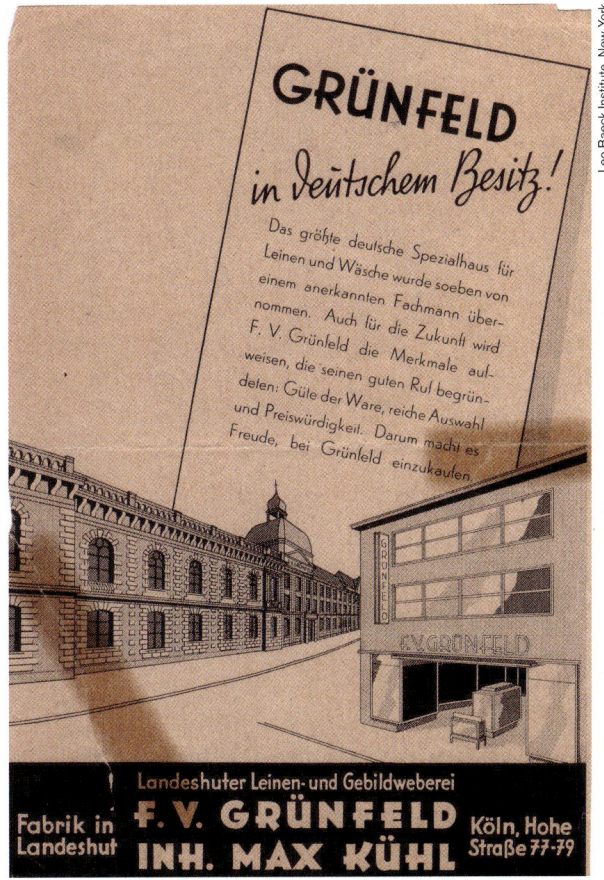

„Grünfeld in deutschem Besitz!", Werbeplakat, Ende 1938. Die Kampagne zeigte Wirkung. Die Familie Grünfeld sah sich gezwungen, ihre Firma am 15. September 1938 weit unter Wert an den „Arier" Max Kühl zu verkaufen und zu emigrieren.

„Jedenfalls ist in meinem Amtsbereich auf diese Weise Mitgliedern der Bewegung wenigstens Gelegenheit gegeben gewesen, sich im Rahmen der Ausschaltung des Judentums aus der deutschen Wirtschaft eine selbständige wirtschaftliche Stellung zu schaffen."

Oberbürgermeister Julius Lippert, 5. Januar 1939

# Berliner Lokal-Anzeiger

## Versteigerungen

### Versteigerung
Montag, den 28. Nov., ab 3 Uhr
Besichtigung: Vorher von 9–2 Uhr

**Wohnungseinrichtung
Keithstraße 14** (Ecke Kurfürstenstr.)

Modernes Herrenzimmer-Mobiliar, grau Schleiflack | Schlafzimmer, Mahag. | Einzelmöbel, Kommode i. Barockstil, Tische, Sessel etc. | Polstergarnitur | Dekorationen | Perserbrücken | Schmiedeberger Teppich, 3x4 m | Antiquitäten | Gemälde | Kristall | Porzellan | Kunstgewerbe | Silber | Besteck f. 12 Pers. u. a. | Herrengehpelz | Tischwäsche | Hausmöbel | Singer-Nähmaschine | freiw. gebr. wegen Wohnungsaufgabe (Nichtar. Besitz)

Versteigerungshaus „UNION"
Berlin W 35, Tiergartenstr. 6
21 44 60 u. 21 41 55 — Inhaber Leo Spik

### Versteigerung
Dienstag, den 29. Nov., ab 11 Uhr
Besichtigung: Montag, d. 28. Nov., 10–7 Uhr

**Nachlaß L.
W 62, Landgrafenstr. 14**

Speisezimmer, Mahagoni | Schlafzimmer-Mobiliar | Einzelmöbel: Empire-Kommode, Schreibtisch u. rd. Tisch i. Chippend.-Stil u. a. | Polstergarnitur, Chipp.-Stil | Orient-Teppiche | Dekorationen | Beleuchtungen | Gemälde: J. Zick, Ch. Choplin u. a. | Aquarelle von P. Signac | Silber: Kaffee- u. Teeservice, Schalen etc. | Kristall | Kunstgewerbe | Antiquitäten | Porzellan: Speiseservice, Limoges u. a. | Posten Garderobe | freiw. gebr. wegen Auseinandersetzung (Nichtarischer Besitz)

Versteigerungshaus „Union"
Tiergartenstraße 6
21 44 60 u. 21 41 55 — Inhaber Leo Spik

### Versteigerung
Donnerst., den 1. Dez., ab 10½ Uhr
Freitag, den 2. Dez., ab 10½ Uhr
Besichtigung: Dienstag, d. 29. Nov., 10–7 U.
Mittwoch, d. 30. Nov., 10–4 U.

**W 35, Tiergartenstr. 6**

Größere Anzahl kompl. Herren-, Speise-, Wohn- u. Schlafzimmer in verschied. Stilarten u. Ausführungen | Alte u. mod. Einzelmöbel: Frankf. Wellenschrank, Tisch, Sessel, Vitrinen, Schränke, Couches usw. | Polstergarnituren u. a. im Chippendale-Stil u. a. | Bechstein-Flügel u. a. | Beleuchtungen | Dekorationen | Gemälde | Kunstgewerbe | Silber: Besteck, Service, viele Geräte | Kristall | Porzellan | Service etc. | Zobel-Schal

Perser-Teppiche u. -Brücken:
Buchara, Kasak, Kirman, Feraghan, Schirwan, Täbris, Turkbaff usw., freiw. gebr. wegen Verkleinerungen etc. (z. T. nichtar. Besitz)

Versteigerungshaus „UNION"
Berlin W 35, Tiergartenstraße 6
21 44 60 u. 21 41 55 — Inhaber Leo Spik

Inserate des Versteigerungshauses „Union" vom 27. November 1938. Angekündigt wurden Versteigerungen von Einrichtungsgegenständen aus „nichtarischem Besitz". Inserate dieser Art waren seit 1938 häufig in der Berliner Presse zu finden.

Berliner Lokal-Anzeiger

Deutsches Spielemuseum Erfurt

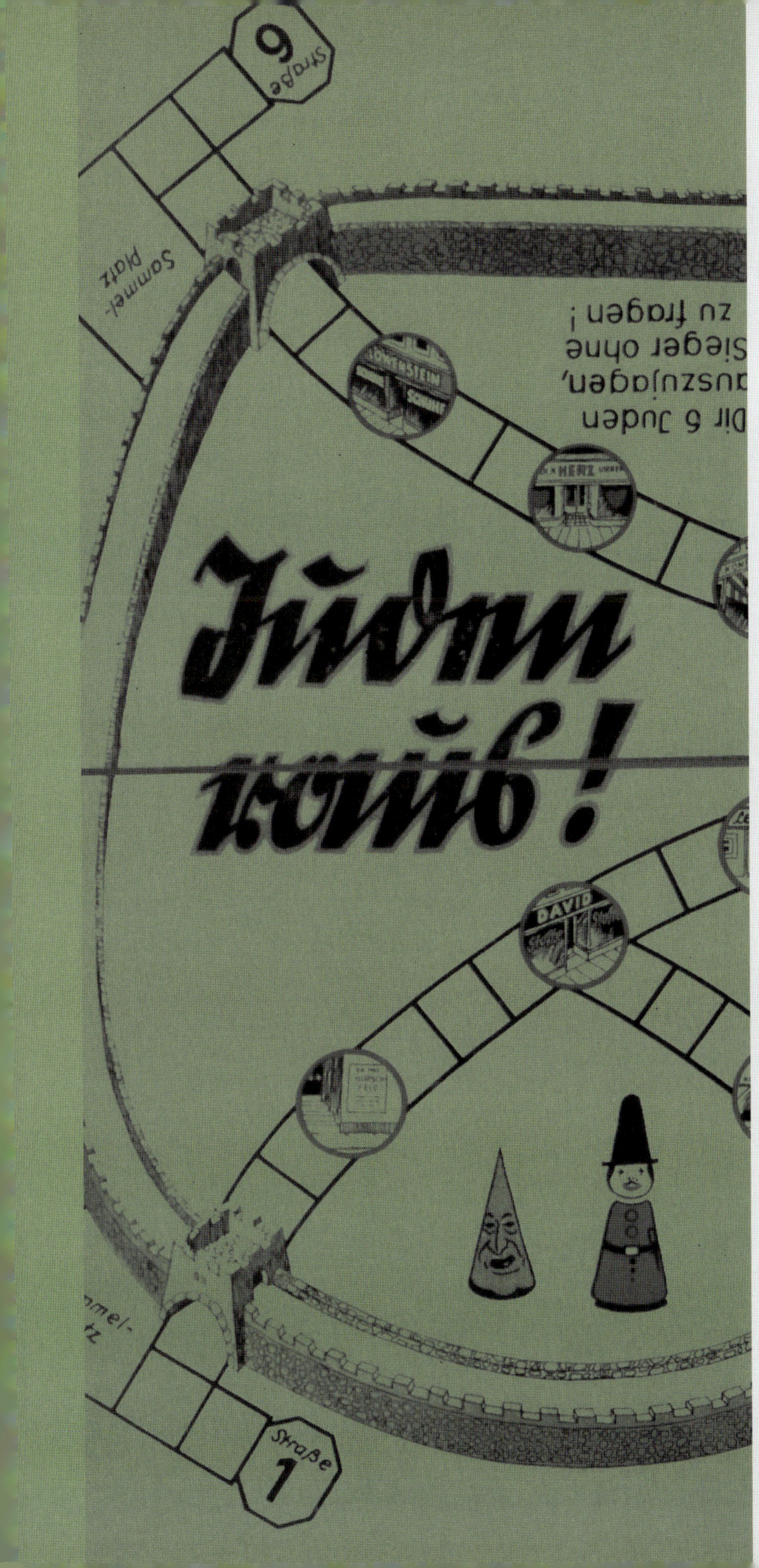

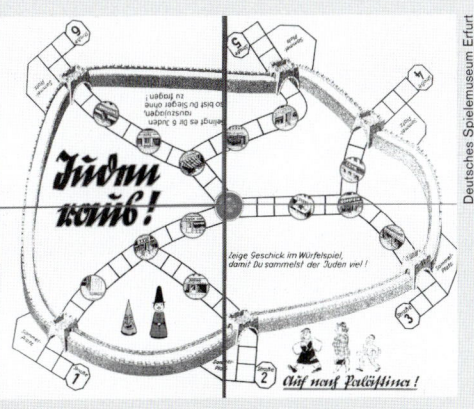

Das Würfelspiel „Juden raus! – Auf nach Palästina!“, 1930er Jahre.

# „ARISIERUNG" DER FIRMA FROMM

Die Kondomfirma Fromms Act, Friedrichshagener Straße 38/39, Berlin-Köpenick, 1931. Seit 1919 produzierte der jüdische Firmengründer Julius Fromm (1883–1945) das erste Markenkondom der Welt – „hauchdünn, reißfest, nahtlos und in der ganzen Welt begehrt".

Glaszylinder für die Kondomherstellung, um 1935. Diese Zylinder wurden in flüssigen Kautschuk getaucht und der Überzug anschließend galvanisiert. Das von Fromm entwickelte Verfahren wird im Prinzip noch heute angewandt.

Firmenwerbung, 1937. Fromm versuchte sich den Machtverhältnissen anzupassen. Seit 1933 bewarb er seine Produkte als „Dienst an der Volksgesundheit" oder auch als „von deutschen Arbeitern hergestellt". 1938 wurde die Firma „arisiert".

Julius Fromm, um 1918. Er war 1893 mit seiner Familie aus dem damals russischen, heute polnischen, Konin nach Berlin zugewandert. 1912 begann er mit der Kondomherstellung, 1920 erhielt er die deutsche Staatsbürgerschaft.

Elisabeth von Epenstein, 1938. Sie erwarb am 21. Juli 1938 die Firma Fromms Act weit unter Wert – aufgrund des Drucks den ihr Patensohn Hermann Göring auf Julius Fromm ausgeübt hatte. Fromm und seine Frau emigrierten drei Monate später nach London.

„Bei allem Herausnehmen der Juden aus dem Wirtschaftsleben bleibt das Grundproblem letzten Endes doch immer, daß der Jude aus Deutschland herauskommt."
Reinhard Heydrich, 12. November 1938

# NOVEMBERPOGROM 1938

Beschmierte Geschäfte, Juni 1938. Oben: Möbelhaus Adolf Brünn, Berliner Allee 29–31, unten die Konditorei und Café Georg Hirsch, Schönhauser Allee 21. Bereits im Juni kam es in Berlin zu massiven antijüdischen Ausschreitungen. Dazu hatte Goebbels unter dem Motto „Nicht Gesetz ist die Parole, sondern Schikane" aufgerufen.

Brennende Synagoge in der Fasanenstraße, 9./10. November 1938. In dieser Nacht kam es unter maßgeblicher Beteiligung von SA- und SS-Angehörigen reichsweit zu antijüdischen Ausschreitungen. Vorwand für den angeblich spontanen „Volkszorn" war die Ermordung des deutschen Diplomaten Ernst vom Rath durch den polnischen Juden Herschel Grynszpan in Paris.

Wilhelm Krützfeld in seinem Büro, 1940. Angehörige des 16. Polizeireviers, darunter Willi Steuck, meldeten während ihrer Streife am Abend des 9. November einen Brand in der Synagoge in der Oranienburger Straße. Auf Veranlassung ihres Vorgesetzten Krützfeld löschten sie das Feuer. Diese Aktion trug Krützfeld eine Rüge des Polizeipräsidenten ein.

Zerstörtes Lampengeschäft, 10. November 1938. In Berlin wurden über 1.000 Geschäfte demoliert, zehn der 30 Synagogen zerstört, 13 weitere beschädigt. Mehrere dutzend Menschen starben, über 12.000 Juden wurden verhaftet und in KZs gebracht. Die jüdische Bevölkerung musste für die entstandenen Schäden selbst aufkommen und zusätzlich eine Milliarde Reichsmark „Buße" zahlen.

Andrang vor dem Reisebüro „Palestine & Orient Lloyd" in der Meineckestraße, 23. Januar 1939. Im Februar wurde in Berlin die „Reichszentrale für jüdische Auswanderung" gegründet. Sie wurde von der Gestapo geleitet und sollte den Auswanderungsdruck auf die Juden erhöhen und ihre Ausreise beschleunigen.

„Der 10. November hatte selbst dem heimattreusten Juden die Augen geöffnet. Wer es irgend möglich kann, versucht aus dem Lande zu gehen."
Ruth Andreas-Friedrich, 24. Februar 1939

# „BESCHWÖRUNG NATIONALER GRÖSSE"

„Wir wollen kein Volk minderen Rechtes sein", NSDAP-Veranstaltung im Berliner Sportpalast, 24. Oktober 1933. Die Partei forderte die Aufhebung des Versailler Friedensvertrages von 1919. Er beinhaltete Gebietsabtretungen, Reparationszahlungen sowie die Begrenzung des Heeres auf 100.000 Mann.

Kundgebung der NSDAP gegen den Versailler Friedensvertrag im Berliner Lustgarten, 28. Juni 1933.

„Austritt Deutschlands aus dem Völkerbund", Pressemeldung, 14. Oktober 1933. Durch diesen Schritt entzog sich Hitler, dessen Politik auf Expansion ausgerichtet war, internationalen Rüstungsbeschränkungen.

Der umgestaltete Wilhelmplatz, 1936. Auf Wunsch Hitlers entstand vor dem Anbau der Reichskanzlei (2. Gebäude von links) eine Aufmarsch- und Versammlungsfläche. Bereits 1935 hatte er das Gebäude zu Repräsentationszwecken mit einem Balkon versehen lassen.

„[...] damit in 12er Reihen durch die Wilhelmstraße marschiert werden kann."

Aktennotiz, 18. Februar 1936

Parade an Hitlers Geburtstag, 20. April 1936. Nach der Wiedereinführung der allgemeinen Wehrpflicht am 16. März 1935 demonstrierte Deutschland öffentlich seine militärische Stärke.

# OLYMPISCHE SOMMERSPIELE

Eröffnungsfeier der XI. Olympischen Spiele in Berlin, 1. August 1936. Die Spiele waren ein riesiges Propagandaspektakel und steigerten Hitlers Ansehen im In- und Ausland. Sie trugen damit zur Überwindung der außenpolitischen Isolation Deutschlands bei.

„Es wird dringend gewarnt, die Berichterstattung der Olympischen Spiele mit rassischen Gesichtspunkten zu belasten."
Presseanweisung, 6. August 1936

Der Olympiasieger im Weitsprung Jesse Owens (rechts) im Gespräch mit Silbermedaillengewinner Luz Long, 4. August 1936. Dass Hitler Owens nicht zum Sieg gratulierte, wurde ihm in der Weltöffentlichkeit als Rassismus ausgelegt. Tatsächlich hatte ihm der IOC-Präsident untersagt, den Medaillengewinnern persönlich zu gratulieren, da dies nicht den Regeln des IOC entsprach.

„Juden sind in unsern deutschen Wäldern nicht erwünscht", Sommer 1936. Derartige antisemitische Hinweistafeln mussten vor Beginn der Spiele aus dem Straßenbild entfernt werden. Dieses Schild bei Mittenwalde, südlich von Berlin, blieb stehen.

„Zigeunerlager" Berlin-Marzahn, 1936. Im Vorfeld der Olympischen Spiele wurden auf Rastplätzen lebende „Zigeuner" in das Lager Marzahn eingewiesen.

# CHRONIK DER AUSSENPOLITIK
## 1933–1939

| **1933** | 20. Juli | Konkordat mit dem Vatikan |
| | 13. Oktober | Austritt aus dem Völkerbund |
| **1934** | 26. Januar | Deutsch-polnischer Nichtangriffspakt |
| **1935** | 13. Januar | Saarabstimmung: das Saarland wird wieder Teil des Deutschen Reiches |
| | 16. März | Wiedereinführung der allgemeinen Wehrpflicht |
| | 18. Juni | Deutsch-britisches Flottenabkommen |
| **1936** | März | Einmarsch in das entmilitarisierte Rheinland |
| | 1.–16. August | Olympische Spiele in Berlin |
| | November | Beginn der als Achse Berlin-Rom bezeichneten dt.-ital. Freundschaft |
| | 25. November | Antikominternpakt mit Japan |
| **1938** | 13. März | Österreich wird Teil des Reiches |
| | 30. September | „Münchener Abkommen": die Tschechoslowakei verliert das Sudetenland an das Reich |
| **1939** | 15. März | Deutsche Besetzung der restlichen tschechischen Gebiete der tschechoslowakischen Republik |
| | 23. August | Deutsch-sowjetischer Nichtangriffspakt |
| | 1. September | Deutscher Angriff auf Polen |

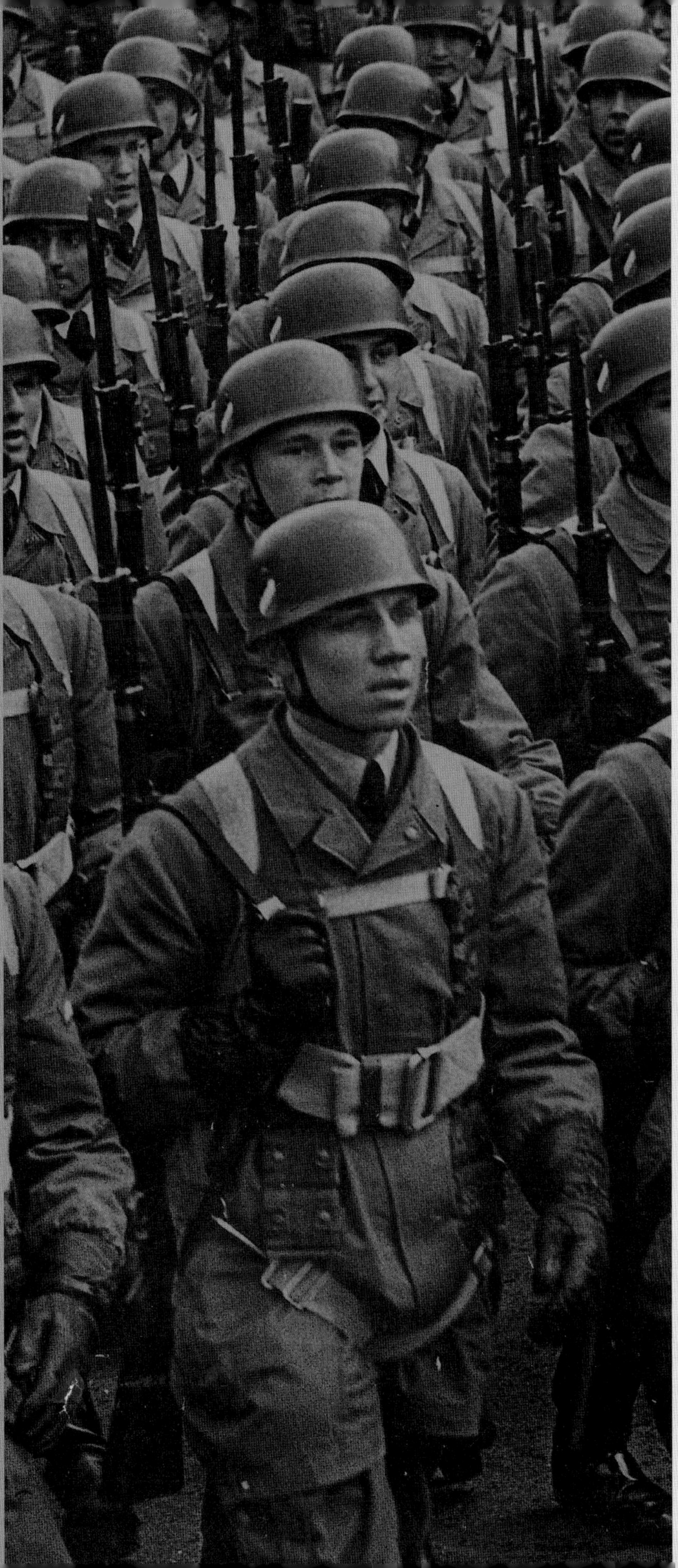

ullstein bild, Berlin

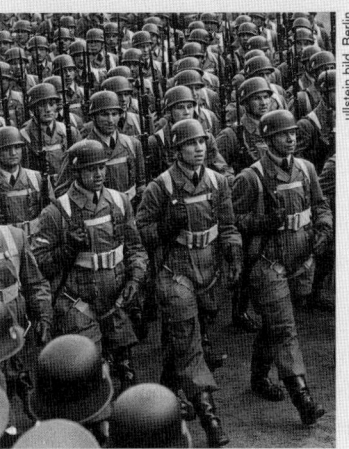

Fallschirmjäger während der Parade zu Hitlers 50. Geburtstag, Berlin, 20. April 1939.

# BÜNDNISSE

Unterzeichnung des gegen die Sowjetunion gerichteten Antikominternpaktes durch den japanischen Sonderbotschafter Kintomo Mushanokoji und Hitlers außenpolitischen Berater Joachim von Ribbentrop (1. Reihe, 2. von rechts), Reichskanzlei, 25. November 1936.

Adolf Hitler und Benito Mussolini, 1937. Zur Überwindung ihrer außenpolitischen Isolation begründeten Hitler und der italienische Staatschef 1936 die „Achse Berlin-Rom". Sie umfasste eine Zusammenarbeit im politischen, wirtschaftlichen und militärischen Bereich.

# „Zur Lösung der deutschen Frage könne es nur den Weg der Gewalt geben…"

Adolf Hitler, 5. November 1937, festgehalten in der „Hossbach-Niederschrift"

**Von der Luftschutzwoche in Berlin.**
Während eines markierten großen Fliegerangriffs auf das Regierungsviertel. — Entgiftungstrupp nach dem Angriff in Tätigkeit. Im Hintergrund die Attrappe eines Flugzeugs (gilt als abgestürzt).

Luftschutzübungen im Berliner Regierungsviertel, 1937. Das Regime propagierte nach außen Frieden. Gleichzeitig schloss es gegen andere Länder gerichtete Bündnisse und bereitete die Bevölkerung durch Luftschutzübungen auf einen Krieg vor.

# EXPANSION

„Wahr bleibt wahr, deutsch die Saar!", Kundgebung im Berliner Sportpalast, 15. Februar 1934. Durch den Versailler Vertrag hatte Deutschland die Saar und das Rheinland verloren. Am 13. Januar 1935 stimmten die Saarländer für die Rückkehr zum Deutschen Reich. Am 7. März 1936 besetzte die Wehrmacht das entmilitarisierte Rheinland – ein klarer Vertragsbruch.

# Heimkehr ins Reich

„Heimkehr ins Reich", Schlagzeile, 16. Januar 1935. Mit Parolen wie dieser erhoben die Nationalsozialisten Anspruch auf ehemals deutsche Gebiete.

Passanten vor einer Landkarte des neuen „Großdeutschen Reiches", Berlin, 15. April 1938. Am 12. März war die Wehrmacht in Österreich einmarschiert. Einen Tag später unterzeichnete Hitler in Linz das Gesetz über die „Wiedervereinigung Österreichs mit dem Deutschen Reich".

Ankunft Hitlers in Berlin nach dem „Anschluss Österreichs", 16. März 1938. Seine Wagenkolonne passierte die von Menschenmassen gesäumte Wilhelmstraße. Im Hintergrund das Reichsluftfahrtministerium.

# AGGRESSION

## Dieser Vielvölkerstaat muß liquidiert werden!

„Dieser Vielvölkerstaat muß liquidiert werden!", Schlagzeile, 22. September 1938. Seit Monaten hetzte die NS-Presse bereits gegen die Tschechoslowakei. Hitler wollte das Land unter seine Kontrolle bringen, das als Aufmarschfläche für einen Krieg gegen Polen dienen sollte.

Hitler mit einer Sudetendeutschen vor der Reichskanzlei, 1. Oktober 1938. Tags zuvor hatten die Staatschefs von Großbritannien, Frankreich, Italien und Deutschland das „Münchener Abkommen" unterzeichnet. Es verpflichtete die Tschechoslowakei das überwiegend deutsch besiedelte Sudetenland an das Reich abzutreten.

Der tschechische Staatspräsident Hácha in der Neuen Reichskanzlei, 15. März 1939. Hitler setzte Hácha so lange unter Druck, bis dieser der Besetzung der restlichen tschechischen Gebiete der tschechoslowakischen Republik zustimmte. Zur selben Zeit marschierte die Wehrmacht bereits in Prag ein.

„Beflaggt und schmückt eure Häuser! Kein Fenster ohne Hakenkreuzfahne!", 18. März 1939. Mit dieser Parole rief Goebbels die Berliner auf, die Besetzung der restlichen tschechischen Gebiete zu feiern, die nun den Namen „Reichsprotektorat Böhmen und Mähren" erhielten.

Zeitungsmeldungen über den am Vortag abgeschlossenen deutsch-sowjetischen Nichtangriffsvertrag, 24. August 1939. In einem geheimen Zusatzprotokoll zum „Hitler-Stalin-Pakt" besiegelten beide Mächte die Besetzung und Teilung Polens.

Die Teilung Polens, nachgezeichnete Karte, Stand 28. September 1939. Nach der militärischen Besetzung Polens durch deutsche und sowjetische Truppen teilten beide Mächte das Land unter sich auf.

agk-images, Berlin

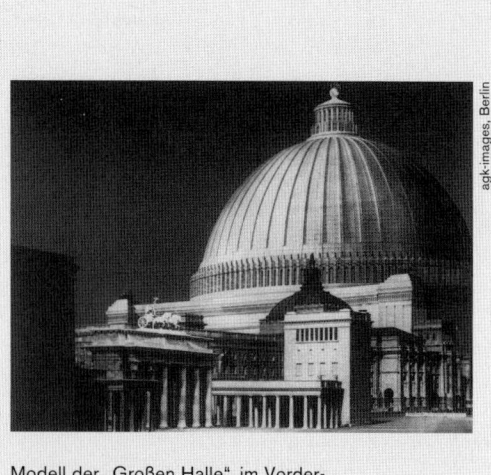

Modell der „Großen Halle“, im Vordergrund das Brandenburger Tor, 1938. Die „Große Halle“ sollte das Zentrum von Hitlers neuer „Welthauptstadt Germania“ sein, wurde jedoch nie gebaut. Mit 315 × 315 Metern Grundfläche und 320 Metern Höhe wäre sie das größte Kuppelgebäude der Welt gewesen.

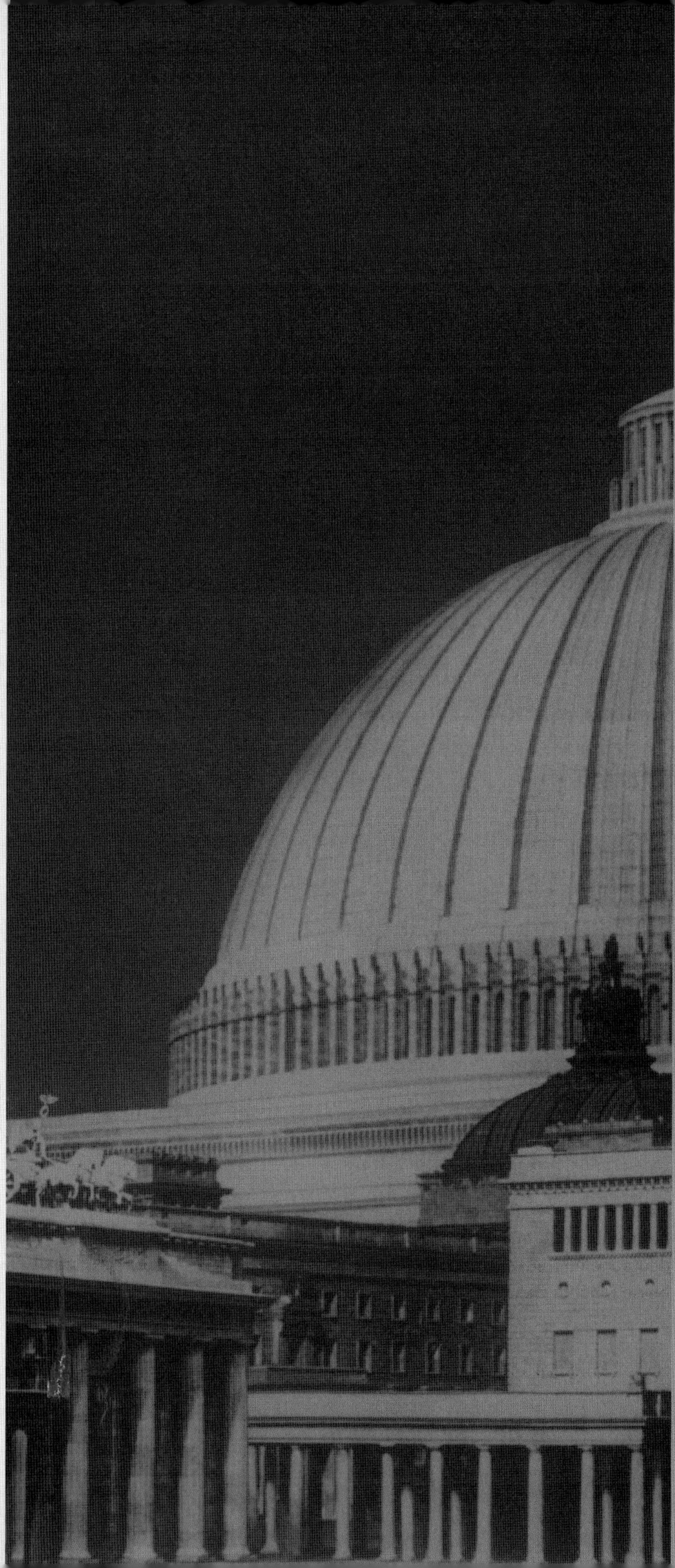

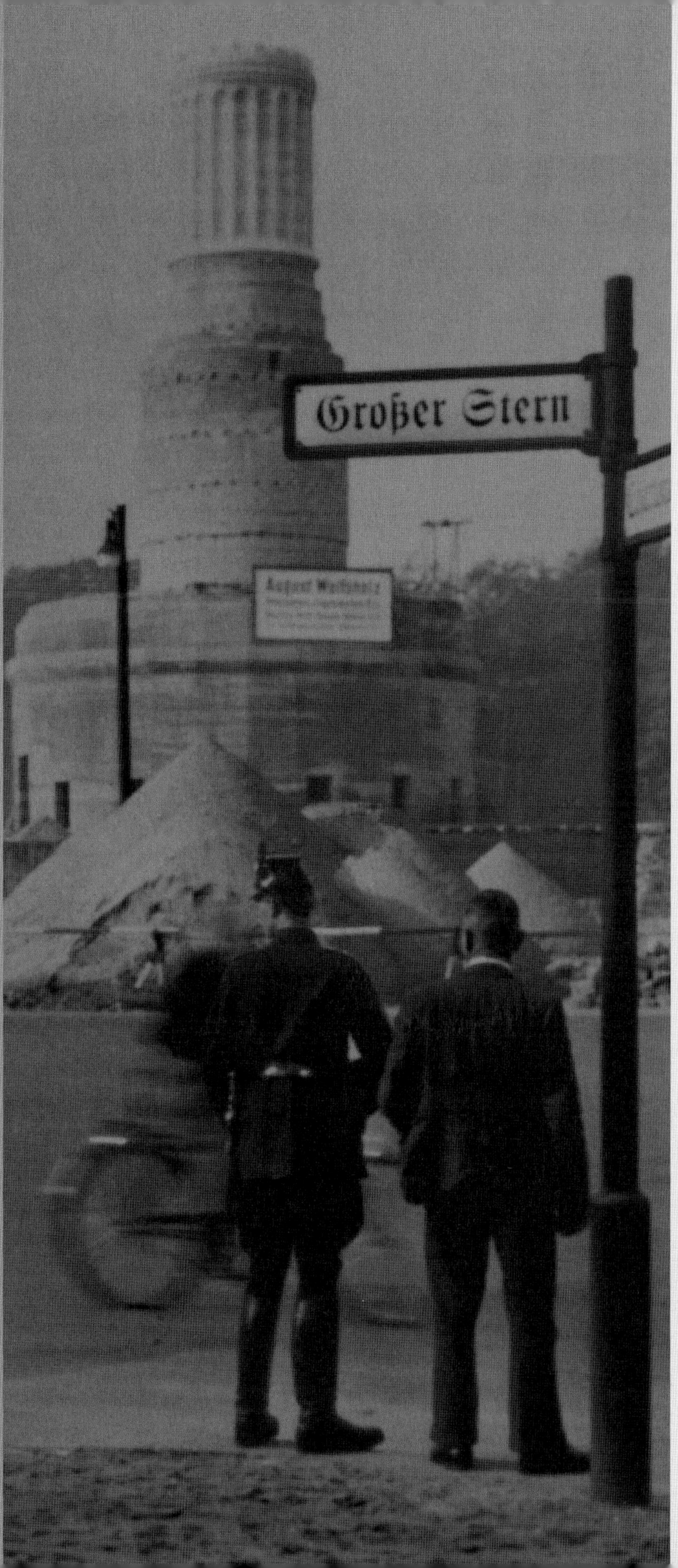


Landesarchiv Berlin

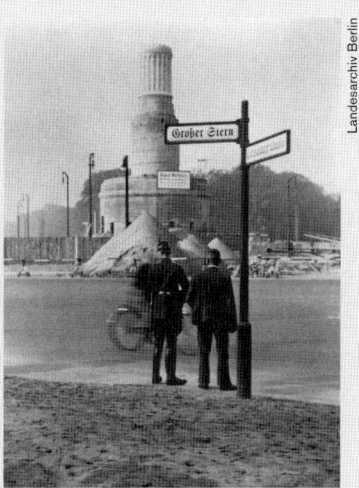

Wiederaufbau der Siegessäule am Großen Stern, 1939. Sie stand ursprünglich vor dem Reichstag und wurde im Zuge der Neugestaltung der Reichshauptstadt versetzt.

# „WELTHAUPTSTADT GERMANIA"

Albert Speers Modell der künftigen „Welthauptstadt Germania", Blick vom Südbahnhof über den Triumphbogen bis zur Großen Halle, 1939. Die Planungen des Generalbauinspektors für die Reichshauptstadt sollten das Berliner Stadtbild komplett verändern. 1943 wurden alle bereits ergriffenen Baumaßnahmen kriegsbedingt eingestellt.

Beginn der Abbauarbeiten an der Siegessäule, 27. Juli 1938. Im Zuge der Umgestaltung von Berlin wurde sie von ihrem ursprünglichen Standort vor dem Reichstag an den Großen Stern versetzt. Sie wurde um 7,5 Meter erhöht und misst seither 66,89 Meter.

Adolf Hitler und Albert Speer über den Plänen der Neuen Reichskanzlei, um 1937. Albert Speer (1905–1981) war Architekt und seit 1931 Mitglied der NSDAP. Er wurde 1937 von Hitler mit der Neugestaltung Berlins betraut und zum Generalbauinspektor für die Reichshauptstadt ernannt. 1942 übernahm er das Reichsministerium für Bewaffnung und Munition (seit 1943: Rüstung und Kriegsproduktion) und wurde Generalinspektor für das deutsche Straßenwesen sowie für Wasser und Energie. 1946 verurteilte der Internationale Militärgerichtshof in Nürnberg Speer zu 20 Jahren Haft, die er bis 1966 im Kriegsverbrechergefängnis Berlin-Spandau verbüßte. Später publizierte er seine Lebenserinnerungen.

Die von Albert Speer errichtete Neue Reichskanzlei, 1939. Das repräsentative Gebäude sollte Hitlers imperialen Herrschaftsansprüchen Ausdruck verleihen.

„Berlin als Reichshauptstadt eines 65-Millionen Volkes muß städtebaulich und kulturell auf solche Höhe gebracht werden, daß es mit allen Hauptstädten der Welt konkurrieren kann."
Adolf Hitler, September 1933

# GRÖSSENWAHN UND RASSISMUS

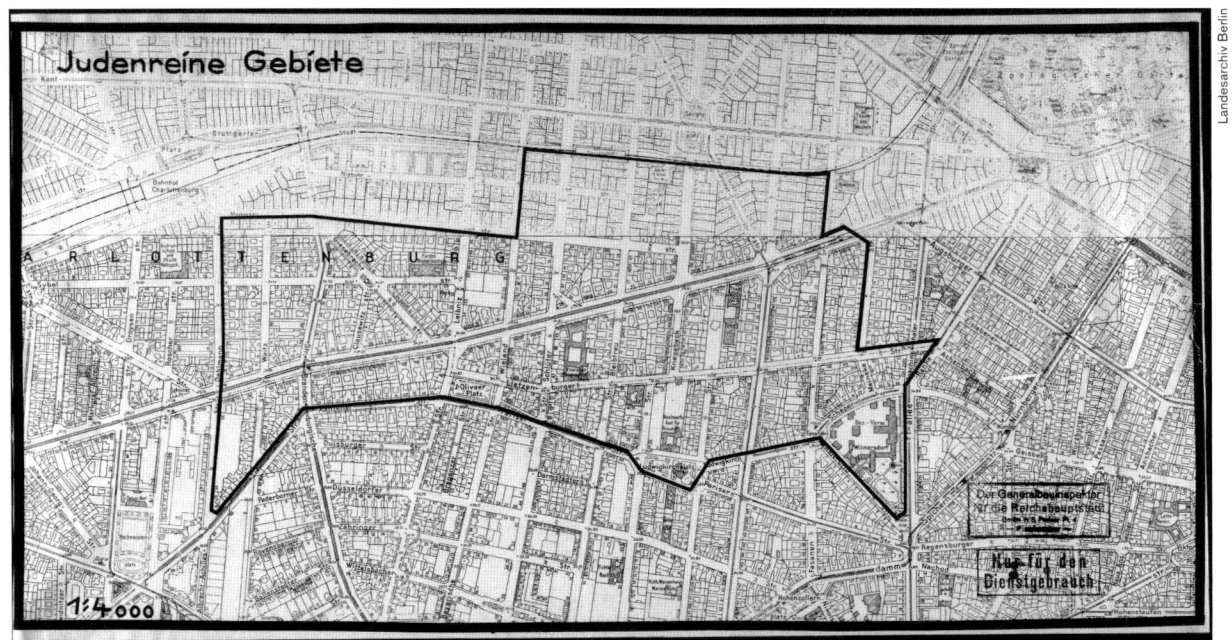

Stadtteilplan von Charlottenburg mit eingezeichnetem „judenreinen Gebiet", 1939. Im Zuge der Neugestaltung Berlins plante Speer in exklusiven Wohngegenden „judenreine" Viertel.

„Neues Mietgesetz für Juden in Kraft", Zeitungsmeldung, 5. Mai 1939. Das am 30. April erlassene Gesetz hob den Mietschutz für Juden weitgehend auf. Im Bedarfsfall mussten sie ihre Wohnungen „Volksgenossen" überlassen, deren Häuser im Zuge der Umgestaltung Berlins abgerissen wurden.

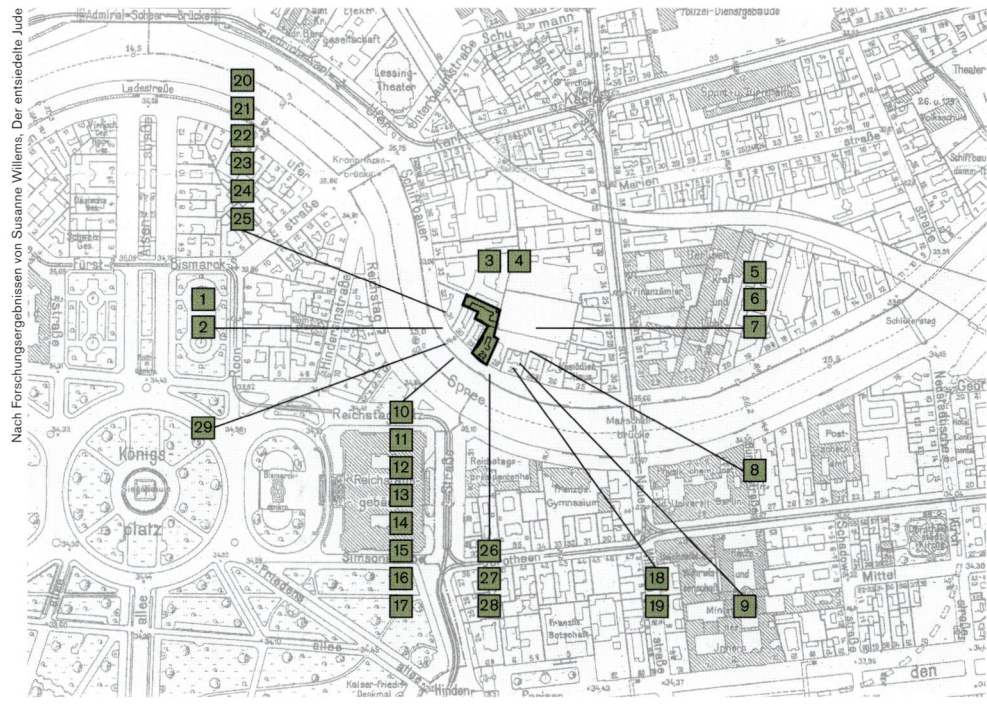

Zwangsräumung des Gebäudes am Schiffbauerdamm 29, Februar 1941. Es sollte im Zuge der „Neugestaltung der Reichshauptstadt" abgerissen werden. Die „arischen" Mieter hatten Anspruch auf „Ersatzwohnraum". Sie erhielten von der Behörde des Generalbauinspektors für die Reichshauptstadt die Berechtigung, von Juden bewohnte Wohnungen zu beziehen. Den jüdischen Mietern wurde dann gekündigt. Fanden diese bei Verwandten oder Freunden keinen Unterschlupf, wurden sie zwangsweise bei anderen Juden einquartiert.

[1] ein Mieter übernahm eine an Juden vermietete Wohnung in der Borkumer Straße 5

[2] ein anderer übernahm die Wohnung von Juden in der Lübecker Straße 11

[3] [4] zwei Mieter vom Schiffbauerdamm 29 blieben ohne neue Wohnung: der Mieter Thiele war verstorben und der Mieter Hirsch war Jude

**in Mitte**
[5] Goldbrenner
Invalidenstraße 2

[6] ein Mieter übernahm eine an Juden vermietete Wohnung in der Krausnickstraße 19

[7] Jacob Schwarz
Lothringer Straße 59

**in Friedrichshain**
[8] Goetz
Wilhelm-Stolze-Straße 43

**in Treptow**
[9] ein Mieter übernahm eine an Juden vermietete Wohnung in der Hainstraße 34

**in Tiergarten**
[10] Rynarcenski
Siegmundshof 7

[11] Lippmann
Bachstraße 2

[12] Wolff
Rathenower Straße 42

[13] Scheuer
Bachstraße 2

[14] ein Mieter übernahm eine an Juden vermietete Wohnung in Alt-Moabit 85a

[15] Silberberg
Calvinstraße 9

[16] ein Mieter übernahm eine an Juden vermietete Wohnung in der Eberfelder Straße 24

[17] Schlossmann
Claudiusstraße 5

**in Neukölln**
[18] Selma Cohn
Anzengruberstraße 2

[19] Rieß
Flughafenstraße 7

**in Charlottenburg**
[20] Aschheim
Leibnizstraße 62

[21] A. Angress
Joachimsthaler Straße 7/8

[22] Dr. Pinner
Schlüterstraße 31

[23] Stern
Bleibtreustraße 4

[24] Wolkenberg
Mommsenstraße 6

[25] ein Mieter übernahm eine an Juden vermietete Wohnung in der Eosanderstraße 28

**in Schöneberg**
[26] Muskat
Akazienstraße 25

[27] Lichtenstein
Gleditschstraße 26

[28] ein Mieter übernahm eine an Juden vermietete Wohnung in der Meraner Straße 42

**in Wilmersdorf**
[29] ein Mieter übernahm die Wohnung von Oscher in der Nachodstraße 11

Aufbau von Tarnnetzen, Charlottenburger Chaussee, August 1940. Im Hintergrund die Siegessäule.

# BERLIN IM KRIEG 1939–1945

Am 1. September 1939 begann Hitler seinen Krieg um „Lebensraum". Für die aus der „Volksgemeinschaft" Ausgeschlossenen brach eine neue Phase der Unterdrückung an. Die Verfolgung dieser „inneren Feinde" oblag maßgeblich dem Reichssicherheitshauptamt in Berlin. Die Terrorbehörde organisierte auch den Massenmord an Millionen Menschen im besetzten Europa und sollte jeglichen Widerstand unterdrücken.

Die Bevölkerung, insbesondere die Berliner, erlebten den Krieg zunächst als schnelle Abfolge von Siegen. Die Lebensmittelversorgung funktionierte, die wenigen Luftangriffe auf Berlin schmälerten die Siegeszuversicht nicht. Mit zunehmender Kriegsdauer kam es in der Stadt zu einzelnen Protestaktionen, die unnachgiebig verfolgt wurden.

1943 wurde der Krieg in Berlin deutlich spürbar. Mit der Parole „Totaler Krieg – Kürzester Krieg" wollte Goebbels den Durchhaltewillen und die Einsatzbereitschaft der Bevölkerung stärken. Zwangsarbeiter hielten die Rüstungsproduktion in Berlin aufrecht. Im selben Jahr begann sich das Stadtbild infolge der Luftangriffe der Alliierten zu verändern. Zahllose Gebäude lagen in Trümmern, Zehntausende wurden obdachlos, das öffentliche Leben brach allmählich zusammen. Berlin kapitulierte am 2. Mai 1945, sechs Tage vor Kriegsende.

# VON SIEG ZU SIEG

Hitler in der Kroll-Oper, 1. September 1939. Mit den Worten „seit 5.45 Uhr wird zurückgeschossen" verkündete Hitler (stehend) den Beginn des Krieges. Korrekt wäre 4.45 Uhr gewesen.

„Solange die Deutschen erfolgreich bleiben und nicht zuviele Verluste erleiden, wird dies kein unpopulärer Krieg sein."
William Shirer, 20. September 1939

Präsentation von Beutestücken aus dem Feldzug gegen Polen, Unter den Linden, 14. Oktober 1939.

Im Berliner Lustgarten ausgestellter Salonwagen von Compiègne, 24. März 1941. In diesem Wagen hatte Deutschland nach dem Ersten Weltkrieg im französischen Compiègne den Waffenstillstand unterzeichnet. 1940 zwang Hitler Frankreich am selben Ort zur Kapitulation.

Triumphaler Einzug Hitlers in Berlin nach dem Sieg über Frankreich, Wilhelmstraße, 6. Juli 1940. Im Hintergrund jubelnde Menschenmassen vor dem Reichsluftfahrtministerium.

Siegesmeldungen der Berliner Tageszeitungen, September 1939 – Juni 1940. Innerhalb weniger Monate überrannte die Wehrmacht zunächst Polen, besetzte dann Dänemark und Norwegen und eroberte die Benelux-Staaten und Frankreich.

Bayerische Staatsbibliothek München

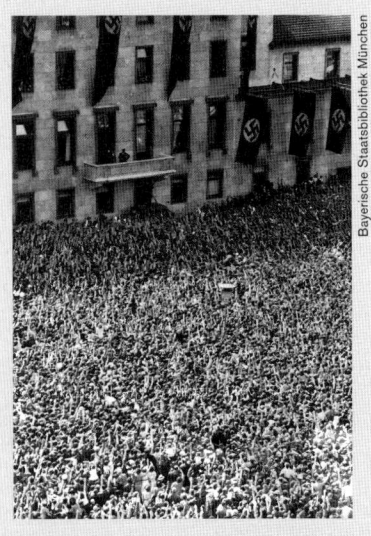

Siegesfeier auf dem Wilhelmplatz, 6. Juli 1940. Menschenmassen jubelten Hitler (links) und Göring (rechts) zu.

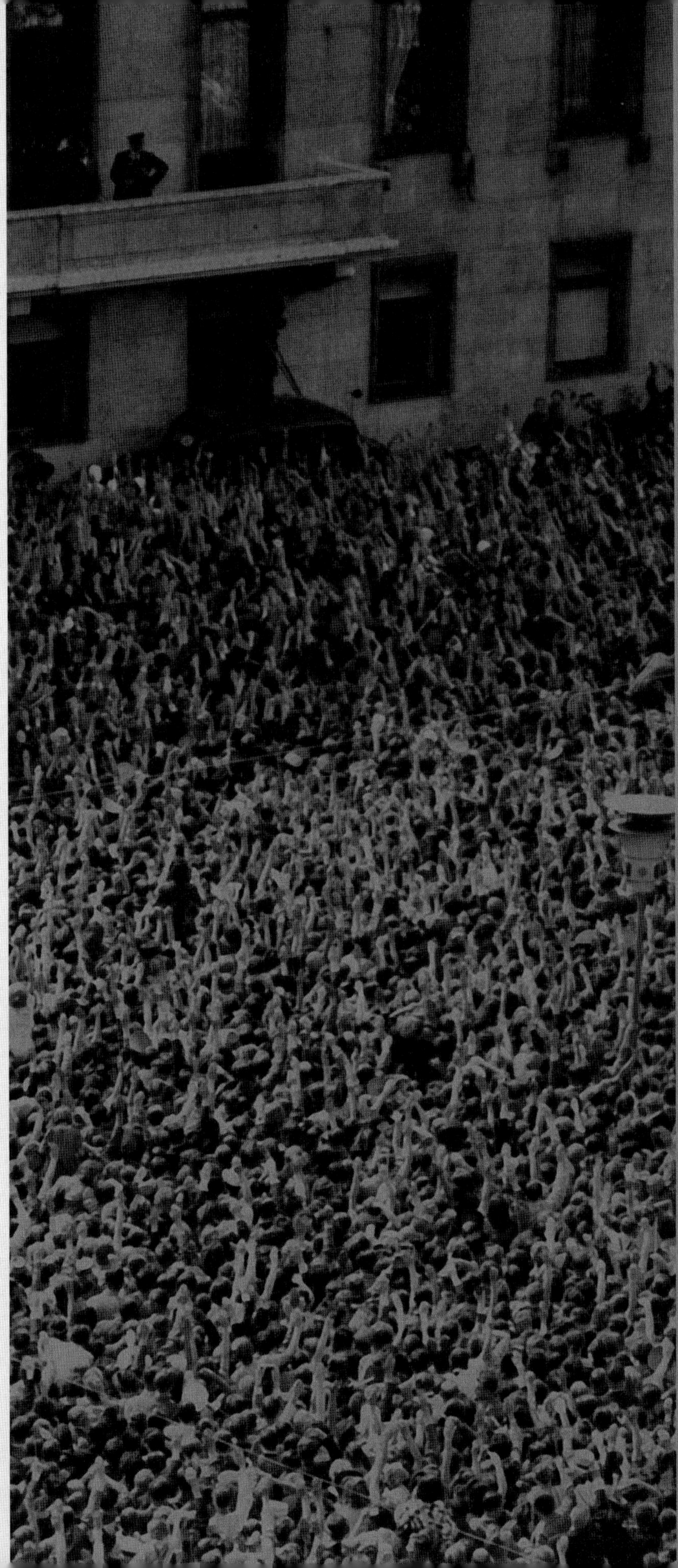

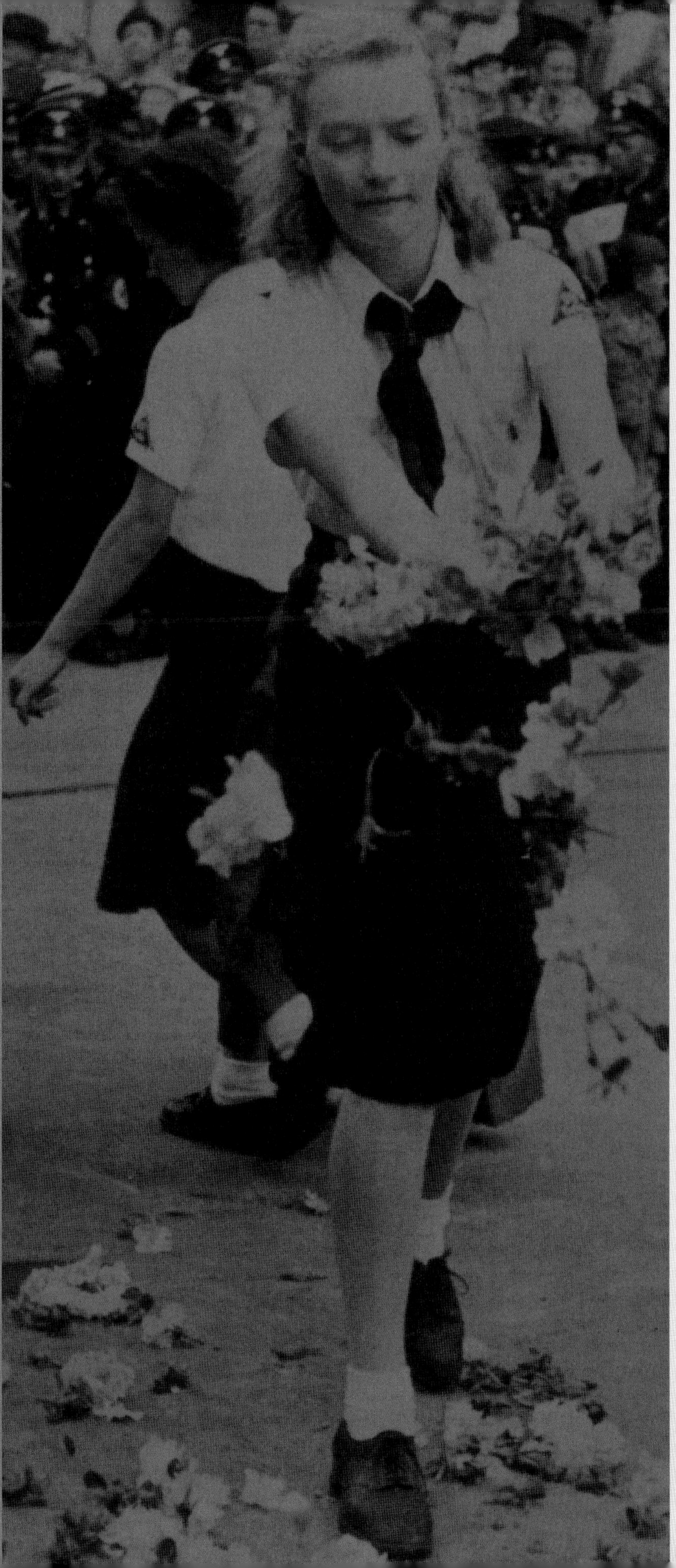

Landesarchiv Berlin

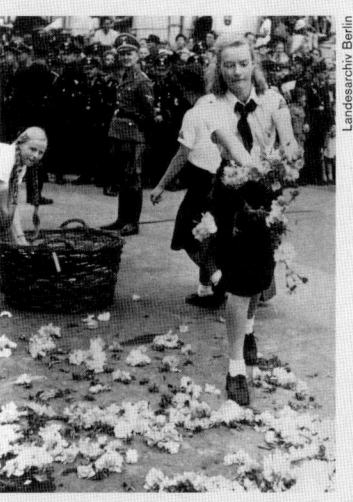

Angehörige des Bundes Deutscher Mädel (BDM) beim Blumenstreuen für die Siegesparade nach dem Frankreichfeldzug, Wilhelmstraße, 6. Juli 1940.

# LEBEN IM KRIEG

Schaulustige vor einem ausgebombten Berliner Wohnhaus, 31. August 1940. In den ersten Kriegsmonaten waren Luftangriffe selten und beeinträchtigten den Alltag kaum.

Berliner Jugendliche mussten den Umgang mit der „Volksgasmaske" erlernen, 23. September 1939.

„Wegen Einberufung vorübergehend geschlossen", Berliner Fahrschule, Juli 1940. Die Sozialstruktur in der Stadt veränderte sich, da viele Männer zum Kriegsdienst einberufen wurden.

Einweisung einer Angehörigen des BDM in einer Berliner Munitionsfabrik, August 1940. Frauen wurden verstärkt in Betrieben eingesetzt, um den kriegsbedingten Arbeitskräftemangel auszugleichen.

Reichsbrotkarte, 1940. Am 28. August 1939, zwei Tage vor Kriegsbeginn, wurden Lebensmittelkarten eingeführt. Dadurch sollte die „Heimatfront" stabil gehalten werden.

# ALLTAG IM KRIEG

Außenminister Joachim von Ribbentrop (rechts vor den Mikrofonen stehend) während der Bekanntgabe des deutschen Angriffs auf die Sowjetunion, Auswärtiges Amt, 22. Juni 1941.

„Europas Schicksalskampf im Osten", Karte des Frontverlaufs, 12. Juli 1941. Eingesteckte Fähnchen markierten den Vormarsch der Wehrmacht in der Sowjetunion.

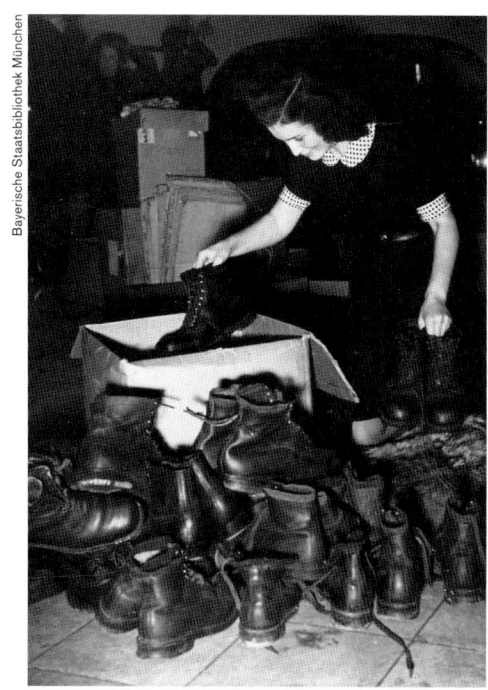

Sammelstelle für Schuhe, Dezember 1941. Die Berliner Bevölkerung wurde aufgefordert, Schuhe und Kleidung für die Soldaten an der Ostfront zu spenden, da diese nicht auf einen Winterkrieg vorbereitet waren.

„Achtung Spione – Vorsicht bei Gesprächen!", Plakat, um 1941. Die Bevölkerung wurde angehalten, regimekritische Äußerungen und oppositionelles Verhalten zu melden.

Mobiles Peilgerät zum Aufspüren illegaler Sender, um 1941. Vorführung für eine spanische Delegation. Im Hintergrund links Kurt Daluege, Chef der Ordnungspolizei.

Lebensmittelzug aus der Ukraine, Berlin, 1942. Mit erbeuteten Lebensmitteln aus den besetzten Gebieten wollte Goebbels die Berliner Bevölkerung versorgen.

# JUSTIZ UND TERROR

Emmy Zehden (Mitte), um 1938. Die Zeugin Jehovas versteckte 1941 in ihrer Laube drei Glaubensgenossen, unter ihnen Gerhard Liebold. Ende 1942 nahm die Gestapo alle fest.

Der „Volksgerichtshof", Bellevuestraße 15, um 1935. Das oberste deutsche Gericht für politische Strafsachen urteilte politische Delikte wie Landes- und Hochverrat ab. Mit Kriegsbeginn wurde das Strafmaß erheblich erhöht, die Zahl der Todesurteile stieg.

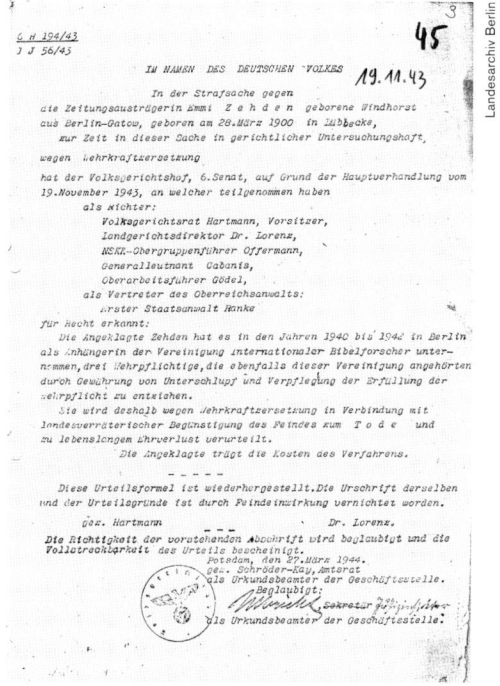

Urteil des „Volksgerichtshofs", 19. November 1943. Emmy Zehden wurde wegen „Wehrkraftzersetzung in Verbindung mit landesverräterischer Begünstigung des Feindes" zum Tode verurteilt und am 9. Juni 1944 in Plötzensee hingerichtet.

Ehemaliges Reichskriegsgericht, Witzlebenstraße 4–10, um 1950. Das 1936 neu gegründete höchste Militärgericht urteilte unter anderem Fälle von Wehrkraftzersetzung wie Wehrdienstverweigerung ab. Im Krieg fällte es mindestens 1.189 Todesurteile, von denen 1.049 vollstreckt wurden.

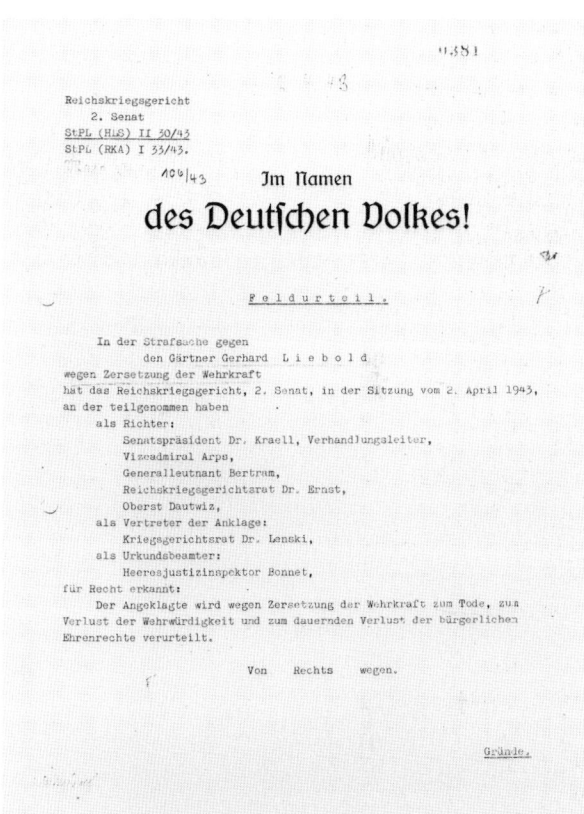

Urteil des Reichskriegsgerichts gegen den Zeugen Jehovas Gerhard Liebold, 2. April 1943. Er wurde wegen „Zersetzung der Wehrkraft" zum Tode verurteilt und hingerichtet. Liebold hatte wie viele andere „Bibelforscher" aus Glaubensgründen den Wehrdienst verweigert.

# WIDERSTAND

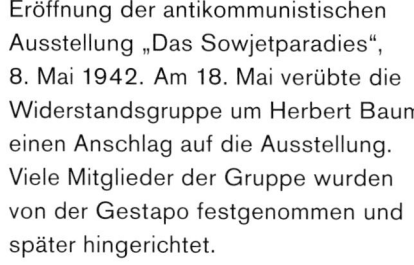

Eröffnung der antikommunistischen Ausstellung „Das Sowjetparadies", 8. Mai 1942. Am 18. Mai verübte die Widerstandsgruppe um Herbert Baum einen Anschlag auf die Ausstellung. Viele Mitglieder der Gruppe wurden von der Gestapo festgenommen und später hingerichtet.

Plakat zur Ausstellung „Das Sowjetparadies", Mai 1942. Als Vergeltungsmaßnahme für den Sprengstoffanschlag verhaftete die Gestapo 500 jüdische Männer. 250 wurden sofort erschossen, die Übrigen in Konzentrationslager eingeliefert.

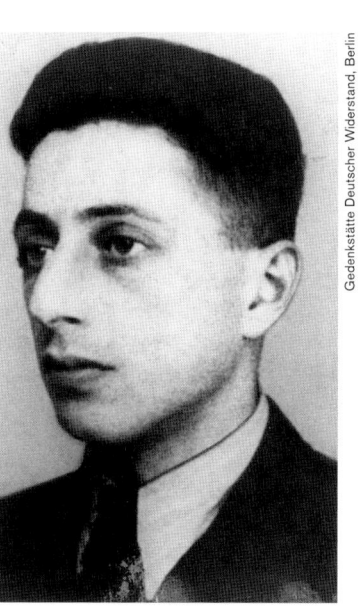

Herbert Baum, undatiert. Nach dem Anschlag auf die Ausstellung wurde der Mitorganisator einer kommunistisch-jüdischen Widerstandsgruppe festgenommen. Er starb am 11. Juni 1942 in Haft.

## Ständige Ausstellung
## Das NAZI-PARADIES
## Krieg Hunger Lüge Gestapo
## Wie lange noch?

Aufkleber gegen die Ausstellung „Das Sowjetparadies", Mai 1942. Mitglieder der Widerstandsgruppe „Rote Kapelle" brachten diese Klebezettel in der Berliner Innenstadt an.

Erkennungsdienstliche Fotos von Arvid Harnack und Harro Schulze-Boysen, 1942. Die beiden führenden, in Reichsministerien beschäftigten Mitglieder der „Roten Kapelle" informierten die Sowjetunion seit Herbst 1940 über deutsche Angriffspläne. Im Sommer 1942 wurden sie festgenommen, am 19. Dezember durch das Reichskriegsgericht zum Tode verurteilt und drei Tage später in Plötzensee erhängt.

# PATIENTENMORD

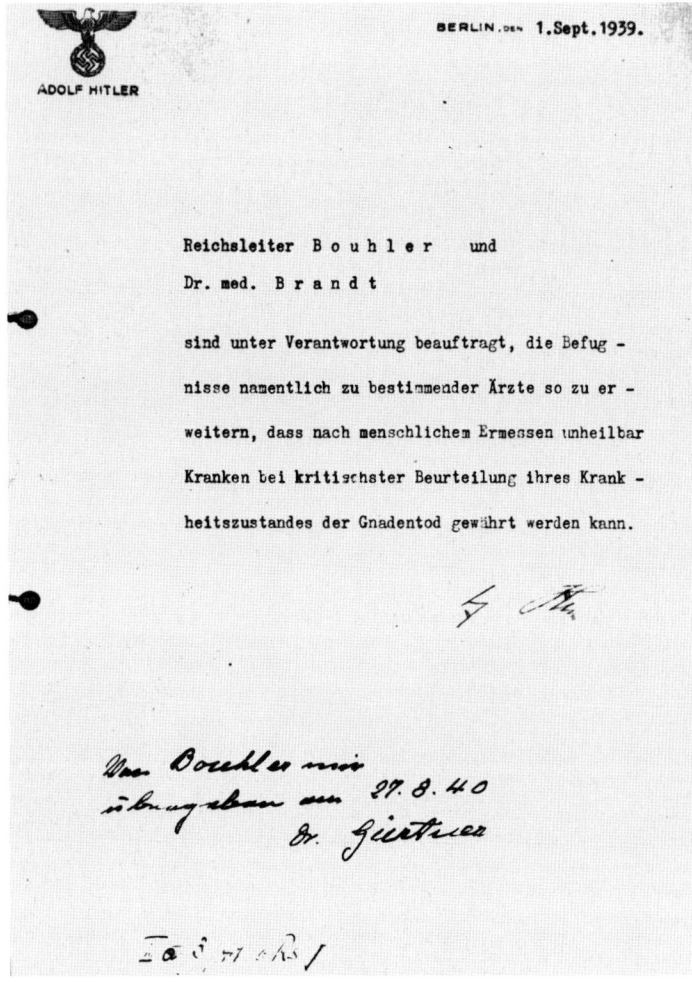

Auf den 1. September 1939 rückdatierte Anordnung Hitlers zur Ermordung angeblich „unheilbar Kranker". Mit dieser Aufgabe wurden Philipp Bouhler und Karl Brandt beauftragt.

Villa in der Tiergartenstraße 4, 1940. Hier befand sich die Zentrale der „Aktion T4", die ab Januar 1940 den Massenmord an angeblich Kranken und Behinderten organisierte und durchführte. 1941 wurde die Aktion aufgrund von Protesten eingestellt. Mehr als 70.000 Menschen waren ermordet worden.

Busse der Gemeinnützigen Gesellschaft für Krankentransporte (Gekrat) vor der Landesheilanstalt Eichberg, 1941. Sie holen vermutlich gerade Patienten ab, um sie in die Tötungsanstalt Hadamar zu bringen.

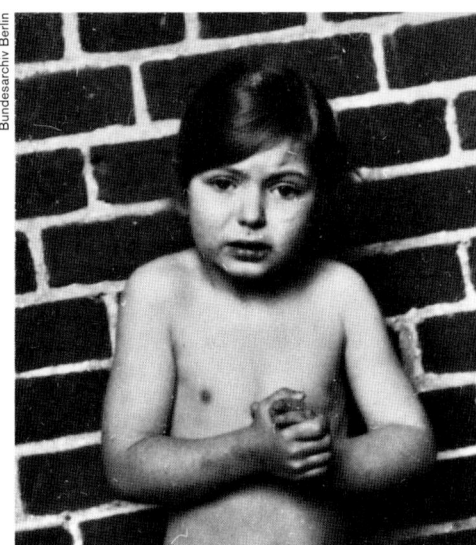

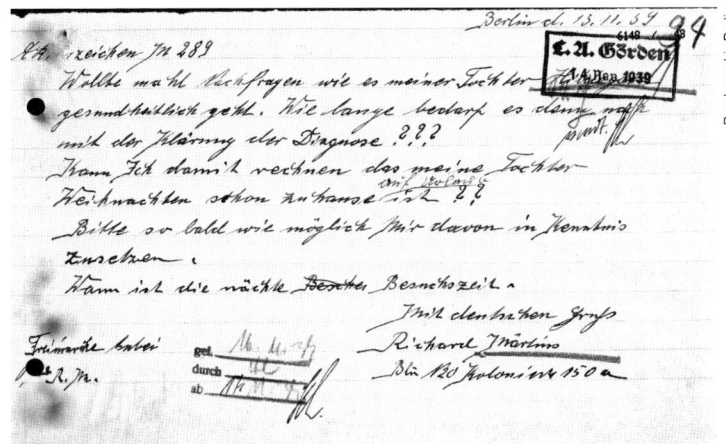

Hildegard Märtins, 1939. Die Sechsjährige kam am 11. Juli 1939 wegen Epilepsie in die Wittenauer Heilstätten. Mit der Diagnose „Idiotie" wurde sie in die Landesanstalt Görden überstellt und Anfang Mai 1940 in eine unbekannte Anstalt verlegt. Wann sie ermordet wurde, ist nicht bekannt.

Brief von Richard Märtins an die Landesanstalt Görden, 13. November 1939. Er erkundigte sich nach dem Befinden seiner Tochter Hildegard, bat um Mitteilung der Besuchszeiten und fragte, ob sie Weihnachten zu Hause verbringen dürfe.

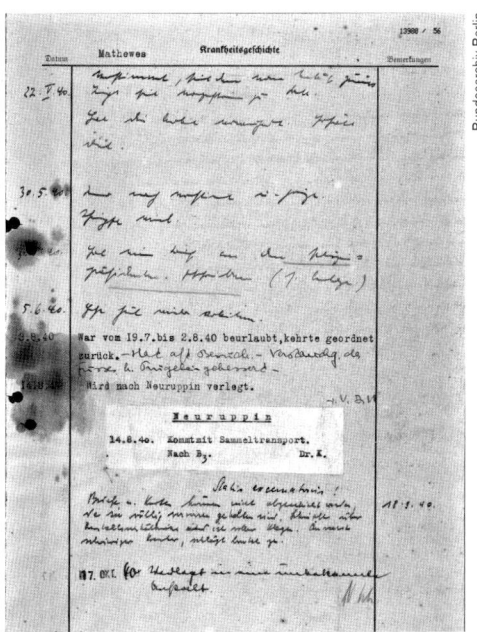

Otto Mathewes, undatiert. Als Vierzehnjähriger kam der Epileptiker 1921 auf elterlichen Wunsch in die Heil- und Pflegeanstalt Wuhlgarten. Er wurde 1935 im Krankenhaus Neukölln sterilisiert und 1940 in eine Tötungsanstalt verlegt.

Auszug aus der Krankenakte von Otto Mathewes, 1940. Am 14. August wurde Mathewes in die Landes-Heil-und Pflegeanstalt Neuruppin verlegt. Die Akte endet am 17. Oktober 1940 mit dem Eintrag: „Verlegt in eine unbekannte Anstalt." Wann er ermordet wurde, ist nicht bekannt.

# „AKTION T4"

**Kanzlei des Führers**
Leiter: Philipp Bouhler

↓

**Kanzlei des Führers
Hauptamt II**
Leiter: Viktor Brack

↓

**Zentraldienststelle in der Tiergartenstraße 4**
Leiter: Dietrich Allers

**Reichsarbeitsgemeinschaft Heil- und Pflegeanstalten**
Erfassung und Begutachtung der „Kranken"

**Gemeinnützige Krankentransportgesellschaft**
Verlegung der „Kranken" in die Tötungsanstalten

**Gemeinnützige Stiftung für Anstaltspflege**
Personalangelegenheiten und Beschaffung der Tötungsmittel

**Zentralverrechnungsstelle Heil- und Pflegeanstalten**
Kostenabrechnung

↓

**Tötungsanstalten für den Berliner Raum**
Brandenburg, ab September 1940 Bernburg

---

Die Zentraldienststelle in der Tiergartenstraße 4 war die eigentliche Schaltstelle des Mordprogramms an angeblich kranken und behinderten Menschen. Sie unterstand der Kanzlei des Führers und war in vier Abteilungen gegliedert. Die „Reichsarbeitsgemeinschaft Heil- und Pflegeanstalten" (RAG) war für die Erfassung und Begutachtung der „Kranken" durch Meldebögen zuständig. Die „Gemeinnützige Krankentransportgesellschaft" (Gekrat) transportierte die Opfer in die Tötungsanstalten. Die „Gemeinnützige Stiftung für Anstaltspflege" („Stiftung") stellte das Personal und beschaffte die Tötungsmittel. Die „Zentralverrechnungsstelle Heil- und Pflegeanstalten" (ZVSt) rechnete bis zum Todestag der Opfer entstandene Kosten mit den Angehörigen und den Kostenträgern ab.

# LISTE AUSGEWÄHLTER ANTIJÜDISCHER BESTIMMUNGEN 1938–1942

| | | |
|---|---|---|
| **1938** | 23. Juli | Kennkartenzwang |
| | 18. August | Einführung der Zwangsvornamen „Sara" und „Israel" |
| | 3. Dezember | Verhängung eines „Judenbanns" über bestimmte Berliner Bezirke |
| **1939** | 1. September | Ausgangsverbot ab 20.00 Uhr |
| | 20. September | Beschlagnahme von Rundfunkgeräten |
| **1940** | 23. Januar | Stopp der Ausgabe von Kleider- und Schuhkarten |
| | 4. Juli | in Berlin: Einkaufszeit nur noch von 16.00 bis 17.00 Uhr |
| | 1. September | in Berlin: Beschlagnahme von Telefonen |
| | 21. September | in Berlin: Einrichtung separater Luftschutzräume |
| **1941** | 15. September | Einführung des „gelben Sterns" |
| | 18. September | Verbot der Nutzung öffentlicher Verkehrsmittel |
| | 2. Oktober | Einführung der Zwangsarbeit |
| | 18. Oktober | Beginn der Deportationen: Transport von 1.013 Berliner Juden nach Łódź |
| | 23. Oktober | Auswanderungsverbot |
| | 25. November | Verordnung zum Einzug des Vermögens deportierter Juden |
| **1942** | 10. Januar | Verbot der Nutzung städtischer Bäder |
| | 10. Februar | Verbot der Ausgabe von Brennstoffen |
| | 26. März | Kennzeichnungspflicht jüdischer Wohnungen und Einrichtungen |
| | 15. Mai | Verbot der Haustierhaltung |
| | 12. Juni | Beschlagnahme von Kochplatten und anderen Alltagsgegenständen |
| | 11. Juli | Erster Deportationszug von Berlin nach Auschwitz |

# VERFOLGUNG DER JUDEN

Leo Baeck (1873–1956), Vorsitzender der Reichsvereinigung der Juden in Deutschland, undatiert. In der 1939 gegründeten Reichsvereinigung wurden alle jüdischen Organisationen zwangsweise zusammengefasst. Sie unterstand der Kontrolle der Gestapo und wurde so zum Instrument antijüdischer Politik.

Die mit einem „Judenstern" gekennzeichnete Wohnung von Emil Israel Blumenfeld, Berlin, um 1942.

„Judenstern", undatiert. Seit dem 19. September 1941 musste die jüdische Bevölkerung den Stern tragen. Ihre soziale Ausgrenzung und Diskriminierung erreichte damit, für alle sichtbar, einen Höhepunkt.

> „Wenn es dem internationalen Finanzjudentum inner- und außerhalb Europas gelingen sollte, die Völker noch einmal in einen Weltkrieg zu stürzen, dann wird das Ergebnis nicht die Bolschewisierung der Erde und damit der Sieg des Judentums sein, sondern die Vernichtung der jüdischen Rasse in Europa."
> Adolf Hitler, 30. Januar 1939

„Wenn Du dieses Zeichen siehst …", Propagandabroschüre, 1941. Goebbels initiierte eine Hetzkampagne, da zahlreiche Berliner auch nach Einführung der Kennzeichnungspflicht Kontakt zu ihren jüdischen Nachbarn unterhielten.

# DEPORTATIONEN

Jüdisches Altersheim, Große Hamburger Straße, undatiert. Hier befand sich von Mitte 1942 bis März 1944 das größte Sammellager Berlins für Juden, die deportiert werden sollten. Geleitet wurde es von Walter Dobberke, einem Angehörigen des Judenreferates der Stapoleitstelle Berlin.

„Berlin kommt als erstes an die Reihe, und ich habe die Hoffnung, daß es uns im Laufe des Jahres noch gelingt, einen wesentlichen Teil der Berliner Juden nach dem Osten abzutransportieren."
Joseph Goebbels, 24. September 1941

Güterbahnhof Putlitzstraße, um 1942. Von den Berliner Bahnhöfen Putlitzstraße, Grunewald und Anhalter Bahnhof wurden bis 1945 in 122 Zügen der Deutschen Reichsbahn etwa 55.000 Juden deportiert. Am 18. Oktober 1941 begann die Deportation der Juden aus Deutschland. An diesem Tag fuhr der erste Transport mit 1.013 Juden vom Bahnhof Grunewald nach Łódź.

Gertrud (1881–1944) und Bernhard Leon (1867–1941), um 1937. Sie waren seit 1902 verheiratet und hatten fünf Kinder. Bernhard Leon war im Textilgewerbe tätig und besaß mehrere Häuser. Die Familie bewohnte eine Villa am Griebnitzsee, die sie 1936 nach Erhalt eines anonymen, mit Drohungen verbundenen Kaufangebotes veräußerte.

Familie Leon im Garten ihres Hauses am Griebnitzsee, 1936. Von rechts: Tochter Ilse mit ihrem Mann Julius (hinten) und den Kindern Daisy und Harold (vorne), Bernhard und Gertrud, Sohn Arno mit seiner Frau Käte, Gerhard, Rose und Heinz Leon. Alle Kinder emigrierten in den 1930er Jahren. 1938 sah sich die Familie in London zum letzten Mal. Trotz der Bitte ihrer Kinder, in London zu bleiben, kehrten Gertrud und Bernhard Leon in ihre Heimat zurück. Bernhard Leon starb am 16. April 1941 in Berlin.

Doppelhaus der Familie Leon, Manfred-von-Richthofen-Straße 125, undatiert. Anfang 1942 musste Gertrud Leon das vermietete Haus verkaufen. Die neuen Besitzer waren Emil Blachian und Bruno Sattler, beide Angehörige der Gestapo. Frau Sattler informierte ihren Mann am 9. Juni 1942: „Die Leon kommt am 20.6. mit Transport nach dem Osten." Frau Leon wurde tatsächlich verhaftet und am 7. Juli 1942 nach Theresienstadt deportiert. Am 9. Oktober 1944 wurde sie nach Auschwitz deportiert und dort ermordet.

Bruno Sattler (1898–1972) mit seiner Tochter Beate im Garten des Hauses Manfred-von-Richthofen-Straße 125, Berlin-Tempelhof, 1943. Der langjährige Referent im Geheimen Staatspolizeiamt war seit Februar 1942 Chef der Gestapo in Belgrad. 1952 wurde er in der DDR zu lebenslanger Haft verurteilt.

# AN DER VERFOLGUNG DER BERLINER JUDEN BETEILIGTE BEHÖRDEN, STAND 1942

**Reichssicherheitshauptamt (RSHA)**

Chef der Sicherheitspolizei und des SD
1939–1942
Reinhard Heydrich

**Geheime Staatspolizei (Amt IV)**

Leiter 1939–1945
Heinrich Müller

**Judenreferat (IV B 4)**

Referatsleiter 1939–1945
Adolf Eichmann

**Staatspolizeileitstelle Berlin**

Leiter 1941–1943
Otto Bovensiepen

**Judenreferat (IV D 1)**

Referatsleiter 1941–1942
Gerhard Stübs

Das Reichssicherheitshauptamt organisierte europaweit die Verfolgung und Ermordung der jüdischen Bevölkerung. Federführend war das von Adolf Eichmann geleitete Referat IV B 4. Die Umsetzung der Verfolgungspolitik in Berlin oblag der dortigen Staatspolizeileitstelle. Die Mitarbeiter des Berliner Judenreferats waren für die Festnahme, die Internierung und die Deportation der in Berlin lebenden Juden verantwortlich.

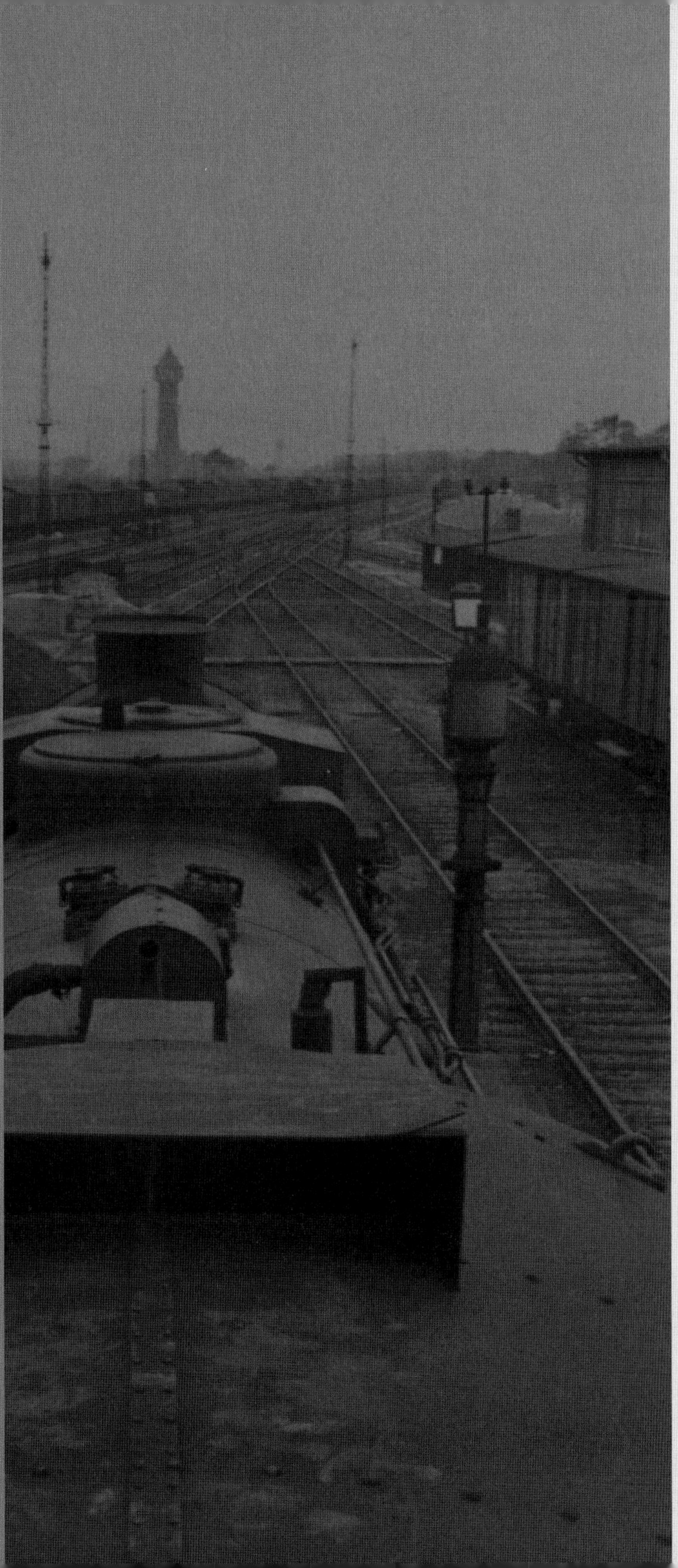

bpk, Berlin

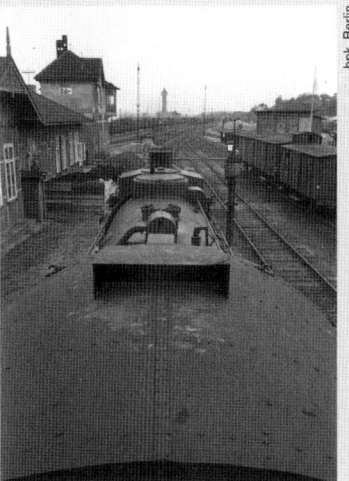

Güterbahnhof Grunewald, 24. Oktober 1942. Zwischen 1941 und 1945 wurden von den Berliner Bahnhöfen Grunewald, Putlitzstraße und Anhalter Bahnhof etwa 55.000 Juden in den „Osten“ deportiert. Zirka 6.000 Juden entzogen sich ihrer Deportation und hielten sich in der Stadt versteckt. Etwa 8.000 begingen Selbstmord.

# „FABRIKAKTION"

Verwaltungsgebäude der jüdischen Gemeinde, Rosenstraße 2–4, um 1935. In der „Fabrikaktion" am 27. Februar 1943 nahm die Gestapo über 8.000 noch in Berlin lebende Juden fest. Lediglich diejenigen, die in so genannten deutsch-jüdischen Ehen lebten, wurden ausgesondert und in der Rosenstraße inhaftiert. Alle Übrigen wurden deportiert.

Hertha und Hans Weigert mit ihrer Tochter im Tiergarten, 1937. Das christlich-jüdische Ehepaar hatte zwei Kinder, den 1929 geborenen Sohn Horst und die 1934 geborene Evelin-Gisela.

Evelin-Gisela Weigert, 1945. Sie und ihr Vater Hans wurden im Rahmen der „Fabrikaktion" zu Hause von der Gestapo festgenommen und in der Rosenstraße interniert. Nach einer Woche kamen beide frei.

Horst Weigert, 1945. Er war nicht zu Hause, als die Gestapo kam, weil er in der Schule nachsitzen musste. In den folgenden Wochen versteckte er sich bei Freunden und Verwandten. Später kehrte er zu seiner Familie zurück. Alle überlebten die NS-Zeit.

Hertha Weigert, 1943. Sie protestierte täglich mit anderen Frauen in der Rosenstraße gegen die Verhaftung ihrer Angehörigen. Es war die einzige öffentliche Protestaktion dieser Art während der NS-Zeit.

# „[...] die Bevölkerung sich in größerer Menge ansammelte und zum Teil sogar für die Juden etwas Partei ergriff."
Joseph Goebbels, 6. März 1943

# LEBEN IM UNTERGRUND

Die Familie Foß, um 1938. Von links: Werner, Margot, Hans, Peter und Harry. Ende November 1942 entzog sich die Familie ihrer drohenden Deportation, indem sie untertauchte. Dies rettete allen das Leben. Insgesamt versuchten etwa 6.000 Juden in Berlin als so genannte U-Boote im Untergrund zu überleben.

Helene von Schell, undatiert. Bis Kriegsende gewährte sie der Familie Foß in ihrer Wohnung Unterschlupf, was vielen Nachbarn nicht verborgen blieb. Dennoch wurden weder Frau von Schell noch die Familie Foß verraten.

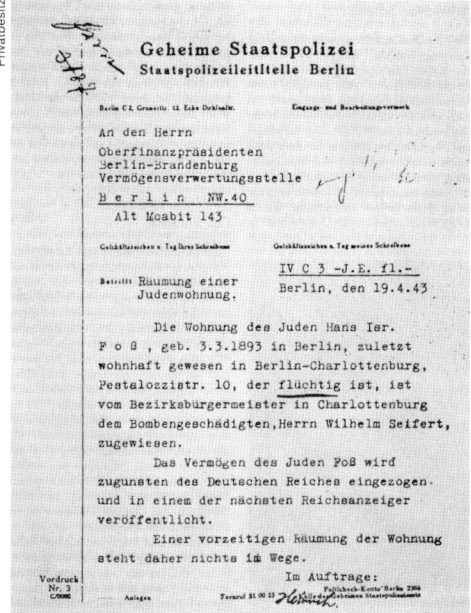

Schreiben des Judenreferates der Stapoleitstelle Berlin an die „Vermögensverwertungsstelle" beim Oberfinanzpräsidenten, 19. April 1943. Die Wohnung der Familie Foß wurde einem Deutschen zugewiesen und ihr Vermögen „zugunsten des Deutschen Reiches eingezogen."

Gerd und Hans Rosenthal, um 1940.
Gerd lebte seit dem Tod der Mutter 1941
im Jüdischen Waisenhaus und wurde im
Oktober 1942 nach Riga deportiert und
ermordet. Hans, der in Berlin Zwangsarbeit
leistete, tauchte während der „Fabrikaktion"
unter.

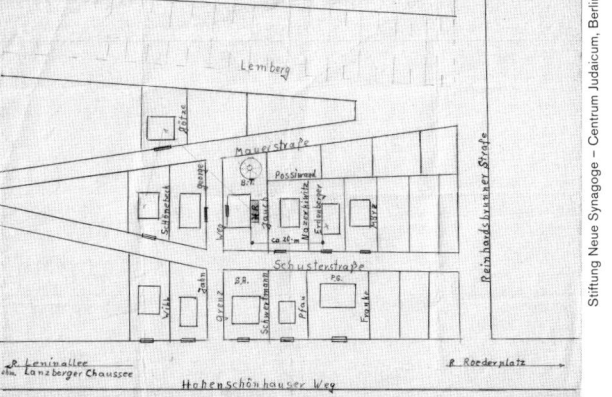

Hans Rosenthals Unterschlupf in der
Laubenkolonie „Dreieinigkeit", Zeichnung,
undatiert. In dieser Kolonie überlebte er
mit Hilfe der Laubenbesitzerin Frau Jauch
und anderer Nachbarn.

„Sobald die anderen in ihrem Bunker verschwunden waren, ging ich, lief ich, rannte ich hinaus. [...] Für mich bedeuteten sie [die Bomber] das Leben. Ihre Kondensstreifen waren Lichtzeichen aus einer besseren Welt, in der auch ich frei leben durfte."

Hans Rosenthal, Autobiographie 1982

# JÜDISCHE „GREIFER"

Stella Kübler, geb. Goldschlag, um 1936. Im Zuge der „Fabrikaktion" wurde ihr Mann 1943 gefasst und deportiert. Stella und ihre Eltern konnten untertauchen, wurden aber wenig später festgenommen. Im Lager Große Hamburger Straße wurde Stella als „Greiferin" rekrutiert. Einige Wochen, nachdem ihre Eltern Ende 1944 entgegen aller Versprechen nach Auschwitz deportiert worden waren, beendete sie ihre Tätigkeit für die Gestapo. Nach Kriegsende verbüßte sie eine zehnjährige Haftstrafe. 1994 beging sie Selbstmord.

„Seit einiger Zeit sind die Illegalen von einer besonderen Gefahr bedroht, nämlich einer Spitzelgruppe von Juden, etwa 20 an der Zahl, die [...] sich in die Dienste der Gestapo begaben mit dem Auftrage, den Aufenthalt von illegal wohnenden Juden ausfindig zu machen und sie der Behörde auszuliefern."
Else Seelenfreund, Juli 1944

Die jüdischen Fahnder Bruno Goldstein (rechts), Stella Kübler-Isaaksohn und ihr Mann Rolf Isaaksohn, Kurfürstendamm, um 1944. Durch ihre Tätigkeit für die Gestapo hofften die „Greifer", ihre Familien schützen zu können. Im Gegenzug wurden sie entlohnt, vom Tragen des „Judensterns" befreit und mit Lebensmittelkarten versorgt.

# VERFOLGUNG DER „ZIGEUNER"

 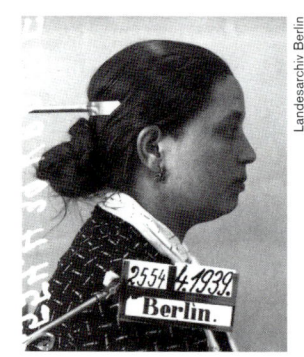

Erkennungsdienstliche Fotos von Johann Krause und seiner Frau Anna, geb. Freiwald, April 1939. Sie lebten seit 1932 in der Laubenkolonie Wiesengrund in Karlshorst.

An die „Dienststelle für Zigeunerfragen" der Kripoleitstelle Berlin gerichtete Beschwerde, Juni 1943. Margarete Dickow und weitere Kleingärtner klagten über die Familien Krause und Freiwald und verlangten, dass „die Zigeuner verschwinden". Später wurde gefordert, dass die „Zigeuner endlich einem Sammellager überwiesen werden", damit „Kleingartenparzellen frei werden".

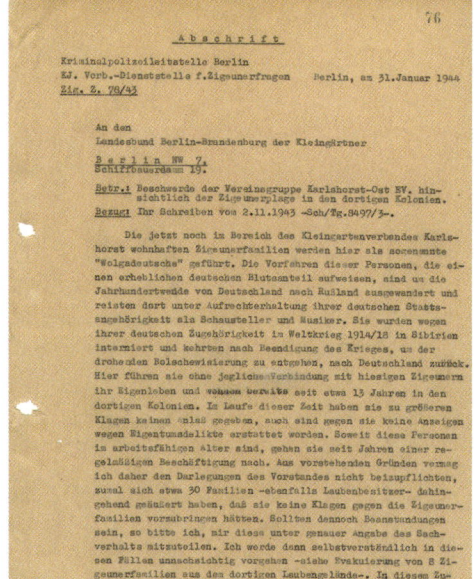

Reaktion der „Dienststelle für Zigeunerfragen" auf die Beschwerden, 31. Januar 1944. Den Kleingärtnern wurde mitgeteilt, es seien bereits acht Familien nach Auschwitz deportiert worden. Bei den übrigen Familien sehe man keinen Handlungsbedarf, da nichts gegen sie vorliege und sie Arbeit hätten.

Vermerk der „Dienststelle für Zigeunerfragen", 30. Mai 1944. Dienststellenleiter Karsten vertrat gegenüber seiner vorgesetzten Behörde die Ansicht, dass die Familien nicht deportiert werden sollten. Er betonte, sie seien bereit, sich sterilisieren zu lassen. Einige Familienangehörige überlebten die NS-Zeit, während der größte Teil der in Berlin lebenden „Zigeuner" deportiert und ermordet wurde.

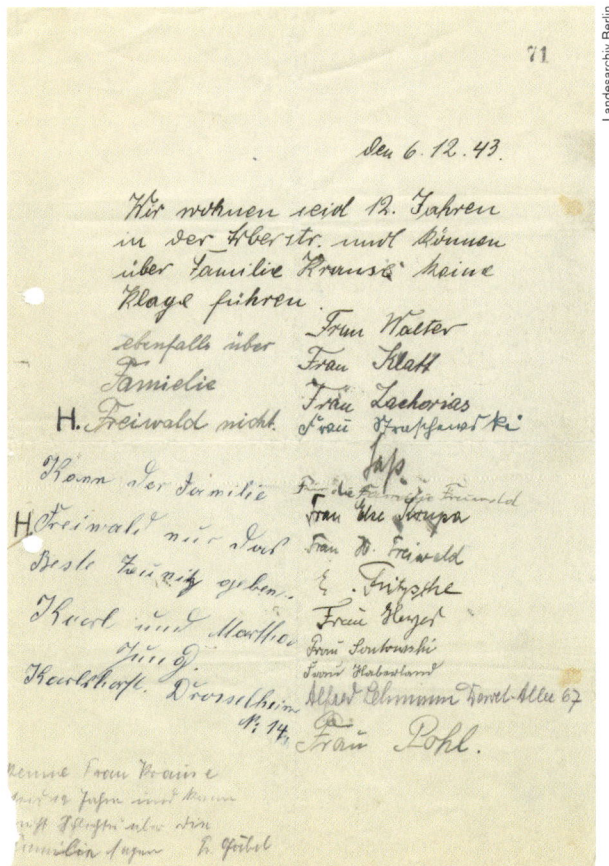

Eines von mehreren Solidaritätsschreiben an die „Dienststelle für Zigeunerfragen", 6. Dezember 1943. Dreißig Nachbarn der Familien Krause und Freiwald erklärten, sie hätten keine Klagen gegen die „Zigeunerfamilien".

# „TOTALER KRIEG"

„Dieser Kampf muß mit einem klaren Siege enden", Neujahrsaufruf Hitlers, 1. Januar 1943. Als der Vormarsch der deutschen Truppen in der Sowjetunion stagnierte und die Wehrmacht erhebliche Verluste verzeichnete, appellierte Hitler an den Siegeswillen des Volkes.

„Totaler Krieg – Kürzester Krieg", Spruchband im Berliner Sportpalast, 18. Februar 1943. Mit dieser Parole versuchte Goebbels angesichts der drohenden Niederlage alle verfügbaren Kräfte für den Krieg zu mobilisieren.

„Männer im Alter von 16–70 Jahren gehören in den Einsatz nicht in den Bunker", Parole an einem Berliner Bunker, um 1944.

## Ein Plünderer hingerichtet
### 24 Stunden nach Raub abgeurteilt

Der 35jährige, bereits vielfach wegen Diebstahls, darunter auch mit Zuchthaus, vorbestrafte Hans Dobroszczyk aus Berlin raubte in der Nacht zum 2. März d. J. während des Fliegeralarms in unmittelbarer Nähe eines durch Bombeneinwirkung in Brand geratenen Hauses ein dort niedergelegtes Bündel mit Schmuckgegenständen, Kleidungsstücken und einem Radio- und einem Photoapparat. Dieses Bündel war von einer Hausbewohnerin in aller Eile aus dem brennenden Haus geborgen und im Vertrauen auf die Anständigkeit der Volksgenossen abgestellt worden. Als Dobroszczyk, den der Feuerschein angelockt hatte, das Bündel liegen sah, kam in ihm wieder sein verbrecherischer Instinkt zum Durchbruch. Obwohl er gut verdiente, trug er keine Bedenken, einer vom Schicksal schwer getroffenen Frau die letzte Habe zu rauben und sich auf Kosten der Bedauernswerten zu bereichern. Der Aufmerksamkeit eines Mitgliedes des örtlichen Selbstschutzes ist es zu danken, daß dieser Verbrecher bei dem Versuch, seine Beute in Sicherheit zu bringen, dingfest gemacht und der gerechten Bestrafung zugeführt werden konnte.

Das Sondergericht Berlin, dem Dobroszczyk bereits wenige Stunden nach der Tat vorgeführt wurde, verurteilte den Angeklagten noch am selben Tage als Plünderer und Volksschädling zum Tode und zum dauernden Ehrverlust. Es brachte damit die feste Entschlossenheit des Staates zum Ausdruck, die von den Terrorangriffen des Feindes so schwer getroffenen Volksgenossen mit allen zu Gebote stehenden Mitteln in ihrer Not zu schützen. Das Urteil ist durch die Hinrichtung des Täters bereits vollstreckt worden.

„Ein Plünderer hingerichtet", Zeitungsmeldung, 4. März 1943. Hans Dobroszczyk war am 2. März denunziert worden, weil er ein auf einem Ruinengrundstück liegendes Bündel mitgenommen hatte. Noch am selben Tag verurteilte das Sondergericht Berlin den „Plünderer und Volksschädling" zum Tode. Am folgenden Tag wurde er in Plötzensee hingerichtet.

Berliner Straßenbahn, 1944. Um Rohstoffe und Arbeitskräfte zu sparen, wurden wichtige Güter mit dem öffentlichen Nahverkehr transportiert.

„So wie wir kämpfen – Arbeite Du für den Sieg!", Propagandaplakat, um 1943.

# ZWANGSARBEITER BEI SIEMENS

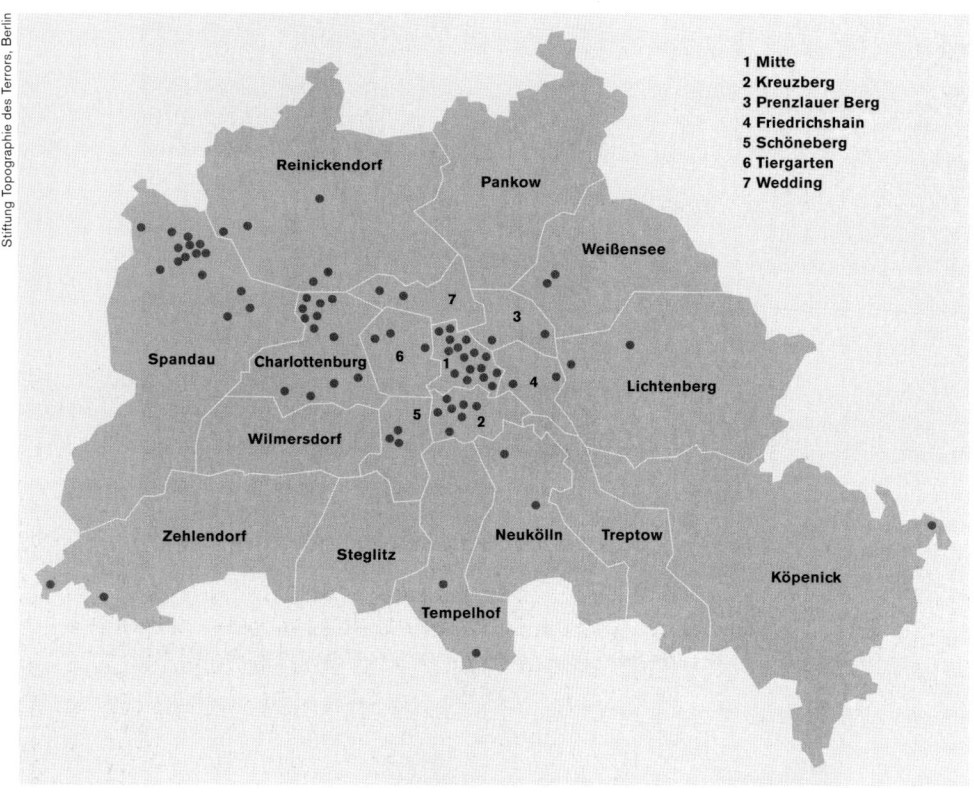

1 Mitte
2 Kreuzberg
3 Prenzlauer Berg
4 Friedrichshain
5 Schöneberg
6 Tiergarten
7 Wedding

Karte der Berliner Zwangsarbeiterlager der Firma Siemens, 1941–1945. Bislang konnten 93 Siemens-Lager nachgewiesen werden. 1943 setzte die Firma in Berlin über 15.000 Zwangsarbeiter ein. Insgesamt mussten in der Reichshauptstadt mehr als 400.000 Menschen aus über zwanzig Nationen Zwangsarbeit leisten. Sie waren in mehr als 3.000 Lagern untergebracht. Eines der großen Sammelunterkunftslager befand sich in Schöneweide.

**Charlottenburg**
Alt Lietzow 31
Berliner Straße 53
Am Volkspark Jungfernheide
Holtzdamm (heute: Popitzweg)
Katharinenstraße 4
Luisenplatz 5b
Scharrenstraße 34
Siemensdamm 1–2
Siemensdamm 16
Spandauer Chaussee 57
Spandauer Chaussee 60
Tegeler Weg 80–85

**Friedrichshain**
Frankfurter Allee 48
Krautstraße

**Kreuzberg**
Kommandantenstraße 62
Luckauer Straße 14–15
Marheineckeplatz 1, 3–4
Saarlandstraße 67, 72, 76
Fichtestraße 59
Schleiermacherstraße 25
Hedemannstraße 3

**Lichtenberg**
Landsberger Chaussee
Wolfgangstraße 27–29
(heute: Paul-Junius-Straße)

**Mitte**
Alexanderstraße 37
Alexanderplatz 4
An der Schleuse 11
Georgenkirchstraße 23
Gerlachstraße 26
Gollnowstraße 21 (heute: Mollstraße)
Große Frankfurter Staße 76
(heute: Karl-Marx-Straße)
Wadzeckstraße 1/2, 12
Ackerstraße 144
Anklamer Straße 33
Brunnenstraße 171, 196
Gormannstraße 22
Am Zirkus 7
Engeldamm 44–48, 64/68
Neue Königstraße
(heute: Otto-Braun-Straße)
Scharrenstraße 33

**Neukölln**
Prinz-Handjery-Straße 3
Kottbusser Damm 90

**Prenzlauer Berg**
Kastanienallee 17, 71
Oderbruchstraße 25

**Reinickendorf**
Halligweg
Tegeler See
3 Lager ohne Standortnachweis

**Spandau**
Brunsbütteler Damm
Südliche Straße 14
(heute: Straße am Schaltwerk)
Schuckertdamm 336
Gartenfelderstraße 62–67, 72
Rhenaniastraße
Hakenfelde
Königsdamm
Neuendorfer Straße 38/42
Nonnendammallee 5, 7, 8–14, 27–29, 104–107, 127/128
Mittelstraße 7
Neumeisterstraße 5
Nauener Straße
Schönwalder Straße 3–7, 80, 98
Stadtrandstraße
Sternfeld

**Tempelhof**
Hilbertstraße 19
Siemensstraße 50

**Tiergarten**
Stromstraße 36
Wiclefstraße 24
Gebauerwiese

**Wedding**
Seestraße 127
Badstraße 38/39

**Weißensee**
Berliner Allee 205/210
Parkstraße 16

Sowjetische Zwangsarbeiterin in einem Siemens-Werk, um 1943. Zwangsarbeiter aus der Sowjetunion wurden mit dem Aufnäher „Ost" gekennzeichnet. Sie mussten in geschlossenen Kolonnen arbeiten und wurden in streng bewachten Lagern untergebracht.

Ausweis von Jan Brand, um 1942. Der Niederländer war Zwangsarbeiter in den Siemens-Schuckertwerken. Die in Berlin eingesetzten Zwangsarbeiter kamen zunächst aus den besetzten Gebieten Westeuropas, später auch aus Polen und Osteuropa.

# KZ-HÄFTLINGE IN BERLIN

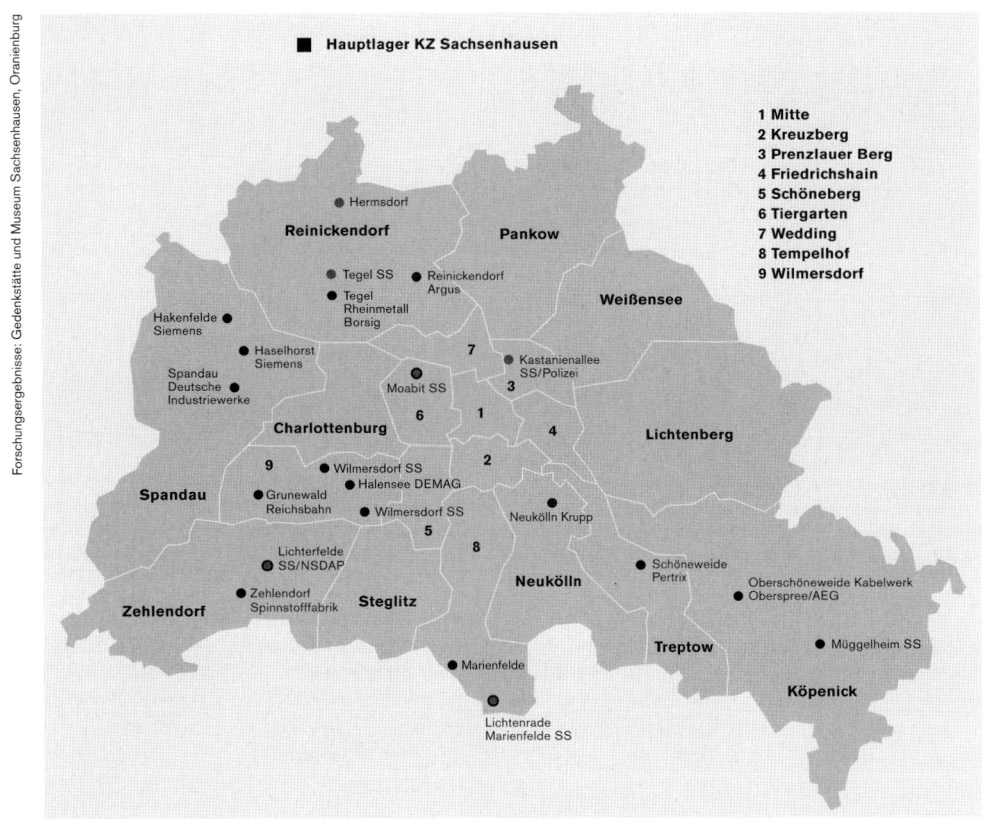

Karte der Berliner Außenlager und Außenkommandos des Konzentrationslagers Sachsenhausen 1944/45.

- ● Außenlager
- ● Außenkommandos
- ● Außenkommando und Außenlager

AEG Allgemeine Elektrizitäts-Gesellschaft

DEMAG Deutsche Maschinenbau-Aktiengesellschaft

## Außenkommandos

| | |
|---|---|
| Kastanienallee SS/Polizei | 1938–1945 |
| Tegel SS | 1942–1945 |
| Hermsdorf | 1944–1945 |

## Außenkommando und Außenlager (AL)

| | |
|---|---|
| Lichterfelde SS/NSDAP | 1938–1942 |
| | 1942–1945 (AL) |
| Moabit SS | 1942–1943 |
| | 1943–1945 (AL) |
| Lichtenrade/Marienfelde SS | 1942–1943 (AL) |
| | 1944–1945 |

## Außenlager

| | |
|---|---|
| Wilmersdorf SS | 1938–1945 |
| Hakenfelde Siemens | 1942–1945 |
| Grunewald/Reichsbahn | 1942–1945 |
| Marienfelde Henschel | 1942–1945 |
| Tegel Rheinmetall Borsig | 1944–1945 |
| Reinickendorf („Schönholz") Argus | 1944–1945 |
| Haselhorst Siemens | 1944–1945 |
| Spandau Deutsche Industriewerke | 1944–1945 |
| Halensee DEMAG | 1944–1945 |
| Neukölln Krupp | 1944–1945 |
| Schöneweide Pertrix | 1944–1945 |
| Oberschöneweide Kabelwerk Oberspree/AEG | 1944–1945 |
| Müggelheim SS | 1944–1945 |
| Zehlendorf Spinnstoff-Fabrik | 1944–1945 |

KZ-Häftlinge bei der Entschärfung einer Bombe in Berlin-Mitte, 1944.

Das KZ-Außenlager Berlin-Lichterfelde, 1942. Das Lager bestand von Juni 1942 bis April 1945 und befand sich in einem Wohngebiet. Die Häftlinge wurden in Arbeitskommandos eingeteilt und vorwiegend in Berliner SS-Einrichtungen, beispielsweise im Reichssicherheitshauptamt, eingesetzt. 1944 waren etwa 1.500 Männer im Lager Lichterfelde inhaftiert.

akg-images, Berlin

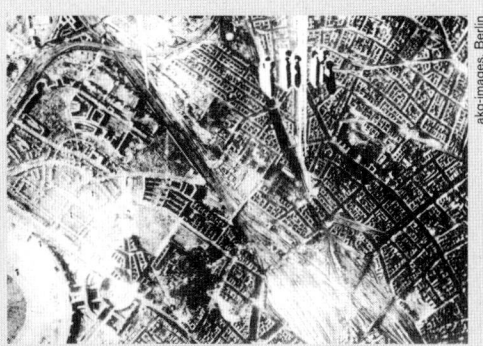

Luftaufnahme von Berlin aus einem amerikanischen Bomber, Februar 1945.

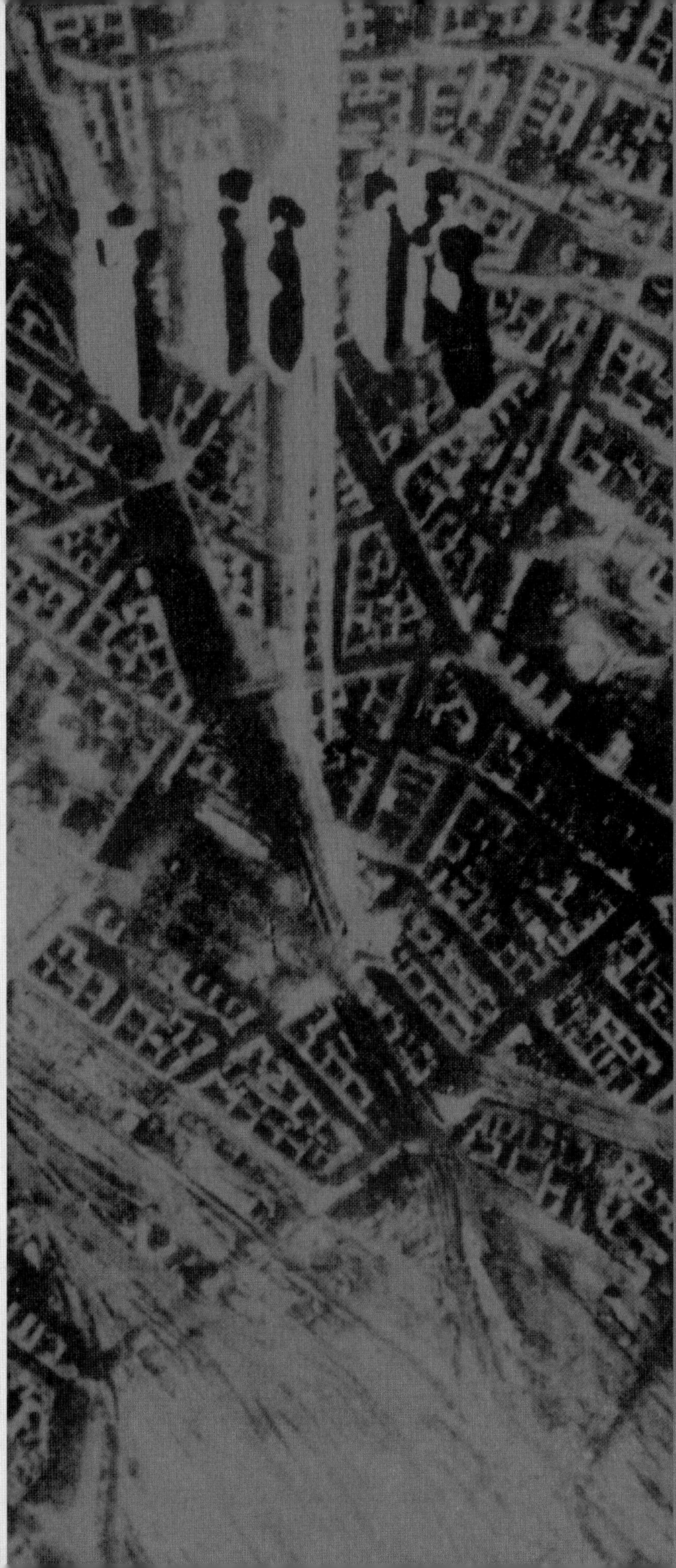

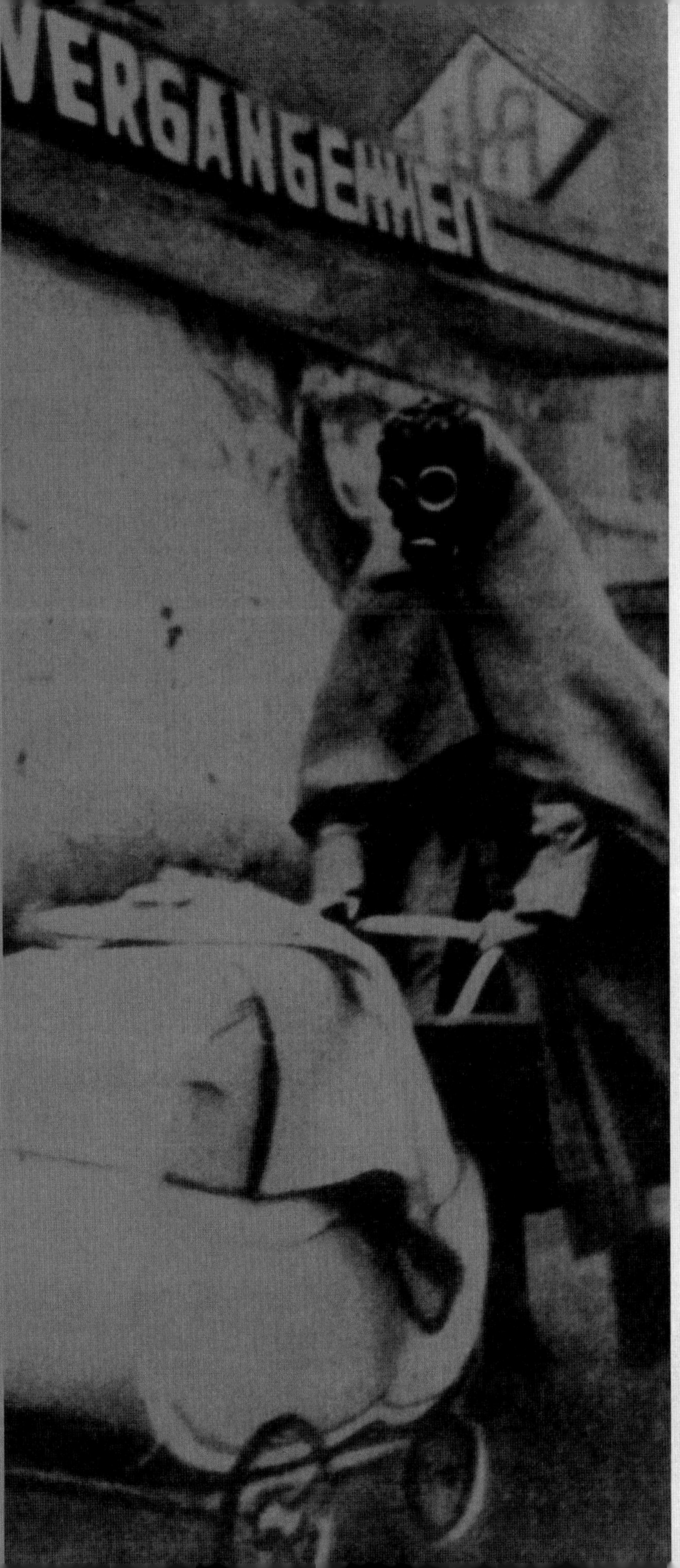

ullstein bild, Berlin

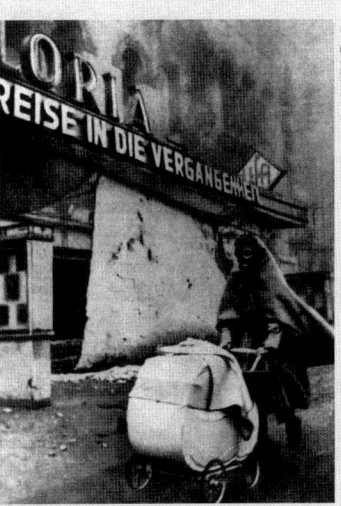

Der Kurfürstendamm nach einem Luftangriff, November 1943. Eine Mutter schützt sich und ihr Kind mit einer Gasmaske und Decken gegen Rauch und Funkenflug.

# BOMBENKRIEG

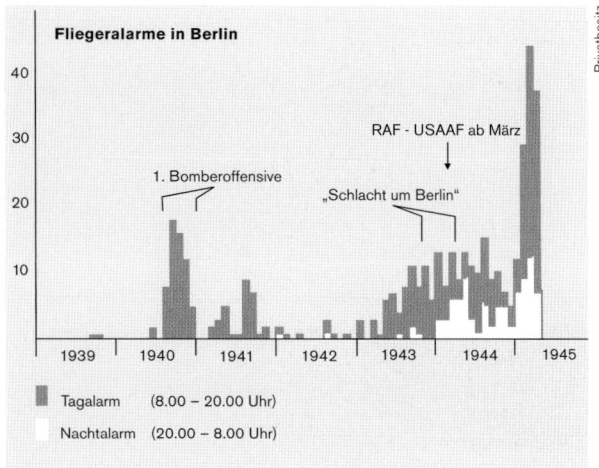

Grafik der Fliegeralarme in Berlin 1939–1945. Die ersten Bombenangriffe auf Berlin 1940 verursachten kaum gravierende Schäden. Dies änderte sich Ende 1943 mit Beginn der „Schlacht um Berlin", einer konzentrierten Offensive der Alliierten.

„Der Feind sieht Dein Licht! – Verdunkeln!", Plakat, um 1943. Die Verdunkelungszeiten wurden in Tageszeitungen bekannt gegeben. Wer die Verdunkelung nicht einhielt, riskierte, diffamiert oder verhaftet zu werden.

Berliner beim Verlassen des Flakturms am Zoo, Februar 1945. Er wurde 1941 fertig gestellt und diente in der Endphase des Krieges auch als Luftschutzbunker.

Berliner im Luftschutzstollen, 1945. Bis Kriegsbeginn waren nur 15 % der geplanten 2.000 Bunker fertig gestellt. Ein großer Teil der Bevölkerung musste daher bei Fliegeralarm anderweitig Schutz suchen, beispielsweise in Kellern oder U-Bahn-Schächten.

Passanten nach einem Bombenangriff, Anhalter Bahnhof, 3. Februar 1945. Sie schützten Augen, Mund und Nase vor dem in der Luft liegenden Staub.

# ALLTAG IM BOMBENKRIEG

Obdachlos gewordene Berliner mit ihren Habseligkeiten, um 1943.

Berliner hinterließen Nachrichten für Angehörige und Freunde an ihrem ausgebombten Wohnhaus in der Nettelbeckstraße 20 in Schöneberg, 1945.

Landwirtschaft am Gendarmenmarkt, 1942. Um die Bevölkerung versorgen zu können, wurden auf öffentlichen Grünflächen der Stadt Nutzpflanzen angebaut.

Kinderlandverschickung, 1. Juli 1943. Seit Ende 1940 wurden Kinder mit staatlicher Hilfe aus Berlin in ländliche, weniger bombengefährdete Gebiete gebracht. Jugendliche im Alter von 14 bis 18 Jahren betraf dies nicht. Sie wurden als Arbeitskräfte benötigt.

Lange Schlangen an einer Wasserpumpe, 1945. Nachdem durch Bombenangriffe das Trinkwasserleitungsnetz beschädigt worden war, wurden die alten Wasserpumpen in der Stadt wieder in Betrieb genommen.

Frauen beim Kochen im Freien, 18. September 1943.

# 20. JULI 1944: ATTENTAT AUF HITLER

Villa in der Tristanstraße 8–10 in Berlin, undatiert. Von hier aus brach Claus Schenk Graf von Stauffenberg am 20. Juli 1944 gegen 6.00 Uhr morgens zum Führerhauptquartier Wolfsschanze auf, um dort ein Attentat auf Hitler zu verüben.

Oberst Claus Schenk Graf von Stauffenberg, nach 1933. Er zündete während der Lagebesprechung im Führerhauptquartier eine Bombe und kehrte unbehelligt nach Berlin zurück. Dort versuchten er und seine Mitverschwörer vergeblich die Regierung zu übernehmen.

Generalmajor Otto-Ernst Remer, Kommandant des Wachbataillons Großdeutschland in Berlin, 1944. Hitler, der das Attentat überlebt hatte, beauftragte Remer telefonisch mit der Niederschlagung des Staatsstreichs. Remer ließ das Regierungsviertel abriegeln.

"Antwort der Nation: Bedingungslose Treue", Schlagzeile, 22. Juli 1944. Das Attentat wurde am 20. Juli um 18.30 Uhr über den Rundfunk bekannt gegeben. Ausführliche Pressemeldungen, in denen die Solidarität der Bevölkerung betont wurde, folgten.

Angehörige der Waffen-SS im Bendlerblock, 21. Juli 1944. Regimetreue Offiziere brachten das Oberkommando des Heeres am späten Abend des 20. Juli 1944 wieder in ihre Hand. Generaloberst Friedrich Fromm, Befehlshaber des Ersatzheeres, befahl kurz nach Mitternacht die Erschießung von Stauffenberg und seinen engen Mitverschwörern.

"Das Volk hat sie gerichtet", Pressemeldung, 9. August 1944. Tags zuvor hatte der "Volksgerichtshof" unter Vorsitz von Roland Freisler in einem Schauprozess acht Verschwörer zum Tode verurteilt. Sie wurden in Plötzensee erhängt. In den folgenden Monaten wurden mehr als 100 angeblich Beteiligte zum Tode verurteilt.

"Schade, daß Hitler nur verletzt ist."
Lucian Pickert, 20. Juli 1944. Für diese Bemerkung wurde er hingerichtet.

# „ENDKAMPF"

Vereidigung von Einheiten des „Volkssturms" durch Gauleiter Goebbels, Wilhelmplatz, 12. November 1944. Am Propagandaministerium prangt das Transparent: „Volkssturm kämpft für Leben und Freiheit Großdeutschlands."

Am „Knie" (heute Ernst-Reuter-Platz) wurden Panzersperren aus Straßenbahnen errichtet, April 1945. Um den Einmarsch der „Roten Armee" aufzuhalten, wurden in ganz Berlin Verkehrsknotenpunkte blockiert.

Ausbildung von Angehörigen des „Volkssturms" an der Panzerfaust, Berlin, Februar 1945.

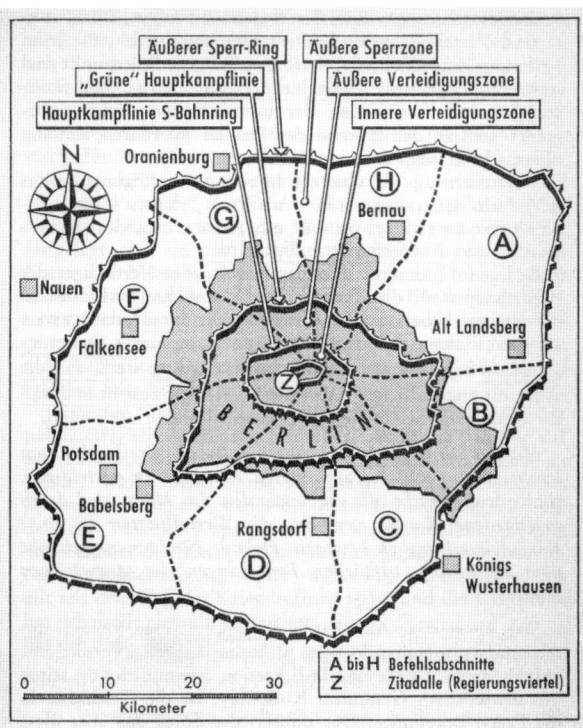

Verteidigungsplan für Berlin, März 1945. Er wurde nach dem „Grundsätzlichen Befehl für die Vorbereitung zur Verteidigung der Reichshauptstadt" vom 9. März 1945 erstellt. Dieser legte fest: „Die Reichshauptstadt wird bis zum letzten Mann und bis zur letzten Patrone verteidigt."

„Plünderer werden erschossen", Warnschild, 1945.

Willi Steuck, undatiert. Der Polizist verhinderte am 22. April 1945 im Bunker am Hackeschen Markt eine Zwangsrekrutierung. Steuck wurde bei der Gestapo denunziert. Er wurde daraufhin von einem Standgericht zum Tode verurteilt, von der Gestapo erschossen und mit der Parole „So behandeln wir Vaterlandsverräter" öffentlich zur Schau gestellt.

# ENDE DES KRIEGES

Sturmangriff sowjetischer Soldaten in der Moltkestraße, 1. Mai 1945. Am folgenden Tag ordnete der letzte Kampfkommandant Berlins, General Weidling, die Kapitulation der Stadt an. Die Sowjets gaben diesen Kapitulationsbefehl über Lautsprecher bekannt.

„Wenn der Krieg verloren geht, wird auch das Volk verloren sein."
Adolf Hitler, 18. März 1945

General Weidling beim Verlassen der Luftschutzräume der Neuen Reichskanzlei, 1945. Die Aufnahme wurde für eine sowjetische Wochenschau nachgestellt.

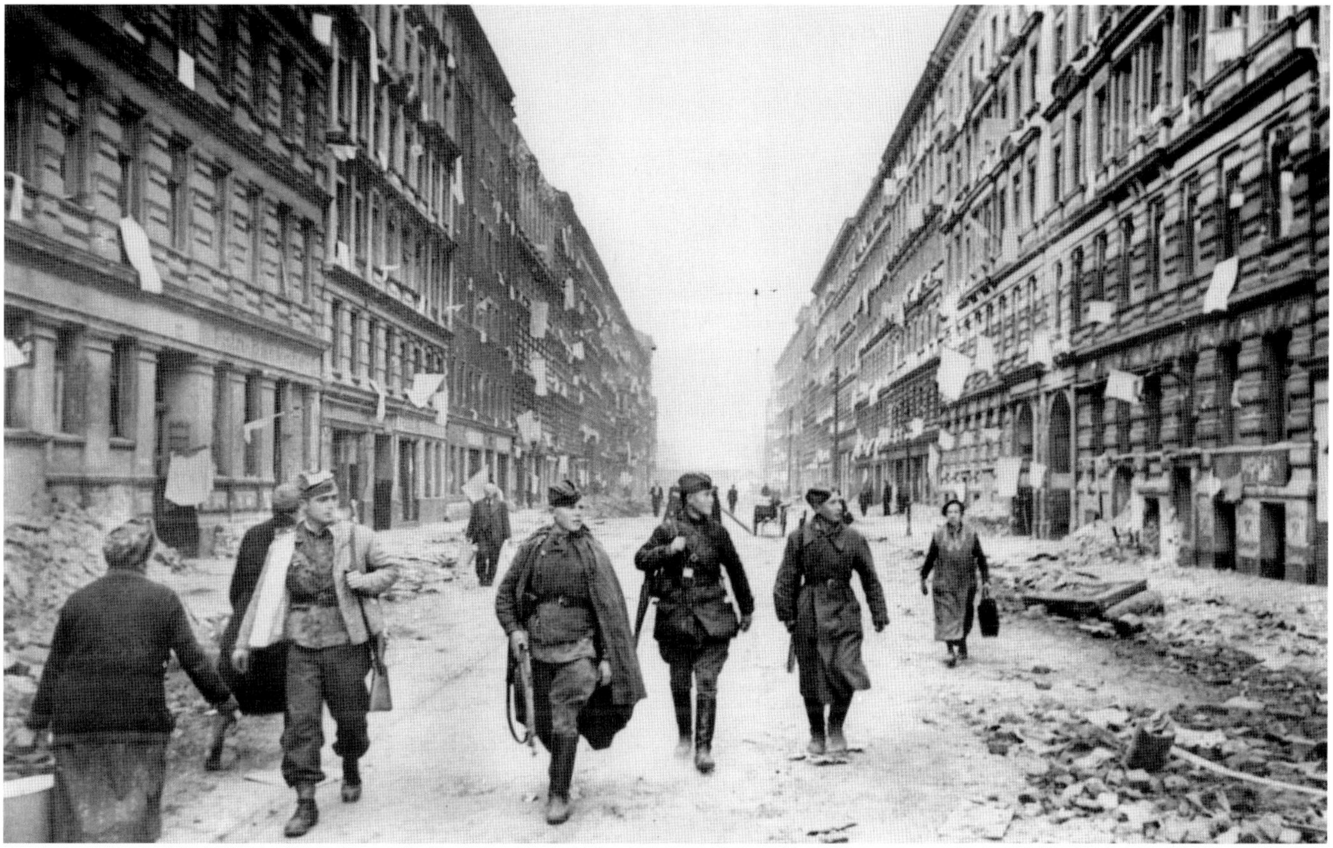

ullstein bild, Berlin

Sowjetische Soldaten in Berlin, Mai 1945. Bis Juli 1945 waren die Sowjets die einzige Besatzungsmacht in der Stadt.

Landesarchiv Berlin

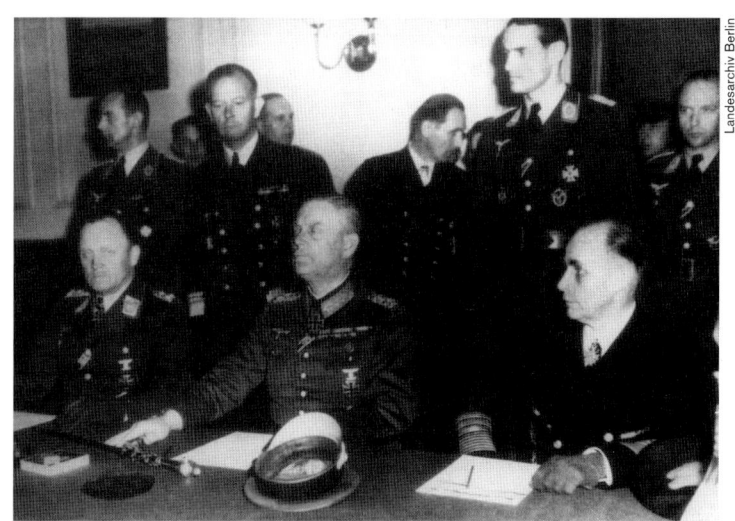

Generalfeldmarschall Wilhelm Keitel (Mitte) bei der Unterzeichnung der Kapitulation des Deutschen Reiches im sowjetischen Hauptquartier, Berlin-Karlshorst, 8. Mai 1945.

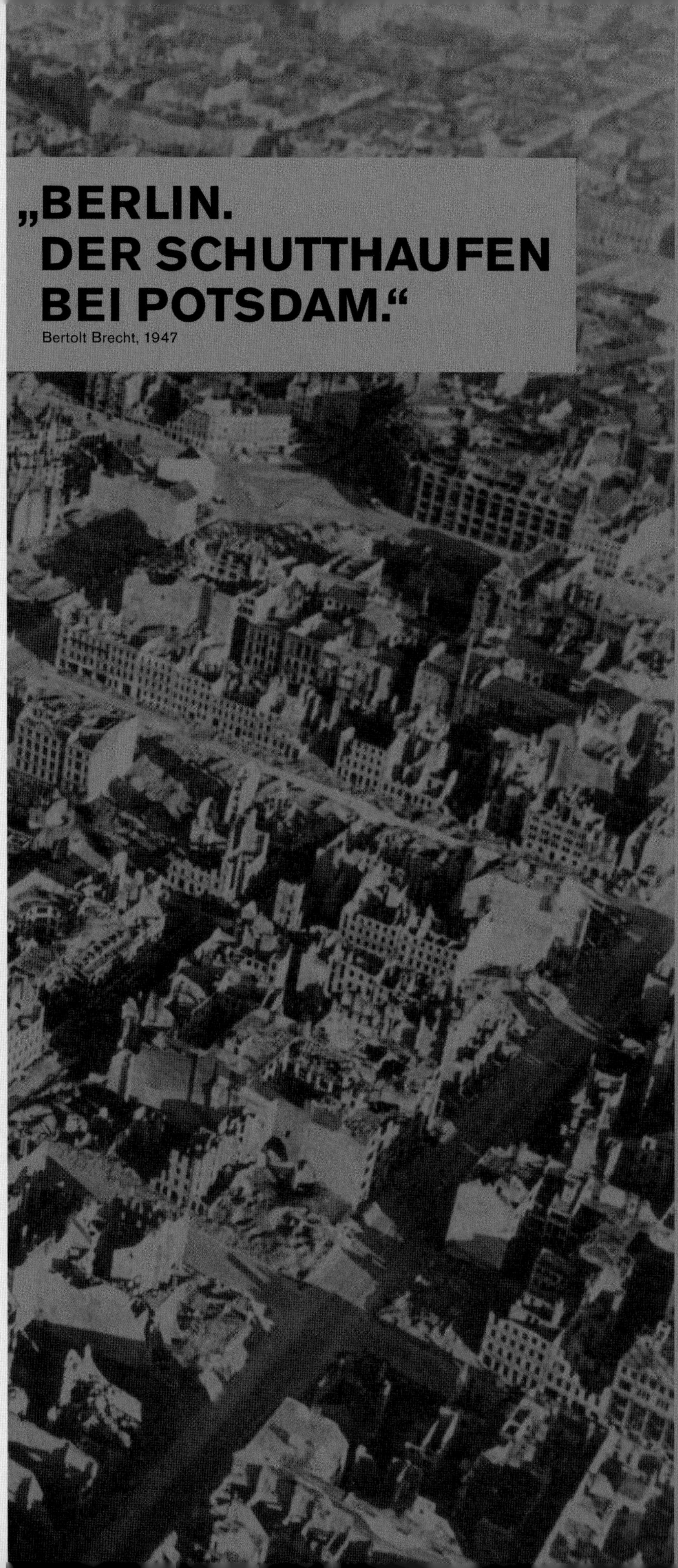

# „BERLIN. DER SCHUTTHAUFEN BEI POTSDAM."

Bertolt Brecht, 1947

agk-images, Berlin

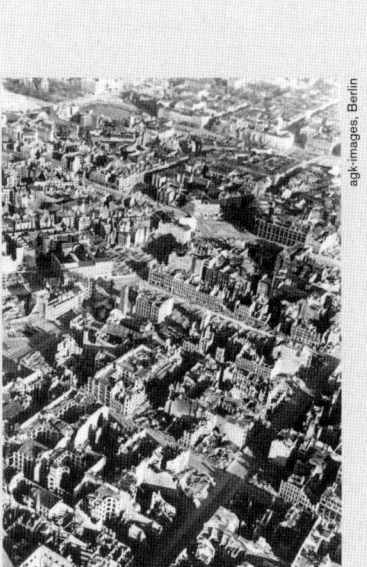

Luftbild von Berlin-Kreuzberg, 1945. Gegen Ende des Krieges kam der öffentliche Nahverkehr fast vollständig zum Erliegen, das Gasleitungsnetz war zerstört, das Telefonnetz zusammengebrochen, Entwässerungsanlagen waren außer Betrieb. In der Stadt türmten sich mehr als 60 Millionen Kubikmeter Trümmerschutt.

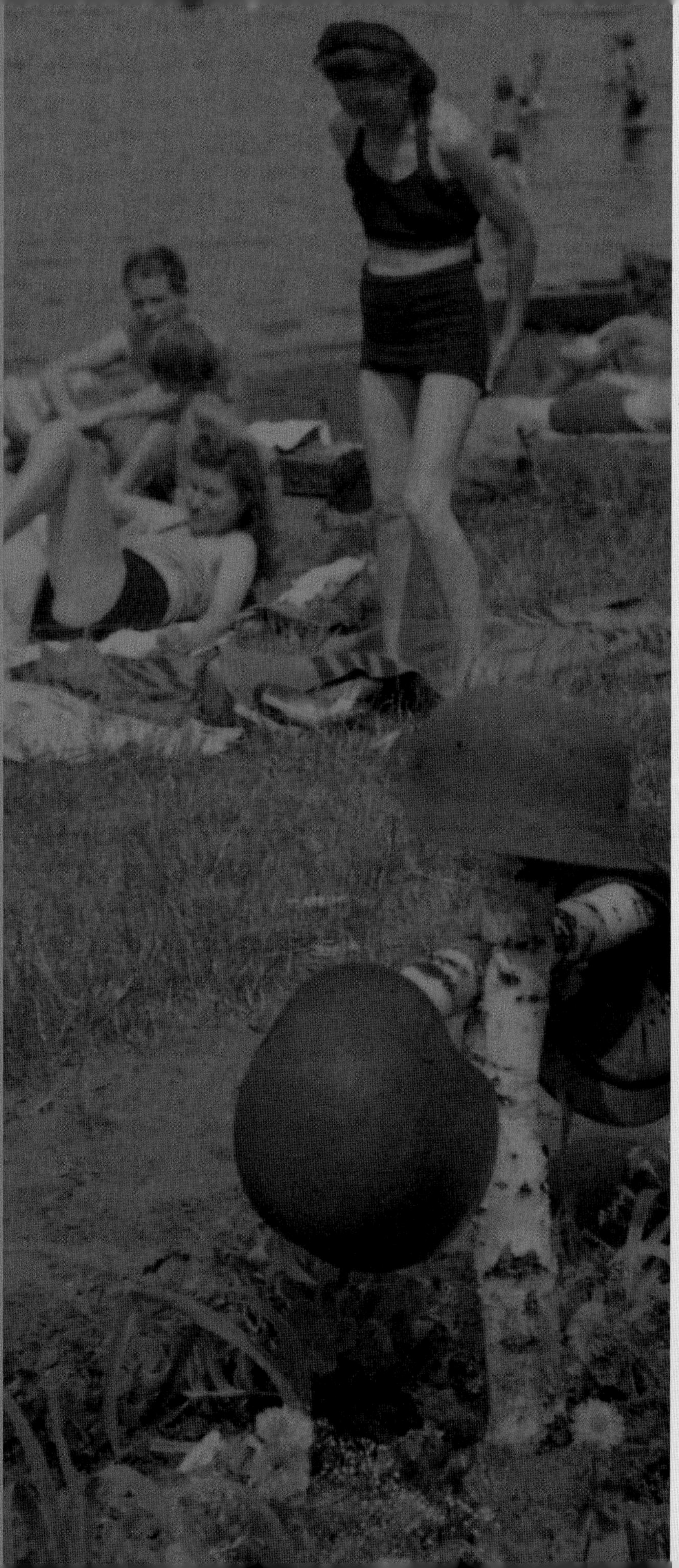

Landesarchiv Berlin

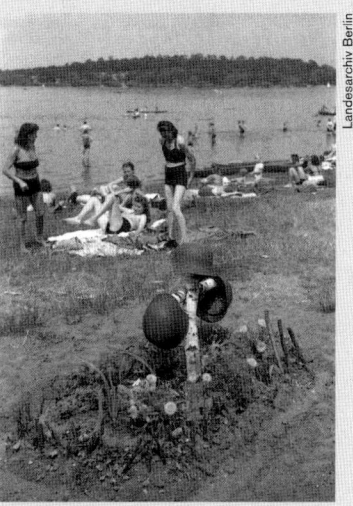

Soldatengrab an der Havel, um 1946.

# BERLIN 1945

Suppenausgabe durch sowjetische Soldaten, 1945. Generaloberst Nikolai E. Bersarin war seit dem 24. April Stadtkommandant von Berlin. Er kümmerte sich umgehend um die Versorgung der ausgehungerten Bevölkerung.

Sowjetische Soldaten bedrängen eine Frau, Leipzig, 1945. Auch in Berlin wurden tausende Frauen und Mädchen von Soldaten der Roten Armee belästigt und vergewaltigt.

Flüchtlinge in Berlin, 1945. Mit Flugblättern und Verbotsschildern versuchte die Stadt Flüchtlinge fernzuhalten. Die 59 Auffanglager waren komplett überfüllt.

„Ich habe am Tage 1000 Ziegel blankzuputzen, 125 pro Stunde, 2 in der Minute. [...]
Und dafür bekomme ich 77 Pfennig pro Stunde oder rund 28 Mark in der Woche [...]. Das sind sechs amerikanische Zigaretten."
Frau G., 1946

Trümmerfrau, 1945. Auf Anordnung der Besatzungsmächte mussten sich alle Frauen zwischen 15 und 50 Jahren melden, um die in der Stadt liegenden Trümmer zu beseitigen. Für den Wiederaufbau säuberten und stapelten sie Ziegelsteine.

Ziegelsteine im Bezirk Mitte, 1946. Im Hintergrund das Berliner Rathaus. Etwa 75 % des Trümmerschutts wurden wiederverwendet. Der Rest wurde zu Bergen aufgeschüttet. Im Grunewald beispielsweise entstand der Teufelsberg.

Abholzung des Tiergartens, um 1946. Die Berliner rodeten während des strengen Winters 1945/46 fast den gesamten Tiergarten, weil sie Brennmaterial benötigten.

Mauerbau in Berlin, 14./15. August 1961.
Erste Absperrmaßnahmen am Brandenburger Tor.

# BERLIN UND DIE FOLGEN DER NS-HERRSCHAFT

Berlin wurde nach Kriegsende in vier Sektoren geteilt und von den Alliierten gemeinsam verwaltet. Sie entfernten ehemalige Nationalsozialisten aus öffentlichen Ämtern und sicherten die Versorgung der Überlebenden. Ständige Konflikte zwischen den Alliierten führten 1948 zur Spaltung Berlins und 1949 zur Gründung der Bundesrepublik Deutschland (BRD) und der Deutschen Demokratischen Republik (DDR). Beide Staaten gingen unterschiedlich mit der NS-Vergangenheit um.

Die DDR sah sich als „besseren deutschen Staat", in dem es angeblich keine „Täter" gab. Sie lehnte die Verantwortung für NS-Verbrechen ab und strengte nur vereinzelt Prozesse gegen ehemalige Nationalsozialisten an. Staatliche Hilfen gewährte sie NS-Verfolgten nur bei „richtiger" politischer Einstellung und unterstützte daher vorrangig kommunistische Widerstandskämpfer. Diese standen im Mittelpunkt der jährlichen zentralen Gedenkfeier für die „Opfer des Faschismus" in Berlin (Ost).

Anders als in der Bundesrepublik wurde im Westteil Berlins die Entnazifizierung bis in die 1960er Jahre fortgesetzt. Trotzdem kamen ehemalige Nationalsozialisten wieder in öffentliche Ämter. Die Berliner Staatsanwaltschaft strengte mehrere Verfahren gegen NS-Täter an, die Zahl der Verurteilungen blieb jedoch gering. Berlin (West) schuf früh gesetzliche Grundlagen zur Entschädigung von NS-Verfolgten, schloss Kommunisten jedoch aus. Erinnert wurde vorrangig an den konservativ-militärischen Widerstand des 20. Juli 1944. Eine Auseinandersetzung mit den „Orten der Täter" wurde in Berlin erst in den 1980er Jahren durch Bürgerinitiativen angestoßen.

# VON DER BESETZUNG ZUR TEILUNG

Sitzung in der Alliierten Kommandantur, 1948. Links die britischen und amerikanischen Stadtkommandanten Edwin O. Herbert (4. von links) und Frank Howley, ihnen gegenüber der französische Stadtkommandant Jean Ganeval (2. von rechts), dahinter Alexander Kotikov (UdSSR). Aufgrund ständiger Differenzen beendete Kotikov im Juni 1948 faktisch die Zusammenarbeit mit den anderen Stadtkommandanten.

Viersektorenstadt Berlin, Karte, undatiert. Entsprechend der alliierten Absprachen von 1944 wurde Berlin von den vier Siegermächten gemeinsam regiert: Die Stadt war in vier Sektoren geteilt, die jeweils einem Stadtkommandanten unterstanden.

Wachwechsel vor der Alliierten Kommandantur in der Kaiserswerther Straße, um 1946. Sie war bis 1948 Sitz der Viermächteverwaltung Berlins und unterstand dem Alliierten Kontrollrat, dem obersten Regierungsorgan der Besatzungsmächte in Deutschland.

Alliierte Beobachter bei den ersten freien Wahlen in Berlin, 20. Oktober 1946. Die SPD gewann die Wahl. Die sowjetische Besatzungsmacht versuchte den Magistrat zur Kooperation mit der von ihr unterstützten Sozialistischen Einheitspartei Deutschlands (SED) zu zwingen. Damit begann der politische Kampf um Berlin, der 1948 zur Spaltung der Stadt führte.

Protest vor dem Ost-Berliner Stadthaus, Sitz des Magistrats, 6. September 1948. Nach zweijährigem Tauziehen um die politische Macht in Berlin stürmten von der SED mobilisierte Arbeiter den SPD-geführten Magistrat. Daraufhin verlegten die nichtkommunistischen Stadtverordneten ihren Sitz nach West-Berlin. Im Ostteil Berlins wurde ein eigener Magistrat eingesetzt. Damit war die Teilung der Stadt besiegelt.

# LUFTBRÜCKE

„Neue Währung – neue Preise", Werbung am Kurfürstendamm, 1948. Auf die Einführung der Deutschen Mark (DM) in den westlichen Besatzungszonen Deutschlands reagierte die sowjetische Besatzungsmacht am 23. Juni 1948 mit einer eigenen Währung in ihrer Zone und in ganz Berlin. Nach massiven Protesten der West-Berliner wurde auch in den Westsektoren der Stadt die DM eingeführt.

Transportflugzeug im Anflug auf den Flughafen Tempelhof, Juli 1948. Alle drei Minuten landete ein amerikanisches oder britisches Flugzeug in Berlin.

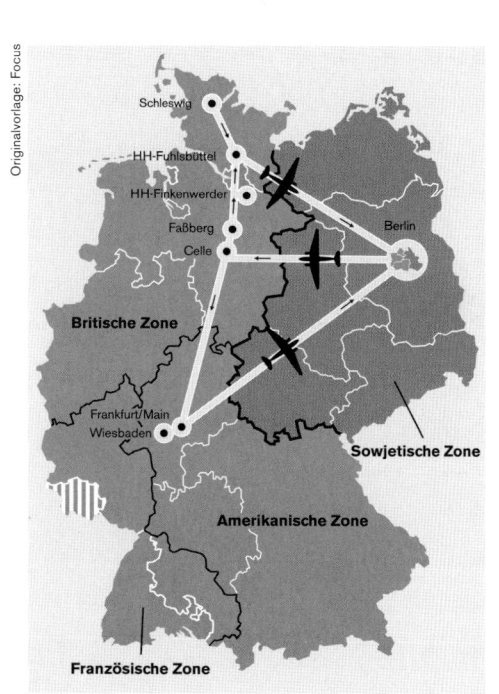

Nachgezeichnete Karte der Luftkorridore. Nach der währungspolitischen Spaltung riegelte die Sowjetunion die Westsektoren Berlins hermetisch ab. Vom 23. Juni 1948 bis 12. Mai 1949 versorgten die Westmächte 2,2 Millionen West-Berliner aus der Luft.

Entladung US-amerikanischer Transportflugzeuge auf dem Flughafen Tempelhof, 1948.

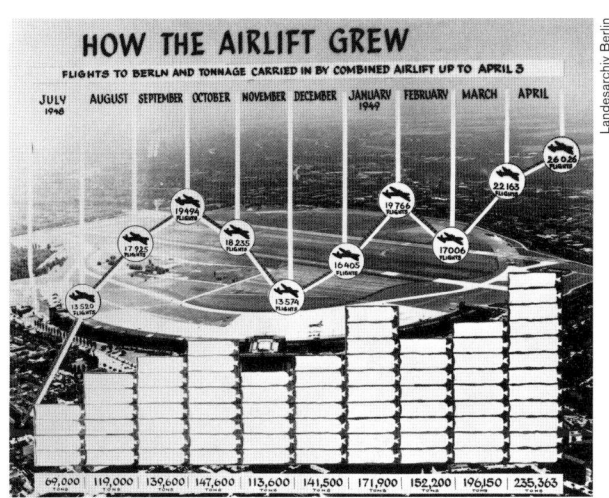

Bilanz der Luftbrücke, 1949. 280 Maschinen transportierten mehr als zwei Millionen Tonnen Hilfsgüter.

Nach dem Ende der Blockade verließen die ersten Interzonenbusse unter dem Motto „Hurra wir leben noch" Berlin (West) in Richtung Hannover, 12. Mai 1949.

ullstein bild, Berlin

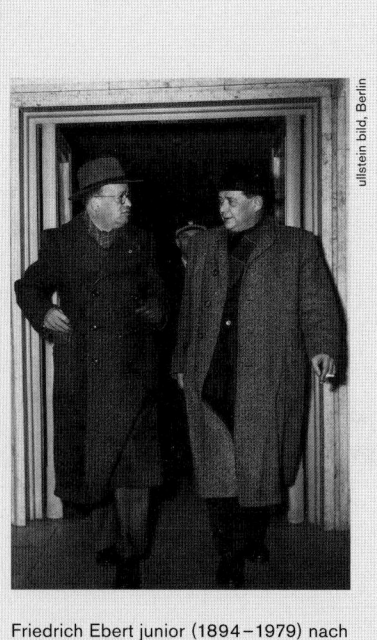

Friedrich Ebert junior (1894–1979) nach seiner Wahl zum Oberbürgermeister von Berlin (Ost), 1. Dezember 1948. Der Sohn des ehemaligen Reichspräsidenten Friedrich Ebert wurde nach der Spaltung des Magistrats Oberbürgermeister im Ostteil Berlins. Er amtierte bis 1967. Rechts neben ihm der Stadtverordnete Karl Maron.

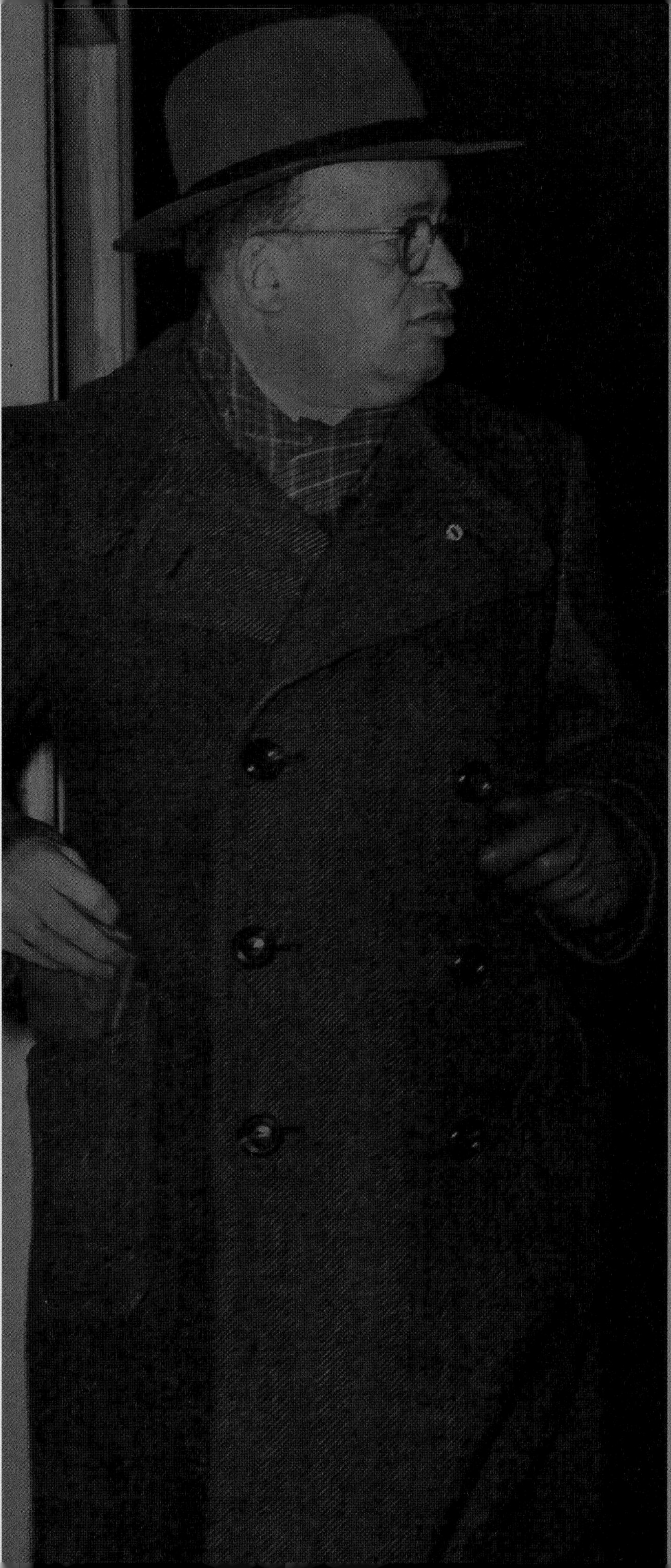

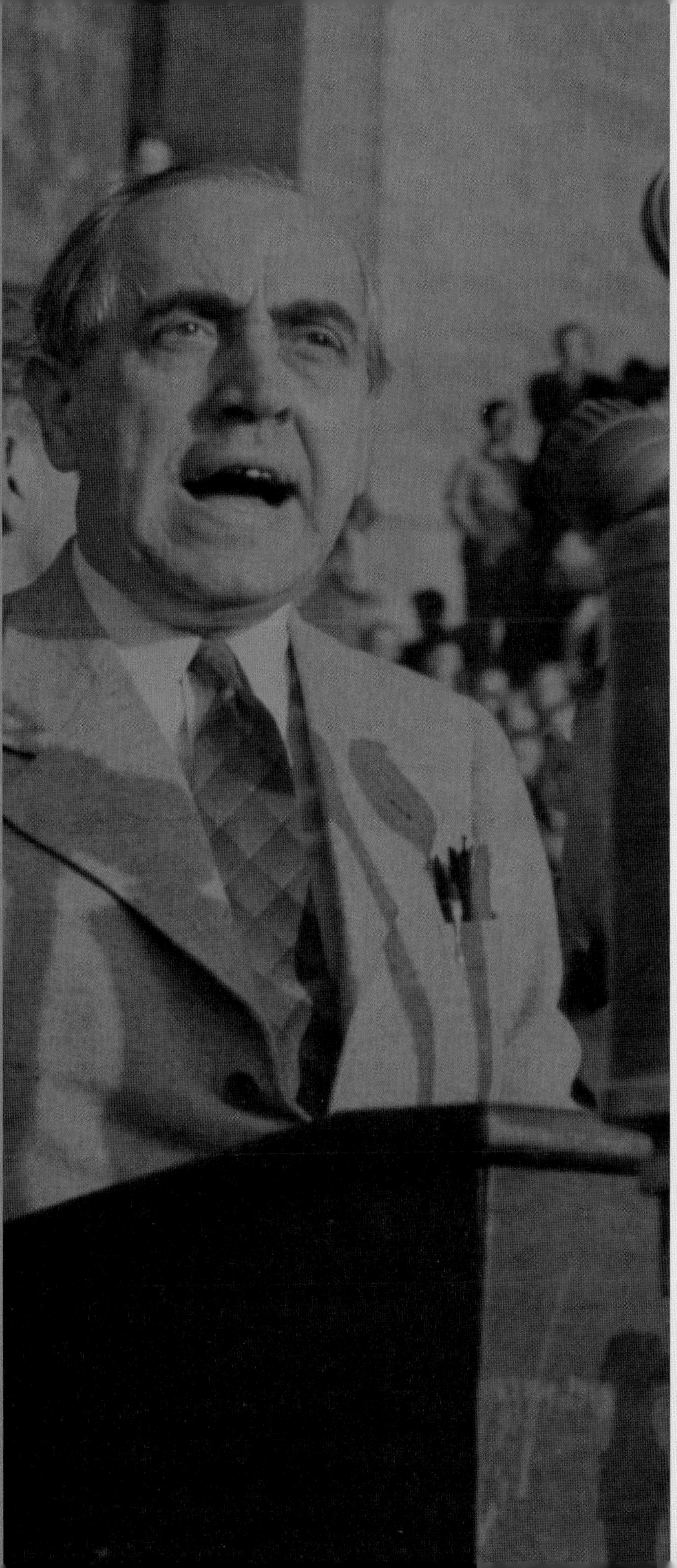

akg-images, Berlin

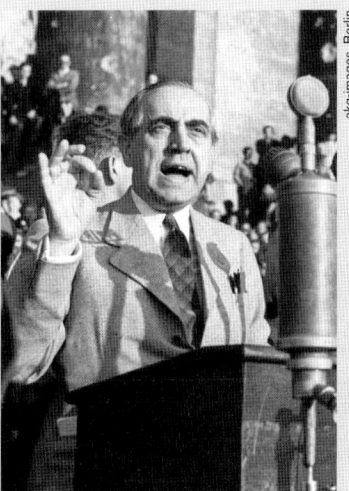

Ernst Reuter (1889–1953) vor dem Reichstag, 9. September 1948. Er appellierte während der Blockade an „die Völker der Welt“, Berlin nicht preiszugeben. Nach der Spaltung des Magistrats wurde Reuter am 7. Dezember im Westteil Berlins zum Oberbürgermeister gewählt. Seit 1951 amtierte er unter der Bezeichnung „Der Regierende Bürgermeister von Berlin“.

# TEILUNG DEUTSCHLANDS UND BERLINS

Die Fahnen der beiden deutschen Staaten. Die Bundesrepublik Deutschland wurde am 23. Mai 1949 gegründet, die Deutsche Demokratische Republik am 7. Oktober.

Walter Ulbricht (links), 15. Juni 1961. Der Staatsratsvorsitzende der DDR erklärte während einer internationalen Pressekonferenz: „Niemand hat die Absicht, eine Mauer zu errichten!" Neben ihm Kurt Blecha, Chef des Presseamtes beim Vorsitzenden des Ministerrates der DDR. Zwei Monate später wurde mit dem Bau der Mauer begonnen.

Das ehemalige Reichsluftfahrtministerium am Tag der Gründung der DDR, 7. Oktober 1949. Hauptstadt wurde Berlin (Ost), Regierungssitz das in „Haus der Ministerien" umbenannte ehemalige Reichsluftfahrtministerium.

Der Mauerstreifen entlang der ehemaligen Prinz-Albrecht-Straße, Sommer 1988. Die zum Symbol des NS-Terrors gewordene Straße lag in Berlin (Ost) und grenzte an das „Haus der Ministerien". 1951 erhielt sie den Namen der kommunistischen Widerstandskämpferin Käthe Niederkirchner.

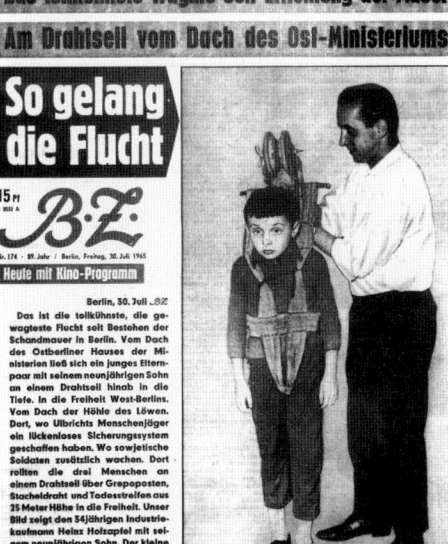

Berichterstattung über die Flucht einer Leipziger Familie, 30. Juli 1965. Sie war mit einer selbst gebauten Seilbahn vom Dach des in Berlin (Ost) gelegenen „Hauses der Ministerien" in den Westteil der Stadt geflohen.

Rathaus Berlin-Schöneberg, seit 1949 Sitz des Abgeordnetenhauses von Berlin (West), undatiert. Hauptstadt der Bundesrepublik Deutschland und Sitz der Regierung war Bonn.

Berliner Morgenpost

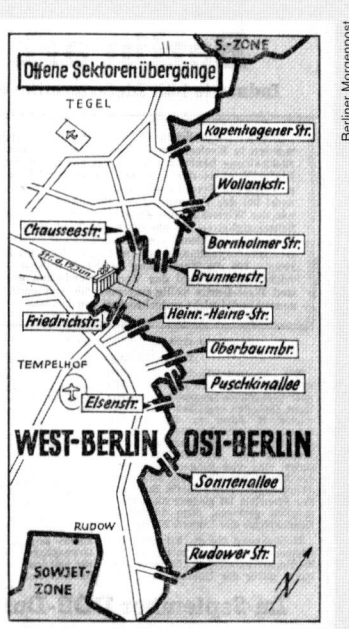

In der West-Berliner Presse veröffentlichte Karte der innerstädtischen Grenzübergänge, 15. August 1961. Mit Beginn des Mauerbaus am 13. August wurden die meisten der ursprünglich 81 Übergangsstellen zwischen dem Ost- und dem Westteil der Stadt geschlossen. Bis zur Wiedervereinigung Deutschlands 1990 kamen mindestens 136 Menschen an der Berliner Mauer ums Leben.

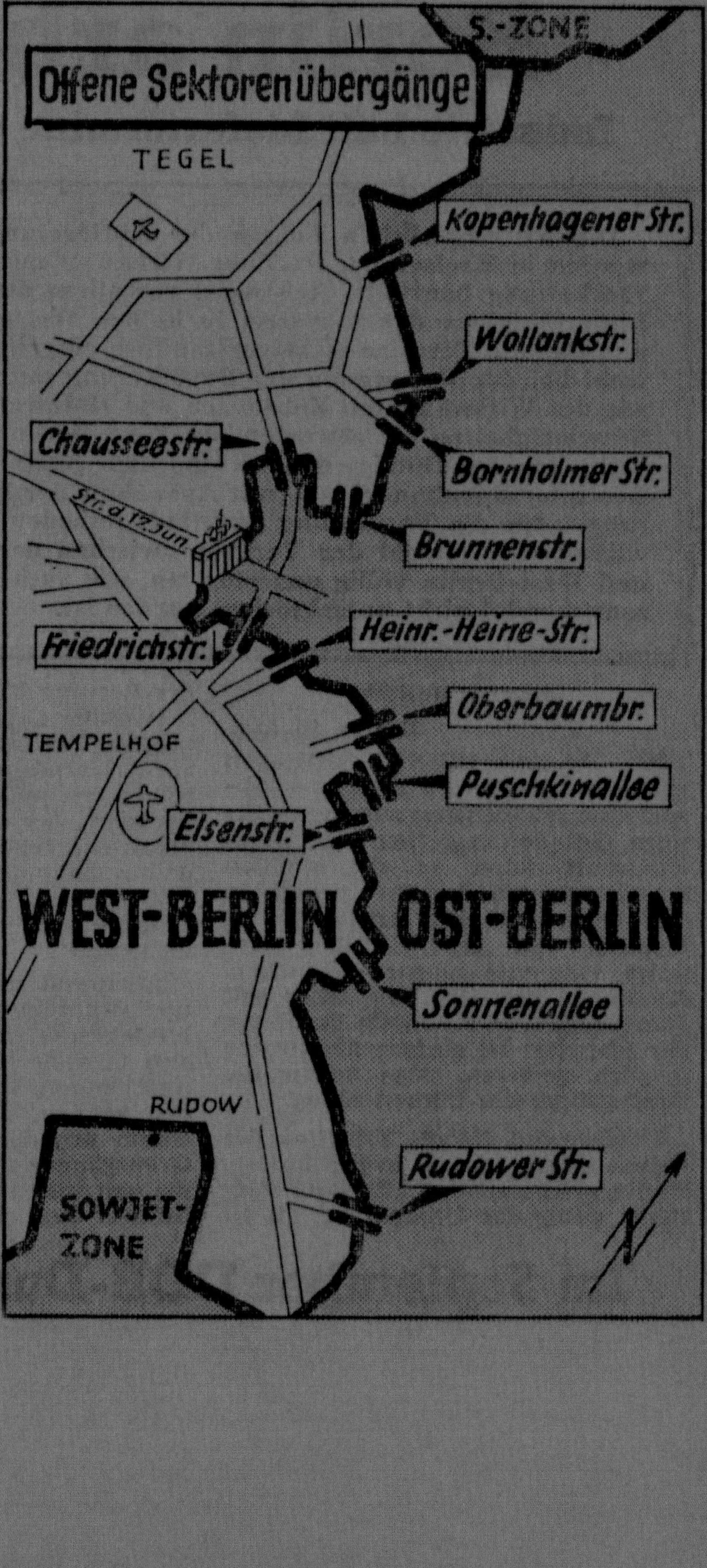

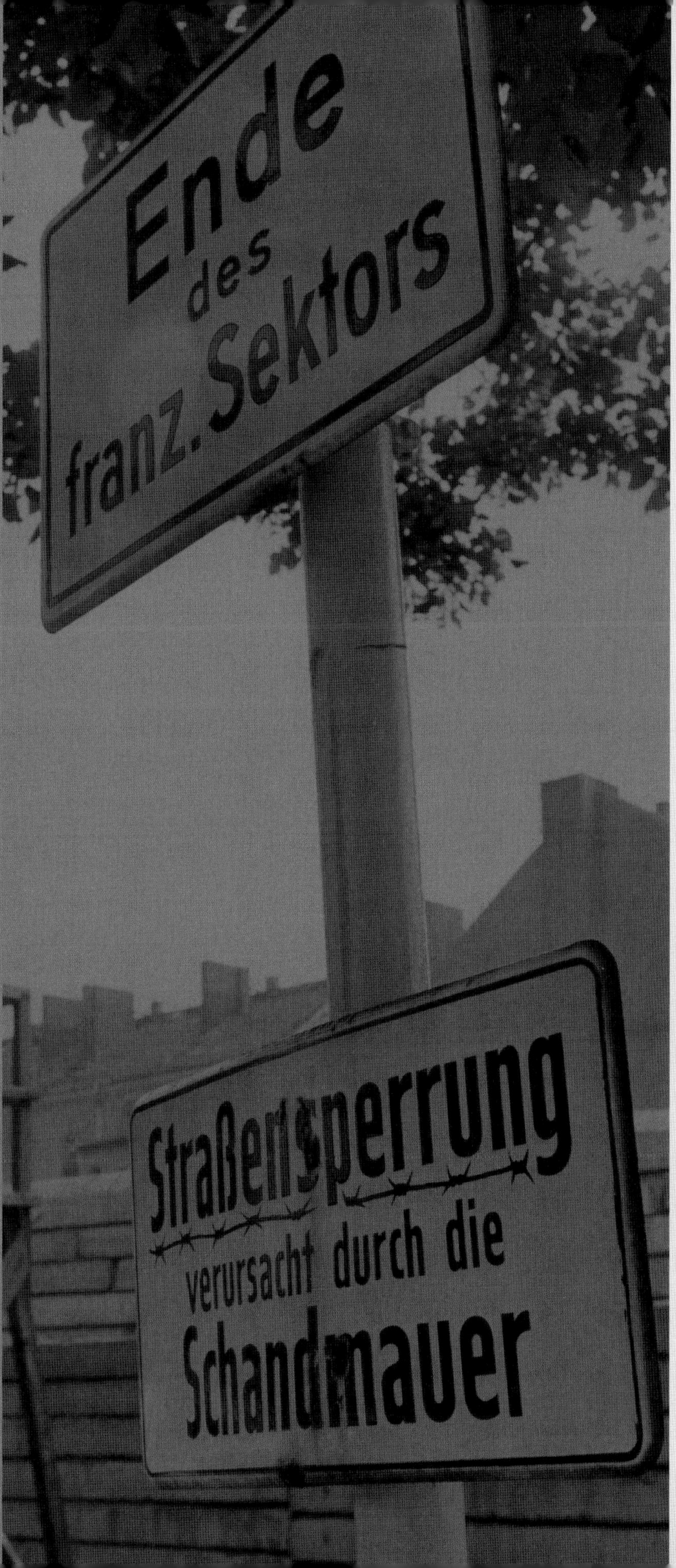


bpk, Berlin

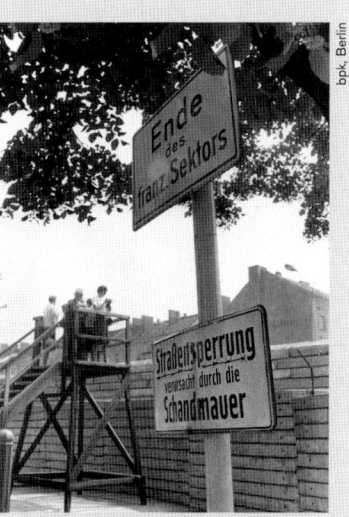

Die Berliner Mauer an der Bernauer Straße, französischer Sektor, 1969. Im Westteil der Stadt wurde die Mauer öffentlich als „Schandmauer" gekennzeichnet, in der DDR galt sie hingegen als „antifaschistischer Schutzwall".

# ENTNAZIFIZIERUNG UND STRAFVERFOLGUNG

Pressebericht über die Eröffnung des Internationalen Militärgerichtshofs im Kontrollratsgebäude in Berlin, 19. Oktober 1945. Die Verhandlungen gegen führende Nationalsozialisten wurden in Nürnberg fortgesetzt. Am 1. Oktober 1946 ergingen zwölf Todesurteile, sieben Haftstrafen und drei Freisprüche.

Alliiertes Kriegsverbrechergefängnis Spandau, britischer Sektor, undatiert. In dem von den vier alliierten Mächten gemeinsam verwalteten Gefängnis waren seit dem 18. Juli 1947 die sieben im Nürnberger Hauptkriegsverbrecherprozess zu Haftstrafen Verurteilten interniert. Seit 1966 war Rudolf Heß der einzige Häftling. Nach seinem Selbstmord am 17. August 1987 wurde das Gebäude gesprengt.

Hilde Wernicke und Helene Wieczorek vor dem Schwurgericht Berlin, 1946. Die ehemalige Ärztin und die Krankenschwester der Heil- und Pflegeanstalt Meseritz-Obrawalde wurden am 25. März 1946 wegen ihrer Mitwirkung an der „Vernichtung lebensunwerten Lebens" zum Tode verurteilt. Sie wurden am 14. Januar 1947 hingerichtet.

West-Berliner vor einer Entnazifizierungsstelle im amerikanischen Sektor, 1948. Kennzeichnend für die Entnazifizierung in Berlin war die umfassende „Säuberung" des öffentlichen Dienstes. Wenn Betroffene gegen ihre Entlassung Widerspruch einlegten, prüften Entnazifizierungskommissionen, ob der Antragsteller „aktiver" Nationalsozialist gewesen war. Unbelastete konnten ihre Wiedereinstellung beantragen. 1948 stellten die Sowjets die Entnazifizierung im Ostteil Berlins ein. Im Westteil wurde sie 1949 dem Magistrat übertragen, der eine zentrale Spruchkammer einrichtete.

## Spruchkammerentscheid in Sachen Goebbels
### Villa auf Schwanenwerder enteignet — Fahndung nach weiteren Vermögenswerten

„Spruchkammerentscheid in Sachen Goebbels", Pressebericht vom 24. November 1954. Die Spruchkammer Berlin (West) zog das in Berlin befindliche Vermögen des ehemaligen Reichspropagandaministers und Gauleiters von Berlin, der am 1. Mai 1945 mit seiner Familie im „Führerbunker" Selbstmord begangen hatte, als Sühneleistung ein. Bis 1960 wurden in Berlin insgesamt 1.072 Sühneverfahren eingeleitet und Geldstrafen in Höhe von 1,5 Millionen DM verhängt.

Julius Lippert, undatiert. Der ehemalige Oberbürgermeister von Berlin wurde niemals rechtskräftig verurteilt. Gegen seine Einstufung als „Belasteter" durch die Spruchkammer Frankfurt/Main 1953 legte er Berufung ein. Ein Verfahren der Spruchkammer Berlin (West) wurde nach dem Tod Lipperts am 30. Juni 1956 eingestellt.

Leni Riefenstahl vor der Spruchkammer Berlin (West), 21. April 1952. Der Filmemacherin wurde vorgehalten, 1940 in ihrem Film „Tiefland" KZ-Häftlinge als Statisten eingesetzt zu haben. Diesen Vorwurf entkräftete sie mit der Behauptung, es habe sich um „frei angeworbene Zigeuner" gehandelt. In Wahrheit waren die meisten von ihnen im Lager Marzahn rekrutiert worden. Nach den Filmarbeiten wurden fast alle deportiert und ermordet.

# STRAFVERFOLGUNG

## „Dämonisch ging Stella Kübler über Leichen!"

„Dämonisch ging Stella Kübler über Leichen!", Pressemeldung, 28. Juni 1957. Die Medien in Ost- und West-Berlin berichteten ausführlich über den Prozess gegen Stella Kübler. Es kam zu regelrechten Hetzkampagnen gegen die ehemalige „Greiferin".

Stella Kübler, 1957. In der Bundesrepublik wurde sie wegen ihrer Tätigkeit als „Greiferin" der Gestapo erneut vor Gericht gestellt. Das Landgericht Berlin verurteilte sie am 29. Juni 1957 zu zehn Jahren Zuchthaus. Die Strafe galt wegen der bereits in der DDR abgesessenen Haft als verbüßt. 1994 beging Stella Kübler Selbstmord.

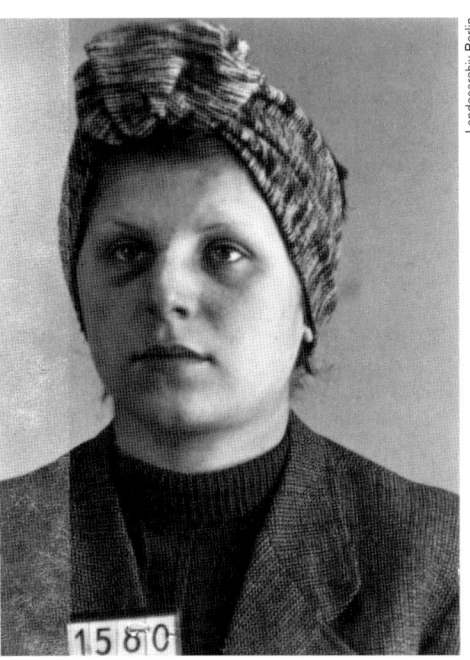

Erkennungsdienstliches Foto der ehemaligen jüdischen Fahnderin Stella Kübler, 1946. Sie wurde Ende 1945 verhaftet, in Berlin verhört und am 31. Mai 1946 von einem sowjetischen Militärtribunal zu zehn Jahren Zwangsarbeit verurteilt. Nach Verbüßung der Haft wurde sie 1956 in die Bundesrepublik überstellt.

Der ehemalige Leiter der Staatspolizeileitstelle Berlin Otto Bovensiepen auf der Anklagebank, Berlin (West), Dezember 1969. Das Landgericht ermittelte seit 1963 gegen 175 Angehörige der Behörde wegen Beteiligung an der Deportation der Berliner Juden. Nur gegen Otto Bovensiepen, Kurt Venter und Max Grautstück konnte im Juli 1969 der Prozess eröffnet werden.

Der ehemalige Führer des SA-Sturms Köpenick Friedrich Plönzke während seiner Vernehmung vor dem Landgericht Berlin (Ost), Juni 1950. Plönzke und 60 weiteren Angeklagten wurde vorgeworfen, während der „Köpenicker Blutwoche" im Juni 1933 politische Gegner misshandelt und ermordet zu haben. Am 19. Juli 1950 wurden 15 ehemalige SA-Männer, darunter auch Plönzke, zum Tode verurteilt. 13 Angeklagte erhielten lebenslange Haftstrafen, die übrigen langjährige Freiheitsstrafen.

## Freisprüche für Venter und Grautstück im Gestapo-Prozeß
**Publikums-Tumult nach der Urteilsverkündung — Revision angekündigt**

„Freisprüche für Venter und Grautstück im Gestapo-Prozeß", Pressemeldung, 8. April 1971. Das Gericht sprach Venter, den ehemaligen stellvertretenden Leiter der Staatspolizeileitstelle, und seinen Mitarbeiter im Judenreferat Grautstück aus Mangel an Beweisen frei. Bovensiepen war im September 1970 für verhandlungsunfähig erklärt worden. Er starb 1979.

# STRAFVERFOLGUNG IM KALTEN KRIEG

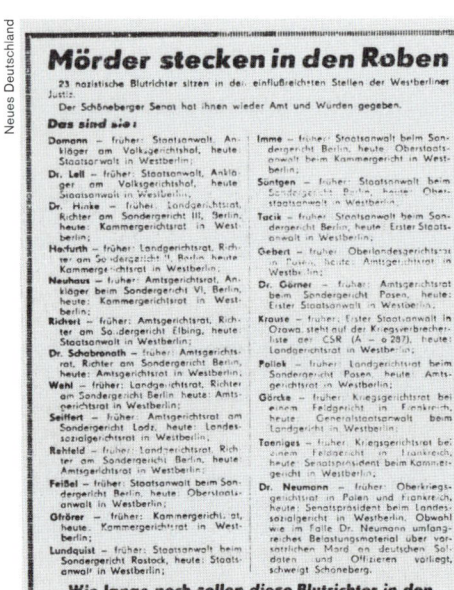

„Mörder stecken in den Roben – 23 nazistische Blutrichter sitzen in den einflußreichsten Stellen der Westberliner Justiz", Pressemeldung, 1. Februar 1958. Der Artikel war Teil einer 1957 von der DDR initiierten Kampagne gegen ehemalige NS-Juristen, die im Staatsdienst der Bundesrepublik tätig waren.

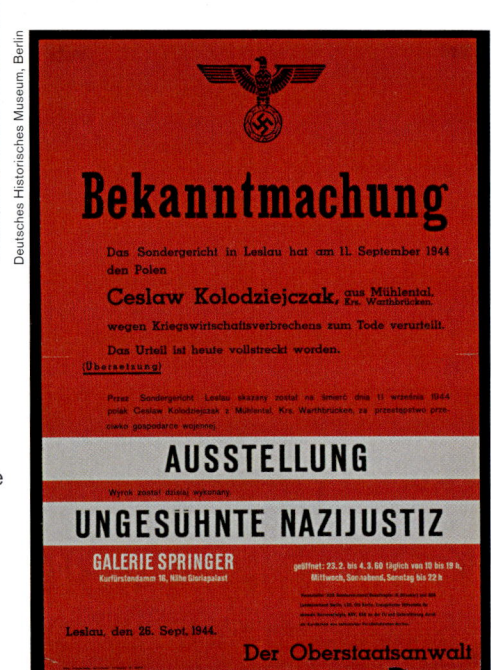

„Ungesühnte Nazijustiz", Ausstellungsplakat, 1961. Die zwischen 1959 und 1962 in mehreren Städten gezeigte Ausstellung wurde von West-Berliner Studenten erarbeitet. Sie hatten die von der DDR gegen westdeutsche Juristen erhobenen Vorwürfe überprüft und weitgehend bestätigt. Die Ausstellung führte zu einer öffentlichen Debatte über personelle Kontinuitäten in Westdeutschland.

Der ehemalige Richter am Volksgerichtshof Hans-Joachim Rehse (links) mit seinem Anwalt, Dezember 1968. Rehse, der an mindestens 231 Todesurteilen mitgewirkt hatte, wurde 1967 vom Landgericht Berlin (West) zunächst zu fünf Jahren Zuchthaus verurteilt, im Revisionsverfahren Ende 1968 jedoch freigesprochen. Bereits in den 1950er Jahren wurde vereinzelt gegen ehemalige Angehörige des Volksgerichtshofs ermittelt. 1956 wurden die Ermittlungen beim Landgericht Berlin (West) konzentriert. Nur im Fall Rehse wurde Anklage erhoben.

Demonstration in Berlin (West) gegen den Freispruch von Hans-Joachim Rehse, 14. Dezember 1968. Die Proteste richteten sich gegen das als skandalös empfundene Urteil und den Vorsitzenden Richter Ernst-Jürgen Oske.

Der ehemalige Mitarbeiter der Oberreichsanwaltschaft beim Volksgerichtshof Erich Geißler auf der Anklagebank des Stadtgerichts Berlin (Ost), 1982. Er wurde angeklagt, weil die DDR fürchtete, in Westdeutschland könne bekannt werden, „dass Geißler in der DDR wohnhaft ist und diese Tatsache […] zur Diskreditierung der Rechtspolitik der DDR im Zusammenhang mit der Verfolgung von Nazi- und Kriegsverbrechen aufgreift." Geißler wurde am 5. April 1982 zu 15 Jahren Haft verurteilt.

„NS-Richter flüchtete sich in den Tod", Pressebericht, 7. November 1984. Seit 1979 ermittelte die Staatsanwaltschaft beim Landgericht Berlin (West) erneut gegen ehemalige Angehörige des Volksgerichtshofs. Am 8. September 1984 erhob sie Anklage gegen den ehemaligen Richter Paul Reimers, der sich seiner Verhaftung durch Selbstmord entzog.

# ZWISCHEN DISKRIMINIERUNG UND ANERKENNUNG

## Erste Vollsitzung des Hauptausschusses „Opfer des Faschismus"

*Deutsche Volkszeitung*

Pressebericht über die erste Sitzung des Hauptausschusses „Opfer des Faschismus" (OdF), 1. Juli 1945. Der beim Berliner Magistrat angesiedelte Hauptausschuss war im Juni 1945 gegründet worden, um die Versorgung der nach Berlin strömenden NS-Opfer zu organisieren. Unterstützung erhielten zunächst nur politisch Verfolgte, rassisch Verfolgte erst nach Intervention der Alliierten. Unberücksichtigt blieben unter anderem Homosexuelle, „Asoziale" und Zwangssterilisierte.

## Ein falsches OdF

*Telegraf*

„Ein falsches OdF", Pressebericht, 9. Juni 1946. Der Hauptausschuss „Opfer des Faschismus" entzog Günther Eggeling die Anerkennung als „OdF". Eine Überprüfung hatte ergeben, dass der 36-Jährige entgegen seiner Angaben in der NS-Zeit nicht aus politischen Gründen, sondern aufgrund seiner Homosexualität verfolgt worden war. Damit gehörte er damals nicht zum Kreis der Anspruchsberechtigten. Wegen Betrugs erhielt Eggeling eine einjährige Gefängnisstrafe. Das Urteil wurde aus Gründen der Abschreckung veröffentlicht.

Gedenktag für die „Opfer des Faschismus", Berliner Lustgarten, 12. September 1948. Erstmals wurde der alljährliche Gedenktag für die „Opfer des Faschismus" im West- und Ostteil Berlins getrennt gefeiert. Hintergrund war die politische Teilung Berlins 1948. Sie führte auch zur Spaltung des Hauptausschusses „Opfer des Faschismus", zu dessen Aufgaben die einheitliche Versorgung der NS-Opfer und die Organisation des Gedenktages gehörten.

# Gesetzliche Anerkennung der Verfolgten

Pressemeldung zur Verabschiedung des West-Berliner Gesetzes über die „Anerkennung und Versorgung der politisch, rassisch oder religiös Verfolgten des Nationalsozialismus" (PrVG), 1950. Das nur in Berlin (West) geltende Wiedergutmachungs- und Entschädigungsgesetz berücksichtigte auch bislang nicht anerkannte Gruppen. Nicht mehr anspruchsberechtigt waren seit 1952 Personen, „die als Anhänger eines totalitären Systems die demokratische Staatsform bekämpfen". Politisch aktiven Kommunisten konnte eine Entschädigung versagt oder rückwirkend entzogen werden.

Registratur des Entschädigungsamtes Berlin, Potsdamer Straße 186, um 1980. Das 1951 eingerichtete Amt bearbeitete bis 1981 rund 695.000 Entschädigungsanträge, die meisten nach dem Bundesentschädigungsgesetz (BEG). Von diesen wurden rund 150.000 Anträge abgelehnt.

# Ehrenpensionen für antifaschistische Kämpfer

„Ehrenpensionen für antifaschistische Kämpfer", Pressebericht, 10. April 1965. Der Ministerrat der DDR regelte damit die finanzielle Unterstützung von NS-Verfolgten neu. Mit der nun an die Stelle der bisherigen Rente tretenden Ehrenpension hatte die in der DDR geltende Hierarchie der Opfer nun auch finanzielle Konsequenzen. Die „Kämpfer des Faschismus" erhielten 800 Mark, die „Verfolgten des Faschismus" 600 Mark monatlich.

Ehrenmedaille für die „Kämpfer gegen den Faschismus", um 1965. Die 1958 in der DDR eingeführte Ehrung war ausschließlich Angehörigen des kommunistischen Widerstands vorbehalten. Sie war Ausdruck der in der DDR geltenden Hierarchie der Opfer. Unterschieden wurde zwischen aktiven „Kämpfern gegen den Faschismus" und den angeblich passiven „Verfolgten des Faschismus", zu denen unter anderem Juden zählten.

# KAMPF UM ANERKENNUNG

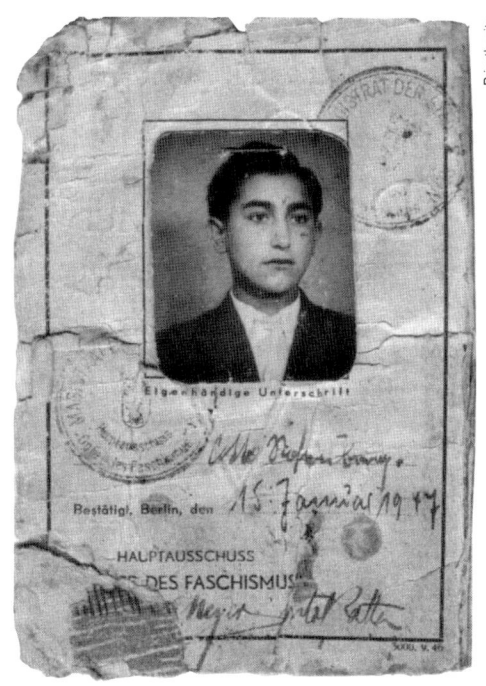

Otto Rosenbergs Ausweis als „Opfer des Faschismus", 1947. Der Auschwitz-Überlebende stellte in den 1950er Jahren einen Antrag auf Entschädigung, den das Landgericht Berlin (West) mit der Begründung: „Zigeuner. Wandertrieb. Hat keine Bindung an die Stadt Berlin" abwies. Rosenberg gehörte 1970 zu den Mitbegründern der Cinti-Union Berlin. Auf seine Initiative gingen die Anerkennung der ehemaligen Insassen des „Zigeunerlagers Marzahn" als „rassisch Verfolgte" durch das Berliner Abgeordnetenhaus 1987 und ihre Entschädigung zurück.

Hans Rosenthal, undatiert. Der bekannte Showmaster erhielt für die in der NS-Zeit geleistete Zwangsarbeit von der Bundesrepublik nur eine geringe Entschädigung. Später engagierte er sich im Zentralrat der Juden in Deutschland und in der Jüdischen Gemeinde zu Berlin für den Wiederaufbau jüdischen Lebens in Deutschland.

Kurt Gudell, um 1952. Der in der NS-Zeit wegen Homosexualität verfolgte Jurist erreichte 1954 nach jahrelangem Kampf seine Anerkennung als Verfolgter des NS-Regimes. Da Homosexualität auch in der Bundesrepublik unter Strafe stand, und die Verfolgung Homosexueller nicht als NS-Unrecht galt, stellten nur wenige Betroffene einen Entschädigungsantrag. Gudell erreichte seine Anerkennung nur, weil er glaubhaft machen konnte, dass er aus politischen Gründen verfolgt worden sei.

## „Die Hitlerei vernichtet mich erst jetzt…"
Kurt Gudell, Juli 1952

Der ehemalige Kondomfabrikant Julius Fromm, London, um 1944. Er war nach der „Arisierung" seiner Firma mit seiner Familie nach England emigriert. Nach Kriegsende erhoben die Erben des am 12. April 1945 Verstorbenen Anspruch auf ihren ehemaligen Besitz im West- und Ostteil Berlins. 1947 erhielten sie das im amerikanischen Sektor gelegene Elternhaus zurück. Den ehemaligen Firmenbesitz in Ost-Berlin zog die DDR mit der Begründung, Julius Fromm sei ein „jüdischer Inhaber, kapitalistischer Ausbeutertyp" und „Naziaktivist" gewesen, im Herbst 1949 entschädigungslos ein.

## Zum Verbot der „Zeugen Jehovas"

*Im Auftrage des Zentralvorstandes der VVN nahm das Generalsekretariat der VVN zum Beschluß des Ministerrats der Deutschen Demokratischen Republik über das Verbot der Sekte „Zeugen Jehovas" Stellung und begrüßt die getroffenen Maßnahmen.*

*Schon seit längerer Zeit haben die sogenannten Bibelforscher ihre feindliche und zersetzende Tätigkeit gegen den Aufbau in der Deutschen Demokratischen Republik und in der gesamten Friedensbewegung durchgeführt. Nur ein geringer Teil der Mitglieder dieser Sekte hat der VVN, der Kampforganisation der antifaschistischen Widerstandskämpfer angehört, der weitaus größte Teil von ihnen hat sich geweigert, aus ihrer einstmals antifaschistischen Haltung die politischen Konsequenzen für den Kampf um den Frieden zu ziehen.*

*Dennoch nahmen alle „Bibelforscher", die unter dem Naziregime gewissen Verfolgungen ausgesetzt waren, in vollem Umfange die Rechte als Verfolgte des Naziregimes in Anspruch, was sie in keiner Weise hinderte, die Deutsche Demokratische Republik und ihre wirtschaftlichen, kulturellen und gesellschaftlichen Errungenschaften zu sabotieren. Die als Schädlinge entlarvten Elemente wurden bereits aus der VVN ausgeschlossen.*

*Die Sekte „Zeugen Jehovas" ist eine Agenten-Zentrale, die unter religiösem Deckmantel systematische Zersetzungsarbeit für ihre amerikanischen Auftraggeber leistet.*

*Das Generalsekretariat der VVN gibt bekannt:*

*Wer den Versuch unternimmt, für die Weltuntergangstheorie der „Zeugen Jehovas" Propaganda zu machen, wer sich nicht offen von der Sekte der „Bibelforscher" lossagt, ist aus der VVN ausgeschlossen. Nach dem Grundsatz, daß nur jene Verfolgte des Naziregimes in den Genuß des VdN-Gesetzes kommen, die nicht nur den Faschismus bekämpft haben, sondern sich auch nach dem Zusammenbruch aktiv am Aufbau unserer antifaschistisch-demokratischen Ordnung beteiligten, begeben sich die Mitglieder dieser Sekte aller sich aus dem VdN-Gesetz ergebenden Rechte.*

*Generalsekretariat der VVN*
*in der Deutschen Demokratischen Republik*

Pressemeldung über das Verbot der Zeugen Jehovas in der DDR, 16. September 1950. Es war kurz zuvor ausgesprochen worden, da die Zeugen Jehovas verdächtigt wurden, „amerikanische Agenten" zu sein und den Aufbau der DDR zu sabotieren. Die Zeugen Jehovas wurden aus der „Vereinigung der Verfolgten des Naziregimes" ausgeschlossen und verloren jeden Anspruch auf finanzielle Unterstützung.

Das ehemalige Zwangsarbeiterlager Berlin-Schöneweide, 2007. Die meisten ausländischen Zwangsarbeiter wurden erst nach der Wiedervereinigung Deutschlands entschädigt. Die im Jahr 2000 von der Bundesregierung und der deutschen Wirtschaft gegründete Stiftung „Erinnerung, Verantwortung und Zukunft" zahlte mehr als 4,3 Milliarden Euro an über 1,6 Millionen Menschen in 98 Ländern aus.

# GEDENKEN IN BERLIN (OST)

Gedenkfeier vor dem Ehrenmal für die Opfer der „Köpenicker Blutwoche", undatiert. Das 1969 errichtete Ehrenmal löste das 1946 eingeweihte Denkmal für die „Opfer des Faschismus" ab. Die kommunistischen Widerstandskämpfer standen im Zentrum der jährlich stattfindenden Gedenkfeiern.

Gedenktafel für die Opfer der „Köpenicker Blutwoche" am ehemaligen SA-Sturmlokal „Demuth", undatiert. Sie wurde ein Jahr nach Kriegsende von der Vereinigung der Verfolgten des Naziregimes (VVN) angebracht.

Eröffnung der „Nationalen Mahn- und Gedenkstätte Sachsenhausen" durch Walter Ulbricht (1. Reihe, Mitte), 23. April 1961. Ursprünglich sollte die Ausstellung ausschließlich das Schicksal der kommunistischen Häftlinge dokumentieren. Erst nach Protesten aus Israel wurde kurz vor Eröffnung der Gedenkstätte in einem kleinen Teil des ehemaligen Lagers ein „Museum des Widerstandskampfes und der Leiden jüdischer Bürger" eingerichtet.

„Von der DDR wird stets der Frieden ausstrahlen", Pressebericht, 24. April 1961. Die Eröffnung der „Nationalen Mahn- und Gedenkstätte" wurde in der DDR zur Demonstration der antifaschistischen Staatsdoktrin genutzt.

Die Neue Wache, 1956. Sie war seit 1960 das zentrale Mahnmal für die „Opfer des Faschismus und Militarismus" der DDR. Nach der Wiedervereinigung wurde sie 1993 „Zentrale Gedenkstätte der Bundesrepublik Deutschland für die Opfer von Krieg und Gewaltherrschaft".

# GEDENKEN IN BERLIN (WEST)

Die Villa Am Großen Wannsee 56–58, 1992. Hier trafen sich am 20. Januar 1942 Vertreter der SS und der Ministerialbürokratie, um die Durchführung des Mordes an den Juden Europas zu besprechen. 1952 bis 1989 nutzte der West-Berliner Bezirk Neukölln das Haus als Schullandheim.

Joseph Wulf, 1957. Der Historiker und Auschwitz-Überlebende wollte seit 1965 in der Villa Am Großen Wannsee ein internationales Dokumentationszentrum einrichten. Aufgrund mangelnder politischer und finanzieller Unterstützung scheiterte das Projekt. 1974 nahm sich Wulf das Leben. Erst 1992 wurde in der Villa eine Gedenk- und Bildungsstätte eröffnet.

Grundsteinlegung für ein Denkmal zu Ehren der Widerstandskämpfer des 20. Juli 1944 im Innenhof des Bendlerblocks, 20. Juli 1952. Im Bendlerblock wurde am 20. Juli 1968 eine Gedenk- und Bildungsstätte eröffnet, die zunächst vor allem den militärischen Widerstand thematisierte. Seit 1989 wird hier an den gesamten deutschen Widerstand erinnert.

1981 aufgestellte Hinweistafel auf dem ehemaligen Gelände der Gestapo-Zentrale, 1986. Im Hintergrund das ehemalige Reichsluftfahrtministerium. Ende der 1970er Jahre rückte der verdrängte „Ort der Täter" allmählich wieder in das öffentliche Bewusstsein. 1987 wurde auf dem Gelände eine temporäre Ausstellung eröffnet, die aufgrund des regen Besucherinteresses dauerhaft bestehen blieb.

Provisorische Ausstellungshalle der Topographie des Terrors, 1987. Sie wurde zur 750-Jahr-Feier der Stadt Berlin errichtet. Hier informierte bis 1997 eine erste Ausstellung über die Geschichte von Gestapo, SS und Reichssicherheitshauptamt.

„Wir sind das Volk 1989/1990", Demonstration auf dem Berliner Alexanderplatz, 4. November 1989. Mehr als 500.000 Bürger der DDR forderten Meinungs- und Versammlungsfreiheit sowie eine Staatsreform. Fünf Tage später fiel die Mauer.

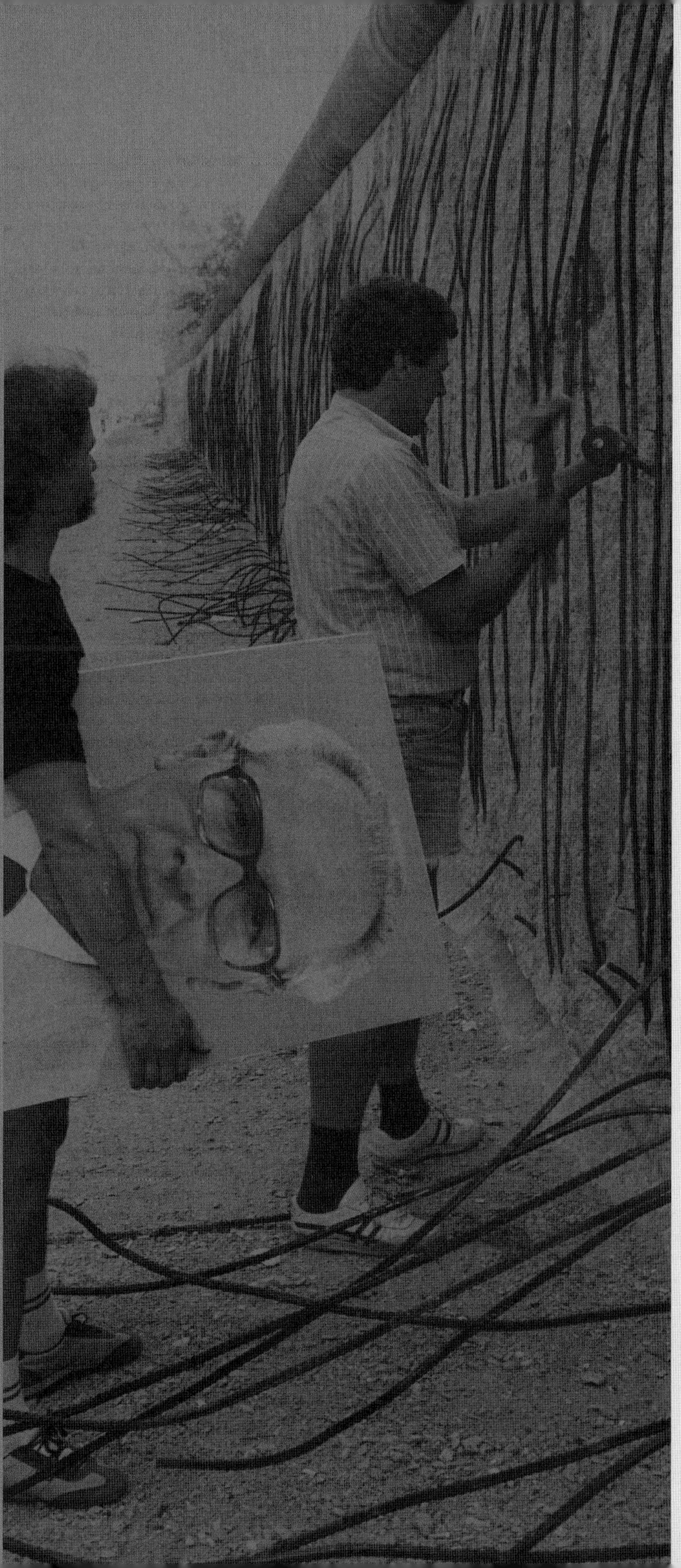

Bundesarchiv Koblenz

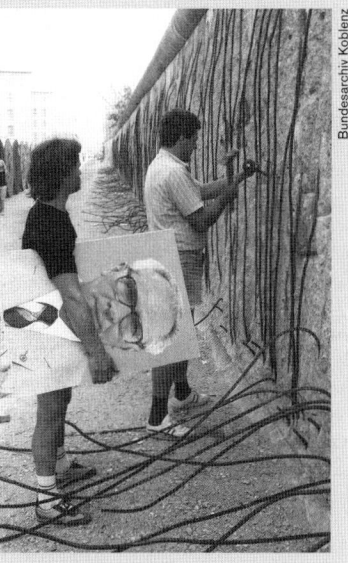

„Mauerspechte" mit einem Bild des ehemaligen Staatsratsvorsitzenden der DDR, Erich Honecker, an der Mauer in der Niederkirchnerstraße, 1990.

# GEDENKORTE IM WIEDERVEREINIGTEN BERLIN

○ **Ausgewählte Gedenkstätten und Dokumentationszentren**

1. Dokumentationszentrum Topographie des Terrors, Niederkirchnerstraße 8
2. Jüdisches Museum Berlin, Lindenstraße 9–14
3. Denkmal für die ermordeten Juden Europas, Ebertstraße 20
4. Gedenkstätte Deutscher Widerstand, Stauffenbergstraße 13–14
5. Blindenwerkstatt Otto Weidt, Rosenthaler Straße 39
6. Gedenkstätte Stille Helden, Rosenthaler Straße 39
7. Anne Frank Zentrum, Rosenthaler Straße 39
8. geplante Gedenkstätte SA-Gefängnis Papestraße, Werner-Voß-Damm 54a
9. Dokumentationszentrum NS-Zwangsarbeit Berlin-Schöneweide, Britzer Straße 5
10. Deutsch-Russisches Museum Berlin-Karlshorst, Zwieseler Straße 4
11. Gedenkstätte Köpenicker Blutwoche Juni 1933, Puchanstraße 12
12. Gedenk- und Bildungsstätte Haus der Wannsee-Konferenz, Am Großen Wannsee 56–58
13. Gedenkstätte Plötzensee, Hüttigpfad
14. Gedenkstätte zur Erinnerung an die NS-Zwangsarbeit im Bezirk Spandau, Stadtrandstraße
15. Erinnerungs- und Begegnungsstätte Bonhoeffer-Haus, Marienburger Allee 43

● **Ausgewählte Ausstellungen**

16. Geschichtsmeile Wilhelmstraße, Wilhelmstraße (Open-Air)
17. Dokumentation zur Widerstandsgruppe um Harro Schulze-Boysen und Arvid Harnack, Finanzministerium, Wilhelmstraße 97
18. „Geschichtspark ehemaliges Zellengefängnis Moabit", Lehrter Straße (Open-Air)
19. „Orte des Erinnerns im Bayrischen Viertel", Bayerischer Platz (Open-Air)
20. „Widerstand in Neukölln", Rathaus Neukölln, Karl-Marx-Straße 83, Museum Neukölln, Ganghoferstraße 3–5 und Helene-Nathan-Bibliothek, Karl-Marx-Straße 66
21. geplanter Hörweg zum Frauengefängnis Barnimstraße, Barnim-/Weinstraße (Open-Air)
22. Dokumentation über die ermordeten Patienten der „Wittenauer Heilstätten", Oranienburger Straße 285
23. Ausstellung über Euthanasieverbrechen in der ehemaligen Heil- und Pflegeanstalt Buch, Karower Straße 1
24. Dokumentation auf dem Olympiagelände, Olympiastadion (Open-Air)
25. Open-Air-Ausstellung über ehemalige jüdische Schüler des Werner-Siemens-Realgymnasiums, heute: Georg-von-Giesche-Oberschule, Hohenstaufenstraße 47–48

◐ **Ausgewählte Künstlerische Auseinandersetzungen**

26. „The Missing House", Große Hamburger Straße 15–16
27. „Der verlassene Raum", Koppenplatz
28. „Denkzeichen Modezentrum Hausvogteiplatz", Hausvogteiplatz
29. Skulptur zur Erinnerung an die verfolgten Angehörigen der Kunsthochschule, Hochschule der Künste, Hardenbergstraße 33
30. Mahnmal für die Opfer des Vernichtungslagers Treblinka, Amtsgerichtsplatz
31. Installation zur Erinnerung an ermordete Deserteure, Murellenschlucht, Glockenturmstraße
32. Lichtinstallation zur Erinnerung an das KZ-Außenlager Sonnenallee, Sonnenallee 181–189
33. Installation zur Erinnerung an das Zwangsarbeiterlager „Augusta-Schule", Pallas-/Potsdamer Straße
34. Installation am ehemaligen Zwangsarbeiterlager (heute: Oberstufenzentrum Holztechnik), Rudower Straße 18

● **Ausgewählte Denkmale**

### Mitte

35. Neue Wache, Unter den Linden 4
36. „T4"-Gedenkort für die Opfer der „Euthanasie"-Morde, Tiergartenstraße
37. Denkmal für die verfolgten Homosexuellen, westlich der Ebertstraße
38. geplantes Denkmal für die ermordeten Sinti und Roma, Simsonweg
39. Sowjetisches Ehrenmal, Straße des 17. Juni
40. Mahnmal für die ermordeten Reichstagsabgeordneten, Platz der Republik
41. Denkmal zur Erinnerung an das ehemalige Sammellager in der Großen Hamburger Straße 26
42. Denkmal für die ermordeten Mitglieder von „Adass Jisroel", Siegmunds Hof
43. Denkmal zur Erinnerung an die Protestaktion in der Rosenstraße, Rosenstraße
44. Mahnmal an der ehemaligen Synagoge in der Levetzowstraße 7–8
45. Mahnmal zur Erinnerung an die Deportationen, Putlitzbrücke
46. Denkmal für Varian Fry, Bushaltestelle Varian-Fry-Straße
47. Denkmal „Bibliothek" zur Erinnerung an die Bücherverbrennung, Bebelplatz
48. Denkmal für die Insassen des Polizeigefängnisses Alexanderplatz, Gruner-/Alexanderstraße
49. Gedenkwand für verfolgte Hochschulangehörige, Humboldt-Universität, Unter den Linden 6
50. Skulptur für die Opfer des Nationalsozialismus, Bodestraße
51. Denkmal für den Widerstandskämpfer Albrecht Haushofer, Alt-Moabit 101
52. Denkmal für den Widerstandskämpfer Dietrich Bonhoeffer, Zionskirchplatz
53. Denkmal für die jüdischen Mitarbeiter des Rudolf-Virchow-Krankenhauses, Augustenburger Platz 1
54. Gedenkwand zur Erinnerung an die Opfer des Nationalsozialismus, Rathaus Tiergarten, Turmstraße 15
55. Skulptur zur „Erinnerung an die Kindertransporte", Bahnhof Friedrichstraße

### Friedrichshain-Kreuzberg

56. Denkmal „Page/Blatt" zur Erinnerung an die Synagoge Lindenstraße, Axel-Springer-Straße 48–50
57. Denkmal am ehemaligen Theater des Jüdischen Kulturbundes, Kommandantenstraße 57
58. Triptychon „Christus im Holocaust", Kirche zum Heiligen Kreuz, Zossener Straße 65
59. Wagen der Deutschen Reichsbahn zur Erinnerung an die „Judentransporte", Deutsches Technikmuseum, Trebbiner Straße 9
60. Denkmal für Carl von Ossietzky, Carl von Ossietzky Oberschule, Blücherstraße 46–47
61. Denkmal im Volkspark Friedrichshain, Virchowstraße/Am Friedrichshain
62. „Spanienkämpfer-Denkmal", Volkspark Friedrichshain, Friedenstraße

### Neukölln

63. Denkmal zur Erinnerung an ein ehemaliges Zwangsarbeiterlager der evangelischen Kirche, Friedhof der Jerusalems- und Neuen Kirchengemeinde, Hermannstraße 84–90
64. Ehrenmal für die „Opfer der Kriege und jeglicher Gewaltherrschaft", Onkel-Bräsig-Straße
65. Ehrenmal für die Toten der beiden Weltkriege, Standortfriedhof, Lilienthalstraße 7

### Tempelhof-Schöneberg

66. Mahnmal zur Erinnerung an die Synagoge Schöneberg, Münchener Straße 37
67. „Denkstein-Mauer" für die verfolgten jüdischen Mitbürger Schönebergs, Löcknitz-Grundschule, Berchtesgadener Straße 10–11
68. Denkmal zur Erinnerung an das ehemalige KZ „Columbia-Haus", Columbiadamm/Golßener Straße
69. Denkmal zur Erinnerung an das ehemalige KZ-Außenlager Lichtenrade, Bornhagenweg
70. Denkmal für die NS-Opfer in Lichtenrade, Kirchhof Lichtenrade, Paplitzer Straße 10–24

### Steglitz-Zehlendorf

71. „Spiegelwand" zur Erinnerung an die ehemalige Synagoge Haus Wolfenstein, Düppelstraße 41
72. Denkmal für die Opfer des NS-Regimes, Schloßstraße 44
73. „Säule der Gefangenen" zur Erinnerung an das ehemalige KZ-Außenlager Lichterfelde, Wismarer Straße 26–36
74. Denkmal für die Opfer nationalsozialistischer Gewaltherrschaft, Friedhof der St. Annen-Kirche, Königin-Luise-Straße 55

### Charlottenburg-Wilmersdorf

75. Gedächtniskirche Maria Regina Martyrum, Heckerdamm 232
76. Deportations-Mahnmal „Gleis 17", S-Bahnhof Grunewald
77. Denkmal für die Opfer des Nationalsozialismus, Steinplatz
78. „Plötzenseer Totentanz" – Evangelisches Gemeindezentrum Plötzensee, Heckerdamm 226
79. Gedenkfenster „Schwellen überschreiten" zur Erinnerung an die Deportationen vom Bahnhof Grunewald, Grunewaldkirche, Bismarckallee 28b

80. Gedenkwand, Ehrenhof Jüdisches Gemeindehaus, Fasanenstraße 79–80
81. Bushaltestelle zur Erinnerung an die Synagoge in der Franzensbader Straße 7–8
82. Gedenkstätte für die jüdischen Opfer des NS-Regimes, Friedhof der Jüdischen Gemeinde, Scholzplatz
83. Gedenkstele für Magnus Hirschfeld, Otto-Suhr-Allee 93
84. Mahnmal „Schreckensorte der menschlichen Geschichte", Toeplerstraße 3
85. Denkmal für die „Opfer von Willkür", Rathaus Wilmersdorf, Fehrbelliner Platz 4

### Lichtenberg
86. Widerstandsdenkmal, Loeperplatz
87. „Gedenkstätte der Sozialisten", Friedhof Friedrichsfelde, Gudrunstraße
88. Denkmal für die Widerstandsorganisation „Saefkow-Jacob-Gruppe", Anton-Saefkow Platz
89. Gedenkmauer für den Widerstandskämpfer Harro Schulze-Boysen, Schulze-Boysen-Straße 12

### Marzahn-Hellersdorf
90. Erinnerungsstätte für das „Zigeunerlager Marzahn", Parkfriedhof Marzahn, Wiesenburger Weg
91. Denkmal für die auf dem Friedhof Marzahn beigesetzten Zwangsarbeiter, Parkfriedhof Marzahn, Wiesenburger Weg

### Pankow
92. Mahnmal für die Opfer des Nationalsozialismus, Eingang Jüdischer Friedhof Weißensee, Herbert-Baum-Straße 45
93. Denkzeichen für Josef Garbáty, Garbátyplatz
94. Anne-Frank-Denkmal, Dusekestraße 14–22
95. Relief zur Erinnerung an Widerstand und Befreiung, S-Bahnhof Schönhauser Allee
96. Denkmal für Carl von Ossietzky, Ossietzkystraße 24
97. Denkmal für den Kommunisten Julius Fučík, Bürgerpark Pankow, Heinrich-Mann-Straße
98. Thälmann-Monument, Ernst-Thälmann-Park
99. Denkmal für den Widerstandskämpfer Anton Saefkow, Anton-Saefkow-Straße
100. Denkmal für die Widerstandskämpfer Ernst Knaack und Siegmund Sredzki, Knaackstraße 63
101. Denkmal für die Opfer des Nationalsozialismus, Danziger-/Diesterwegstraße
102. Denkmal für den Widerstandskämpfer Erich Boltze, Pistoriusstraße
103. Gedenkmauer für die ermordete kommunistische Werksangehörige der ehemaligen Rüstungsfabrik Erwin Auert, Liebermannstraße 30
104. Denkmal der antifaschistischen Widerstandskämpfer, Weißenseepark, Berliner Allee
105. Denkmal für die Opfer des Faschismus, Städtischer Friedhof Pankow, Leonhard-Frank-Straße
106. Sowjetisches Ehrenmal, Volkspark Schönholzer Heide

### Reinickendorf
107. „Mahnmal der Gewalt", Am Rathauspark
108. Mahnmal für die „Opfer der Kriege und Gewalt", Dorfaue Alt-Tegel

### Spandau
109. Mahnmal zur Erinnerung an die ehemalige Spandauer Synagoge, Lindenufer
110. Denkmal für die Zwangsarbeiter in Spandau, Stadtrandstraße

### Treptow-Köpenick
111. Denkmal für die Opfer der „Köpenicker Blutwoche", Platz des 23. Aprils
112. Denkmal für den Widerstandskämpfer Werner Seelenbinder, Mandrellaplatz 6
113. Denkmal für die NS-Opfer in Treptow, Heuberger Weg
114. Denkmal für drei kommunistische Widerstandskämpfer, Dörpfeldstraße
115. Denkmal für die Widerstandskämpfer aus Oberschöneweide, Griechische Allee 42
116. Denkmal für die Widerstandskämpfer des Kabelwerks, Wilhelminenhofstraße 76/77
117. Denkmal für den Widerstandskämpfer Theodor Neubauer, Bölschestraße 65
118. Gedenkwand für die kommunistische Sportlerin Käthe Tucholla, Käthe-Tucholla-Stadion, Bruno-Bürgel-Weg 99–125
119. Denkmal für die Opfer des Faschismus, Alter Friedhof Baumschulenweg, Kiefholzstraße
120. Sowjetisches Ehrenmal, Treptower Park, Puschkinallee

● **Ausgewählte Gedenktafeln und -steine**

### Mitte
121. Tafel zur Erinnerung an das „Judenreferat der Polizeistelle Berlin", Burgstraße 28
122. Tafel für Wilhelm Krützfeld, Oranienburger Straße 28–30
123. Tafel für Helene von Schell, Waldstraße 6
124. Tafel zur Erinnerung an die Verfolgung der jüdischen Bürger des „Scheunenviertels", Rosa-Luxemburg-Platz
125. Tafel zur Erinnerung an das Kinderheim „AHAWAH", Augustraße 14–16
126. Tafel für die jüdische Familie Mendelssohn, Jägerstraße 51
127. Tafel zur Erinnerung an die Alte Synagoge, Heidereutergasse 4
128. Tafel zur Geschichte des Jüdischen Krankenhauses, Heinz-Galinski-Straße 1
129. Tafel zur Erinnerung an die ehemalige Synagoge „Beth Zion", Brunnenstraße 33
130. Tafel zur Erinnerung an die ehemalige Synagoge des „Israelitischen Religionsvereins Gesundbrunnen Ahavas Achim", Prinzenallee 87
131. Tafel zur Erinnerung an die Liberale Synagoge in der Lützowstraße 16
132. Tafel zur Erinnerung an die Synagoge von „Mogen David" und „Ahawas Scholaum", Kleine Augustraße 10
133. Tafel zur Erinnerung an die ehemalige Synagoge Lessingstraße, Lessingstraße 6
134. Gedenkstele zur Erinnerung an die Deportationen vom Güterbahnhof Moabit, Quitzowstraße 18–21
135. Tafel zur Erinnerung an die „Vermögensverwertungsstelle", Alt-Moabit 143
136. Gedenkstein für Marinus van der Lubbe, Schumannstraße 13a
137. Tafel für die verfolgten Stadtverordneten und Magistratsmitglieder im Berliner Rathaus, Rathausstraße 1–15
138. Tafel für den Widerstandskämpfer Harro Schulze-Boysen, Niederkirchenerstraße 3–4
139. Tafel für die Opfer des „Volksgerichtshofs", Bellevuestraße 5
140. Gedenkstein für die Widerstandsgruppe um Herbert Baum, Lustgarten
141. Tafel zur Erinnerung an die „Bekennende Kirche", in der Friedrichwerderschen Kirche, Werderscher Markt 4
142. Tafel für den Pfarrer Max Josef Metzger, St. Joseph-Kirche, Willdenowstraße 8
143. Tafel für den Widerstandskämpfer Julius Leber, Kurt-Schumacher-Damm
144. Tafel zur Erinnerung an ein ehemaliges Zwangsarbeiterlager, Sophienstraße 18
145. Tafel zur Erinnerung an die polnischen Zwangsarbeiter im AEG-Werk Brunnenstraße, Gustav-Meyer-Allee 25
146. Tafel zur Erinnerung an polnische Zwangsarbeiterinnen, Grenzstraße 16
147. Tafel zur Erinnerung an die Schließung des Bauhauses und die Verfolgung seiner Mitglieder, Bauhaus-Archiv, Klingelhöferstraße 14
148. Gedenkzeichen für Magnus Hirschfeld und sein Institut für Sexualwissenschaft, Bettina-von-Arnim-Ufer
149. Tafel zur Erinnerung an die jüdischen Ärzte des Krankenhauses Moabit, Turmstraße 21
150. Tafel für den Widerstandskämpfer Georg Groscurth, Turmstraße 21
151. Tafel zur Erinnerung an die ehemaligen jüdischen Schüler der Kleist- und der Kirschner-Oberrealschule, heute: Heinrich-von-Kleist-Gymnasium, Levetzowstraße 3
152. Gedenkstein für Carl von Ossietzky, Carl-von-Ossietzky-Park, Alt Moabit/Paulstraße
153. Tafel zur Erinnerung an verfolgte Sozialdemokraten, Müllerstraße 163
154. Gedenkstein für die NS-Opfer im Wedding, Müllerstraße 147
155. Tafel zur Erinnerung an das ehemalige Anti-Kriegs-Museum, Parochialstraße 1–3

### Friedrichshain-Kreuzberg
156. Tafel zur Erinnerung an die zerstörte Orthodoxe Synagoge Fraenkelufer, Fraenkelufer 10
157. Tafel zur Erinnerung an die ehemalige Synagoge des „Ahawas Reim. Louisenstädtischer Brüderverein", Dresdener Straße 127
158. Tafel zur Erinnerung an die Deportationen vom Anhalter Bahnhof, Askanischer Platz
159. Tafel zur Erinnerung an die jüdischen Shanghai-Überlebenden, Wienerstraße 95
160. Tafel zur Erinnerung an die ehemaligen jüdischen Lehrerinnen und Lehrer des Luther-Lyzeums, heute: Hector-Peterson-Oberschule, Tempelhofer Ufer 15
161. Tafel zur Erinnerung an die ehemaligen jüdischen Schüler des Friedrichs-Realgymnasiums, heute: Leibniz-Gymnasium, Schleiermacherstraße 23
162. Tafel zur Erinnerung an die Verfolgung jüdischer Ärzte, Krankenhaus am Urban, Dieffenbachstraße
163. Gedenkstein für den Kriegsdienstverweigerer Hermann Stöhr, Hermann-Stöhr-Platz
164. Tafel zur Erinnerung an eine frühe NS-Terrorstätte, Petersburger Straße 94
165. Tafel zur Erinnerung an das Depot der „Aktion Entartete Kunst", Köpenicker Straße 24

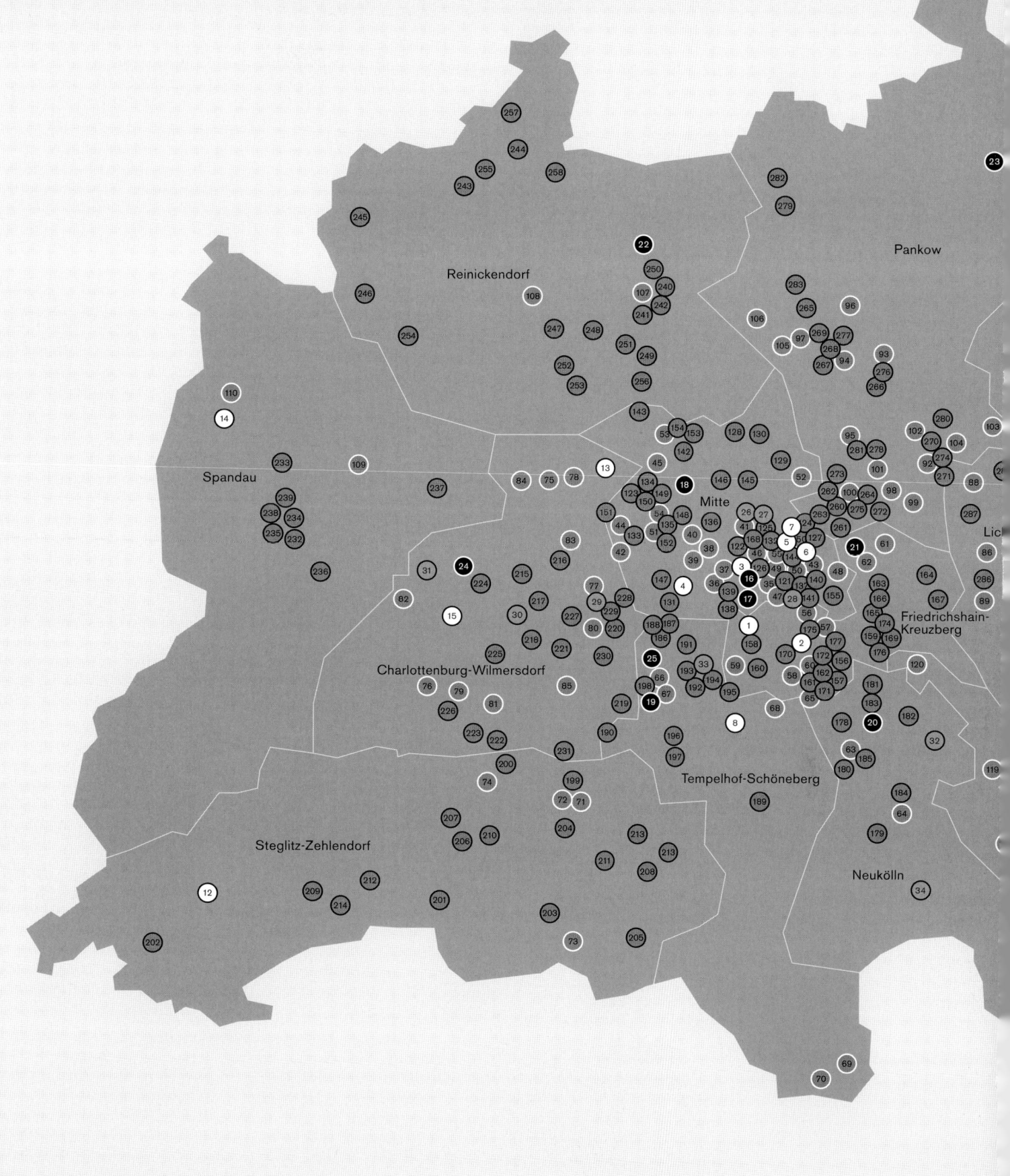

166. Gedenkstele für sieben Antifaschisten, Koppenstraße
167. Gedenkstein für kommunistische Widerstandskämpfer, Kirchhof der Georgen-Parochialgemeinde, Boxhagener Straße 100
168. Tafel zur Erinnerung an die Pfarrer der „Bekennenden Kirche", Wilhelmstraße 37
169. Tafel zur Erinnerung an die jüdischen Sportler Gustav Felix und Alfred Flatow, Schlesisches Tor
170. Tafel für die Widerstandskämpferin Ursula Goetze, Hornstraße 3
171. Tafel für die Widerstandskämpfer Arvid und Mildred Harnack, Hasenheide 61
172. Tafel für den jüdischen Sozialdemokraten Ernst Heilmann, Brachvogelstraße 5
173. Tafel für den Widerstandskämpfer Wilhelm Lehmann, Mariannenplatz
174. Gedenkstele für den Sozialdemokraten Wilhelm Leuschner, Eisenbahnstraße 5
175. Tafel für die Widerstandskämpferin Hanni Meyer, Ritterstraße 16
176. Tafel für den Widerstandskämpfer Willi Sänger, Oppelner Straße 45
177. „Stolpersteine", in Berlin begann das Projekt in Kreuzberg, in der Oranienstraße

**Neukölln**

178. Tafel zur Erinnerung an die ehemalige Synagoge der „Jüdischen Brüder-Gemeinde Neukölln e.V.", Isarstraße 8
179. Gedenkstein für den Widerstandskämpfer Erich Mühsam, Dörläuchtingstraße 48
180. Gedenkstein für den Widerstandskämpfer Werner Seelenbinder, Stadion Neukölln, Oderstraße
181. Tafel für die verfolgten ehemaligen Schüler der Rütlischulen, Rütlistraße 41–45
182. Tafel für den jüdischen Antifaschisten Günter Bodek, Wildenbruchstraße 10
183. Tafel für die Widerstandskämpfer Benno und Irmgard Heller, Sonnenallee 13
184. Tafel für den Widerstandskämpfer Heinrich Vogeler, Onkel-Bräsig-Straße 138
185. Tafel für den Kommunisten Martin Weise, Jonasstraße 42

**Tempelhof-Schöneberg**

186. Tafel zur Erinnerung an die Konzentrations- und Vernichtungslager, Wittenbergplatz
187. „Mahnort Kurfürstenstraße", zur Erinnerung an das „Judenreferat" von Adolf Eichmann, Kurfürstenstraße 115–116
188. Tafel zur Erinnerung an die zerstörte Synagoge des „Religionsvereins Westen", Passauer Straße
189. Tafel zur Erinnerung an die Opfer von Lidice in der Werner-Stephan-Oberschule, Alt-Tempelhof 53
190. Gedenkstein für den jüdischen Schriftsteller Georg Hermann, Stubenrauchstraße 6
191. Gedenkstein für verfolgte Homosexuelle, Nollendorfplatz
192. Gedenkplatte zur Erinnerung an den „Volksgerichtshof", Potsdamer Straße
193. Tafel zur Erinnerung an verfolgte jüdische Juristen, Elßholzstraße 31
194. Tafel zur Erinnerung an den Berliner Sportpalast, Potsdamer Straße 168
195. Gedenkstein für hingerichtete Offiziere des 20. Juli 1944, Alter St. Matthäus-Friedhof, Großgörschenstraße
196. Gedenkstele für die Opfer der Konzentrationslager, die gefallenen Soldaten und die Opfer der Bombenangriffe, Kirchhof Alt-Schöneberg, Hauptstraße 47
197. Gedenkstein für die ermordeten Deserteure der letzten Kriegstage, Dominicusstraße
198. Gedenkstein zur Erinnerung an die „Penzberger Mordnacht" in Oberbayern, Münchener Straße

**Steglitz-Zehlendorf**

199. Gedenkstein zur Erinnerung an die ehemalige „Jüdische Blindenanstalt für Deutschland", Wrangelstraße 6–7
200. Tafel für die ehemaligen jüdischen Schüler und Lehrer der „Privaten Jüdischen Waldschule Kaliski", Im Dol 2–6
201. Gedenkstein für die Opfer des Nationalsozialismus, Dorfaue Zehlendorf am Teltower Damm
202. Gedenkstele für vier Opfer der Gestapo, Königstraße, Höhe Schäferberg
203. Tafel am ehemaligen Standort der Leibstandarte SS „Adolf Hitler", Finckensteinallee 63
204. „Mahnort SS-Wirtschafts-Verwaltungshauptamt 1942–1945", Unter den Eichen 126–135
205. Gedenkstein zur Erinnerung an ausländische Zwangsarbeiter, Friedhof Lankwitz, Lange Straße
206. Tafel für die ermordeten Sinti und Roma, an der ehemaligen „Rassenhygienischen und bevölkerungsbiologischen Forschungsstelle", Thielallee 88
207. Tafel zur Erinnerung an die Beteiligung des Kaiser-Wilhelm-Instituts an NS-Verbrechen, Ihnestraße 22
208. Tafel zur Erinnerung an die 3. Bekenntnissynode der Evangelischen Kirche, Albrechtstraße 81
209. Tafel zur Erinnerung an die 6. und 7. Bekenntnissynode der Evangelischen Kirche, Kirchweg 6
210. Tafel zur Erinnerung an die „Hilfestelle für evangelische Christen jüdischen Glaubens", Hortensienstraße 18
211. Tafel zur Erinnerung an die verfolgten Bauhaus-Mitglieder, Birkbuschstraße 49–51
212. Tafel zur Erinnerung an den Spanischer Bürgerkrieg, Guernicaplatz
213. Tafel zur Erinnerung an ein Massaker in den letzten Kriegstagen in der Markusschule, Karl-Stieler-Straße 11
214. Gedenkstein für die Toten des Zweiten Weltkriegs, Waldfriedhof Zehlendorf, Potsdamer Chaussee 75–77

**Charlottenburg-Wilmersdorf**

215. Tafel für die Opfer der Wehrmachtsjustiz, Witzlebenstraße 4–10
216. Tafel zur Erinnerung an die ehemalige Synagoge Schulstraße 7, Behaimstraße 11
217. Tafel zur Erinnerung an die Shoa, Synagoge Pestalozzistraße, Pestalozzistraße 14–15
218. Tafel zur Erinnerung an die ehemalige Synagoge „Friedenstempel", Markgraf-Albrecht-Straße 11–12
219. Tafel zur Erinnerung an die ehemalige Synagoge in der Prinzregentenstraße 69–70
220. Tafel zur Erinnerung an das ehemalige „Haus der zionistischen Organisation", Meinekestraße 10
221. Tafel zur Erinnerung an den ehemaligen jüdischen Central-Verein, Pariser Straße 44
222. Tafel zur Erinnerung an das ehemalige Jüdische Altersheim Grunewald, Berkaer Straße 31–35
223. Tafel zur Erinnerung an die ehemalige Jüdische Privatschule Goldschmidt, Hohenzollerndamm 110a
224. Tafel zur Erinnerung an die ehemalige Theodor-Herzl-Schule, Kaiserdamm 78
225. Tafeln zur Erinnerung an ehemalige jüdische Schüler des Realgymnasiums Grunewald, heute: Walther-Rathenau-Oberschule, Herbertstraße 2–6
226. Tafel zur Erinnerung an die ehemaligen jüdischen Schüler des Hildegard-Wegscheider-Gymnasiums, Lassenstraße 18–20
227. Tafel zur Erinnerung an die „Arisierung" des Kempinski-Restaurants, Kurfürstendamm 27
228. Tafel für die evangelischen Opfer des Nationalsozialismus in der Kaiser-Wilhelm-Gedächtnis-Kirche, Breitscheidplatz
229. Tafel zur Erinnerung an ehemalige Zwangsarbeiter aus Tschechien, Joachimstaler Straße 11
230. Tafel zur Erinnerung an den Widerstand von Schülern des Königlichen Joachimsthalschen Gymnasiums, heute: Universität der Künste, Bundesallee 1–12
231. Gedenksteine für die Verfolgten der Künstler-Kolonie, Bonner Straße 11

**Spandau**

232. Tafel zur Erinnerung an die ehemalige Spandauer Synagoge, Lindenufer 12
233. Tafel für Rabbiner Arthur Löwenstamm, Feldstraße 11
234. Tafel zur Erinnerung an die jüdische Geschichte Spandaus, Jüdenstraße 49
235. Tafel zur Erinnerung an Widerstandskämpfer, Rathaus Spandau, Carl-Schurz-Straße 2
236. Gedenkstein zur Erinnerung an das ehemalige KZ-Außenlager der Deutschen Industriewerke, Pichelswerderstraße 9–11
237. Tafel zur Erinnerung an die Zwangsarbeiter und KZ-Häftlinge der Firma Siemens, Nonnendammallee 101
238. Tafel für den Widerstandskämpfer Wilhelm Friedrich Graf zu Lynar, St.-Nikolai-Kirche, Carl-Schurz-Straße
239. Tafel für den Widerstandskämpfer Karl Heinrich, Karl-Heinrich-Brücke

**Reinickendorf**

240. Tafel zur Erinnerung an die Opfer der „Kinderaktion", Eichborndamm 238
241. Tafel zur Erinnerung an die Zerstörung Lidices, Am Rathauspark
242. Tafel für NS-Opfer in Reinickendorf, Rathaus, Eichborndamm 215
243. Tafel für die verfolgten jüdischen Bürger Frohnaus, Zeltinger Platz
244. Gedenkzeichen „Zerbrechliches Kind" zur Erinnerung an die Pädagogin Annemarie Wolff-Richter, Oranienburger Chaussee 53
245. Gedenkstein für den Widerstandskämpfer Albrecht Haushofer, Albrecht-Haushofer-Oberschule, Kurzebracker Weg 40
246. Tafel für die Widerstandskämpfer Albert Brust und Richard Neumann, Falkenplatz
247. Tafel zur Erinnerung an die Widerstandsgruppe „Mannhart", Berliner Straße 27–33
248. Gedenkstein zur Erinnerung an die Widerstandsgruppe „Mannhart", Schubartstraße 55

249. Tafel zur Erinnerung an die verfolgten Mitarbeiter der ehemaligen Maschinen- und Zahnradfabrik Stolzenberg, Saalmannstraße 9
250. Tafel zur Erinnerung an die Widerstandsgruppe um Anton Saefkow, Hermsdorfer Straße 14
251. Tafel zur Erinnerung an die Widerstandsgruppe um Robert Uhrig, Eichborndamm 103
252. Tafel für Carl von Ossietzky, Justizvollzugsanstalt Tegel, Seidelstraße 39
253. Tafel für die Widerstandskämpfer Hans und Hilde Coppi, Kleingartenkolonie „Am Waldessaum" Nr.107, Seidelstraße 23
254. Tafel zur Erinnerung an die Widerstandskämpfer der Schulfarm Scharfenberg, Insel Scharfenberg
255. Tafel für den Kunstwissenschaftler Carl Einstein, Zeltinger Straße 54
256. Tafel für den Widerstandskämpfer Hermann Schulz, Hermann-Schulz-Schule, Kienhorststraße 67–79
257. Tafel für den Widerstandskämpfer Wilhelm Staehle, Invalidensiedlung Frohnau, Staehleweg
258. Tafel zur Erinnerung an die bei Gardelegen ermordeten Zwangsarbeiter, Kriegsgefangenen und KZ-Häftlinge, Schönfließer Straße 13–19

### Pankow
259. Gedenkstein für die ermordeten Gemeindemitglieder „Adass Jisroel", Friedhof der „Israelitischen Synagogengemeinde Adass Jisroel", Wittlicher Straße
260. Tafel zur Erinnerung an den zerstörten Jüdischen Friedhof Pankower Chaussee, heute: Jüdischer Friedhof Schönhauser Allee, Schönhauser Allee 22–25
261. Tafel zur Erinnerung an das ehemalige Jüdische Altersheim, Schönhauser Allee 22
262. Tafel zur Erinnerung an das ehemalige jüdische Waisenhaus Baruch Auerbach, Schönhauser Allee 162
263. Tafel zur Erinnerung an das „Hilfswerk beim Bischöflichen Ordinariat Berlin", Schönhauser Allee 182
264. Tafel zur Geschichte der Synagoge Rykestraße, Rykestraße 53
265. Tafel zur Erinnerung an 150 ermordete jüdische Kinder des ehemaligen jüdischen Säuglings- und Kinderheims, Wilhelm-Wolff-Straße 30–38
266. Tafel zur Erinnerung an das ehemalige Waisenhaus der Jüdischen Gemeinde, Berliner Straße 120–121
267. Tafel für die jüdische Familie Jany, Florastraße 50
268. Tafel zur Erinnerung an das ehemalige Jüdische Lehrlingshaus und die Synagoge, Mühlenstraße 24
269. Tafel zur Erinnerung an 146 ermordete jüdische Taubstumme der ehemaligen „Israelitischen Taubstummenanstalt", Parkstraße 22
270. Tafel für Ernst Berendt und seinen Sohn, Angehörige der „Bekennenden Kirche", Albertinenstraße 20–23
271. Gedenkstele für die ermordeten Insassen des ehemaligen Heims der Jüdischen Gemeinde für psychisch kranke Menschen, Smetanastraße 53
272. Tafel für Erich Nelhans, Prenzlauer Allee 35
273. Tafel für Heinz Galinski, Schönhauser Allee 31–32
274. Tafel zur Erinnerung an ehemalige jüdische Mitbewohner, Berliner Allee 73
275. Tafel zur Erinnerung an die Opfer des SA-Konzentrationslagers am Wasserturm, Knaackstraße
276. Tafel zur Erinnerung an eine SA-Folterstätte, Arkonastraße 56
277. Tafel zur Erinnerung an den Prozess gegen ehemalige Angehörige des KZ-Sachsenhausen, Breite Straße 24
278. Tafel für die Widerstandskämpferin Käthe Niederkirchner, Pappelallee 22
279. Gedenkstein für die Opfer des Faschismus, Hauptstraße
280. Gedenkstein für drei Widerstandskämpfer, Städtischer Friedhof, Roelckestraße 48–51
281. Tafel für den Widerstandskämpfer Werner Prochow, Greifenhagener Straße 59
282. Gedenkstein für den Kommunisten Emil Nehring, Kartoffelsteig
283. Gedenkstein für den Widerstandskämpfer Joseph Lenzel, Pfarrkirche St. Maria Magdalena, Platanenstraße 22

### Lichtenberg
284. Gedenkstein zur Erinnerung an das ehemalige „Arbeitserziehungslager Wuhlheide", Am Tierpark 39–47
285. Tafeln zur Erinnerung an das ehemalige „Arbeitserziehungslager", Am Tierpark 135
286. Gedenksteine zur Erinnerung an ehemalige Zwangsarbeiter, St. Hedwigs-Friedhof, Konrad-Wolf-Straße 31–32
287. Gedenkstein zur Erinnerung an die ehemalige Synagoge Hohenschönhausen, Konrad-Wolf-Straße 91–92
288. Tafel für den jüdischen Arzt Victor Aronstein, Werneuchener Straße 3
289. Gedenkstein für die Widerstandskämpfer Käthe und Felix Tucholla, Schulgelände, Nöldnerstraße 44
290. Relief für den Widerstandskämpfer Hans Zoschke, Oberschule am Rathaus, Rathausstraße 6

### Marzahn-Hellersdorf
291. Gedenkstein für Opfer des Nationalsozialismus, Parkfriedhof Marzahn, Wiesenburger Weg
292. Gedenkstein zur Erinnerung an ehemalige Zwangsarbeiterinnen der Firma AEG, Parkfriedhof Marzahn, Wiesenburger Weg
293. Gedenkstein zur Erinnerung an die „Euthanasie-Opfer" der ehemaligen „Heil und Pflegeanstalt Wuhlgarten", Brebacher Weg
294. Gedenkstele für Werner Steinbrink und die Widerstandsgruppe um Herbert Baum, Mühlenbecker Weg
295. Gedenkstein für den jüdischen Arzt Arno Philippsthal, Grabensprung 29
296. Tafel für den Schriftsteller Erich Knauf und den Karikaturisten Erich Ohser alias e. o. plauen, Am Feldberg 3

### Treptow-Köpenick
297. Gedenkstein zur Erinnerung an Opfer der „Köpenicker Blutwoche", Essenplatz
298. Gedenkstein zur Erinnerung an die Opfer der „Köpenicker Blutwoche", ehemaliges SA-Sturmlokal Seidler, Unter den Birken
299. Gedenkstein zur Erinnerung an die Opfer der „Köpenicker Blutwoche", ehemaliges SA-Sturmlokal „Demuth", Pohlestraße
300. Tafel zur Erinnerung an die ehemaligen Zwangsarbeiter und KZ-Häftlinge des Kabelwerks Oberspree, Wendenschloßstraße 154–158
301. Tafel zur Erinnerung an das „Arbeiter-Durchgangslager Wilhelmshagen", S-Bahnhof Wilhelmshagen
302. Tafel zur Erinnerung an die ehemalige Köpenicker Synagoge, Freiheit 8
303. Tafel zur Erinnerung an den ehemaligen Jüdischen Friedhof Köpenick, Mahlsdorfer Straße
304. Tafel zur Erinnerung an das ehemalige Altersheim der Jüdischen Gemeinde Köpenick, Müggelseedamm 212
305. Tafel für die jüdischen Sportler Alfred und Gustav Felix Flatow, Birkenstraße 11
306. Gedenkstein zur Erinnerung an den Pfarrer Werner Sylten, Müggelbergplatz
307. Gedenkstein zur Erinnerung an den Regimekritiker Rudolf Mandrella, Mandrellaplatz
308. Gedenkstein zur Erinnerung an sieben Bohnsdorfer Widerstandskämpfer, Dahmestraße 33
309. Gedenkstein für die Widerstandskämpferin Judith Auer, An der Wuhlheide 196
310. Gedenkstein für die NS-Opfer, Waldfriedhof Oberschöneweide, An der Wuhlheide
311. Gedenkfindling für den Widerstandskämpfer Wilhelm Firl, Aßmannstraße 11
312. Tafel für den Widerstandskämpfer Alfred Grünberg, S-Bahnhof Grünbergallee
313. Gedenkstein für den Widerstandskämpfer Fritz Rode, Klafterzeile

**ESSAYS**

Michael Wildt
**„Volksgemeinschaft"**

„Volksgemeinschaft" war kein Begriff allein von Nationalsozialisten. Seine erste Hochkonjunktur verdankte er dem Ersten Weltkrieg. Der Satz Wilhelms II., dass er von nun an keine Parteien, sondern nur noch Deutsche kenne, erzielte weite Resonanz, weil er den Wunsch vieler Deutscher nach Gleichheit und Inklusion zu repräsentieren vermochte. Das „Zusammenstehen mit der Volksgemeinschaft in Not und Tod" sei das Gebot der Stunde, formulierte der Sozialdemokrat und spätere preußische Wissenschaftsminister Konrad Haenisch 1916.[1] Und Victor Klemperer vertraute Anfang August 1914 seinem Tagebuch an, dass, sollte sich das Deutsche Reich behaupten, ein großes Glück aus diesem Krieg erwachse: nämlich „höhere Brüderlichkeit im Volk".[2] Gerade Juden und Sozialdemokraten hofften, dass sie aufgrund ihrer patriotischen Haltung endlich von der Mehrheit der Gesellschaft als gleichwertig akzeptiert werden würden.

Zwar offenbarte die Realität des Krieges bald die Risse und Hierarchien in der deutschen Gesellschaft. Aber die Rede von der „Volksgemeinschaft" behielt ihre Kraft auch nach dem Ende des Kaiserreichs. Nahezu alle Parteien propagierten die „Volksgemeinschaft" in ihren Programmen; der Begriff avancierte, so der Historiker Hans-Ulrich Thamer, zur „beherrschenden politischen Deutungsformel" der Weimarer Republik[3] – allerdings mit ganz unterschiedlichen Ausdeutungen.

Während die verfassungstreuen Parteien die „Volksgemeinschaft" in erster Linie inkludierend verstanden, als Überwindung der Klassen- und Standesgegensätze, oder, auf sozialdemokratischer Seite, als Einheit des schaffenden Volkes gegenüber einer winzig kleinen Gruppe von Industriellen und Großgrundbesitzern, verstand die völkische Rechte die „Volksgemeinschaft" in erster Linie exkludierend. Weniger die Frage, wer zur „Volksgemeinschaft" zählte, trieb die Rechte um, als vielmehr, wer in keinem Fall zu ihr gehören dürfe. „Staatsbürger kann nur sein, wer Volksgenosse ist. Volksgenosse kann nur sein, wer deutschen Blutes ist, ohne Rücksichtnahme auf Konfession. Kein Jude kann daher Volksgenosse sein." – so heißt es klar und deutlich im Parteiprogramm der NSDAP aus dem Jahre 1920.

Der Antisemitismus bildete das zentrale Differenzkriterium zu jenen Volksgemeinschaftsvorstellungen, die im „Augusterlebnis 1914" ihren Referenzpunkt sahen, denn diese Kriegsgemeinschaft schloss ja ausdrücklich alle Deutschen ein, auch Juden und Sozialdemokraten. Umgekehrt bedeutete die Untrennbarkeit von Antisemitismus und nationalsozialistischer „Volksgemeinschaft" aber auch, dass all diejenigen, die in dem Inklusionsversprechen der Nationalsozialisten eine Übereinstimmung mit ihrer eigenen Vorstellung sahen und sich vor allem nach 1933 von der Volksgemeinschaftspropaganda angesprochen fühlten, zugleich die antisemitische Exklusion übernahmen, selbst wenn sie keine Antisemiten sein mochten. Die Verheißung von sozialer Gemeinschaft und nationalem Wiederaufstieg, von Überwindung der Klassengesellschaft und von politischer Einheit trug ganz wesentlich zur Attraktivität des Nationalsozialismus bei.

---

**1** | Zitiert nach Gunther Mai, „Verteidigungskrieg" und „Volksgemeinschaft". Staatliche Selbstbehauptung, nationale Solidarität und soziale Befreiung in Deutschland in der Zeit des Ersten Weltkrieges (1900–1925), in: Wolfgang Michalka (Hrsg.), Der Erste Weltkrieg. Wirkung, Wahrnehmung, Analyse, München 1994, S. 583–602, Zitat: S. 591.
**2** | Victor Klemperer, Curriculum Vitae. Erinnerungen 1881–1918, hrsg. von Walter Nowojski, Bd. 2, Berlin 1996, S. 182.
**3** | Hans-Ulrich Thamer, Volksgemeinschaft: Mensch und Masse, in: Richard van Dülmen (Hrsg.), Erfindung des Menschen. Schöpfungsträume und Körperbilder 1500–2000, Wien 1998, S. 367–388, Zitat: S. 367.

Dennoch galt der Begriff den Historikern lange Zeit als bloße Propagandaformel, deren angebliche Schlagkraft vornehmlich durch nationalsozialistische Selbstzeugnisse belegt werde. Doch wäre es ein Missverständnis, wollte man die Formel von der „Volksgemeinschaft" in dem Sinn als soziale Realität nehmen, als seien soziale Differenzen oder Eigentums- und Besitzverhältnisse im NS-Deutschland eingeebnet worden. In der Verheißung, in der Mobilisierung, nicht in der Feststellung eines sozialen Ist-Zustandes lag die politische Kraft der Rede von der „Volksgemeinschaft".

Dass die Nationalsozialisten den Begriff propagandistisch nutzten, steht außer Zweifel. Aber es ist auch nicht zu übersehen, dass große Teile der deutschen Bevölkerung in der „Volksgemeinschaft" ein erstrebenswertes soziales Ziel sahen. Norbert Frei hat insbesondere die Erfahrungsgeschichte hervorgehoben, die jenseits weiterhin bestehender materieller und sozialer Ungleichheiten die „gefühlte Gleichheit" zu einem bedeutsamen Loyalitätselement werden ließ. Und Hans-Ulrich Wehler hat in seiner Gesellschaftsgeschichte unterstrichen, dass der mit der „Volksgemeinschaft" verbundene „Modernitätsappeal" und Mobilisierungsschub eine Transformationsdynamik auslöste, die entscheidend, insbesondere bei den jüngeren Generationen, zur Legitimation des Regimes beitrug. „Die Frage nach der ‚Volksgemeinschaft'", so Norbert Frei, „führt zum Kern des Problems".[4]

Entgegen der Annahme, sozialistische Egalität sei das Kennzeichen der „Volksgemeinschaft" gewesen, war die nationalsozialistische „Volksgemeinschaft" von neuen Ungleichheiten strukturiert, ging mit der Inklusion der „Volksgenossen" die radikale Exklusion jener einher, die damals kennzeichnenderweise „Gemeinschaftsfremde" genannt wurden: Juden, Sinti und Roma, so genannte Asoziale, Homosexuelle, kranke und behinderte Menschen. Doch auch die „Volksgenossen" waren keine Bürger mit verbrieften Freiheitsrechten, es ging nicht um Gleichheit von Individuen. Vielmehr bildete das Volk, und zwar im organisch-biologistischen Sinn als „Volkskörper", das Zentrum der „Volksgemeinschaft". „Du bist nichts, dein Volk ist alles", lautete der Kernsatz des Regimes. Nicht egalitärer Stillstand, sondern rassistische Mobilisierung kennzeichnete die „Volksgemeinschaft", nicht nationaler Sozialismus als vielmehr Leistungssteigerung zugunsten der Entwicklung des deutschen „Volkskörpers".

„Volksgemeinschaft" hieß zweifellos auch Inklusion und Partizipation. So kann die rasche Wiedergewinnung der Vollbeschäftigung für eine Arbeiterschaft, deren Haushalte fast sämtlich von der grassierenden Arbeitslosigkeit seit 1929 betroffen waren, hinsichtlich ihrer Loyalität zum NS-Regime nicht unterschätzt werden. Zwar hatte die Depression schon 1932 ihren Tiefpunkt in den europäischen Volkswirtschaften erreicht und erste Anzeichen konjunktureller Erholung waren bereits 1933 zu sehen. Aber der Lohnstopp, der rasche Ausbau großer Bürokratien, in denen zahlreiche NSDAP-Aktivisten der ersten Stunde neue Arbeitsplätze fanden sowie die steigende Nachfrage nach Arbeitskräften durch die vom NS-Staat massiv geförderte Rüstungsindustrie verstärkten diese Tendenzen. Deutschland erreichte als erstes Industrieland nach der Depression die Vollbeschäftigung, während sich zum Beispiel in den USA noch bis 1939 eine Arbeitslosenquote von 24 Prozent hielt. In den Berichten, die sozialdemokratische Vertrauensleute heimlich an den Exilvorstand der SPD in Prag schickten, hieß es 1936 resigniert, dass „große Teile der Arbeiterschaft" mittlerweile „Freiheit" gegen „Sicherheit" am Arbeitsplatz eingetauscht hätten.

Die Deutsche Arbeitsfront (DAF), die korporatistische Zwangsnachfolgeorganisation der freien Gewerkschaften, veranstaltete seit 1934 alljährliche „Reichsberufwettkämpfe", an denen Millionen, zumeist jugendliche Arbeitnehmer teilnahmen. Das Motto lautete: „Freie Bahn dem Tüchtigen!", und verhieß damit, unabhängig von sozialer Herkunft allein

**4** | Norbert Frei, „Volksgemeinschaft". Erfahrungsgeschichte und Lebenswirklichkeit der Hitler-Zeit, in: Ders., 1945 und wir. Das Dritte Reich im Bewußtsein der Deutschen, München 2005, S. 107–128, Zitat: S. 128.

durch persönliche Leistung vorankommen zu können. Leistung sollte nicht in einem wirtschaftsliberalen Sinn individuell zählen, sondern in erster Linie als Beitrag zur Effizienzsteigerung der „Volksgemeinschaft". Das wohl populärste DAF-Amt „Kraft durch Freude" (KdF) widmete sich der Freizeitorganisation der Arbeitnehmer, veranstaltete Kulturabende und insbesondere Reisen. So nahmen 1935 über 5,7 Millionen Personen an Kurzfahrten innerhalb Deutschlands teil, über 120.000 Menschen kamen im selben Jahr in den Genuss einer Schiffsreise mit einem der zehn KdF-Dampfer. Für die NS-Führung stand die Wehrhaftigkeit der „Volksgemeinschaft" im Vordergrund, die durch organisierte Freizeit kriegstüchtig gemacht werden sollte. In der alltäglichen Praxis jedoch bedeutete KdF den Vorgeschmack auf eine Freizeit- und Konsumgesellschaft, die ihr Ziel im Hedonismus und nicht mehr im Heroismus sah.

Neben der DAF, die mit rund 20 Millionen Mitgliedern die stärkste Gliederung der NSDAP war, existierte als nationalsozialistische Massenorganisation mit 16 Millionen Mitgliedern (1942) die NS-Volkswohlfahrt (NSV), zu der das Winterhilfswerk und das Hilfswerk „Mutter und Kind" gehörten. Schon im Winter 1933/34 organisierte die NSV das erste Winterhilfswerk unter dem Motto „Ein Volk hilft sich selbst" mit einem spektakulären Erfolg: Über 358 Millionen Reichsmark wurden reichsweit gesammelt. Mit „Eintopfsonntagen", an denen sich auch die NS-Spitze selbst propagandistisch ins Bild setzte, sollte das eingesparte Geld dem Winterhilfswerk gespendet werden; Beamten wurde für das Sammeln von Spenden Urlaub gewährt; bei den Arbeitern und Angestellten wurde eine alljährliche „Spende" für das Winterhilfswerk in Höhe von zehn Prozent der Lohnsteuer gleich mit der Steuer eingezogen. Über eine Million Helfer zog mit Sammelbüchsen durch die Straßen und von Haustür zu Haustür; wer spendete, erhielt ein Abzeichen. 1934/35 wurden über 31 Millionen solcher Winterhilfswerk-Abzeichen produziert, 1938/39 waren es nahezu 170 Millionen.

Das Hilfswerk „Mutter und Kind" kümmerte sich ganz im Zeichen einer völkischen Geburtenpolitik um die Mütter, wobei auch die ledigen Mütter betreut wurden, denn „rassisch und erbbiologisch hochwertiger" Nachwuchs sollte in keinem Fall verloren gehen. Ehestandsdarlehen erhielten nur jene jungen Paare, die sich erbbiologisch untersuchen ließen. Nicht Mildtätigkeit und Fürsorge, sondern die Formierung der „Volksgemeinschaft" durch Sozialpolitik war der Kerngedanke des NSV.

An den Mitgliedszahlen lässt sich die massenhafte Partizipation vieler Deutscher an den Aktivitäten des NS-Regimes erkennen. Mehr als 28.500 Ortsgruppenleiter der NSDAP, die allesamt ehrenamtlich für die Partei tätig waren, konnten sich, ebenso wie die Millionen Ortsgruppenamtsleiter, Zellen- und Blockleiter als Teilhaber und Vollstrecker der neuen Macht fühlen. Der Gesamtapparat der NSDAP samt der ihr angegliederten Organisationen umfasste rund 68 Millionen Mitglieder (Mehrfachmitgliedschaften eingeschlossen). Das NS-Regime organisierte zu Kriegsbeginn rund zwei Drittel der deutschen Bevölkerung, schätzt der Historiker Armin Nolzen.[5]

Die HJ, die aufgrund der verordneten Mitgliedschaft ab 1936 ihre Mitgliedszahl von 100.000 1933 auf neun Millionen 1939 steigern konnte, bot Gemeinschaftserfahrungen wie Aufstiegschancen. Das Prinzip hieß „Jugend führt Jugend", was insbesondere Mädchen Leitungspositionen eröffnete, die ihnen vorher nicht zur Verfügung gestanden hatten. „Wenn ich den Gründen nachforsche, die es mir verlockend machten, in die Hitler-Jugend einzutreten", bekannte nach dem Krieg die ehemalige BDM-Funktionärin Melitta Maschmann, 1918 geboren und 1933, gegen den Willen ihrer rechtskonservativen Eltern, dem BDM beigetreten, „so stoße ich auch auf diesen: Ich wollte aus meinem kindlichen, engen Leben heraus und wollte mich an etwas binden, das groß und wesentlich war. Dieses Verlangen teilte ich mit unzähligen Altersgenossen."[6]

**5** | Armin Nolzen, Inklusion und Exklusion im „Dritten Reich". Das Beispiel der NSDAP, in: Frank Bajohr/Michael Wildt (Hrsg.), Volksgemeinschaft. Neue Forschungen zur Gesellschaft des Nationalsozialismus, Frankfurt am Main 2009, S. 60–77.
**6** | Melitta Maschmann, Fazit. Mein Weg in die Hitler-Jugend, München 1979, S. 9.

Die legendären Zeltlager, die in der Nachkriegserinnerung an die HJ einen so prominenten Raum einnahmen, dienten der Vorbereitung auf den Wehrdienst ebenso wie der Erziehung zur „Volksgemeinschaft". Auch bei den Mädchen war keineswegs das „Heimchen am Herd" das Erziehungsideal, sondern eine durchaus selbstbewusste Frau, die ihre Aufgaben in der „Volksgemeinschaft" eigentätig und selbstständig übernimmt. Zwar wurden Frauen keine gleichrangige gesellschaftliche Position zugebilligt; der Nationalsozialismus blieb eine strikt patriarchalische, männlich zentrierte Ordnung. Jedoch hat die steigende Zahl derjenigen Frauen, die in den zahlreichen NS-Verbänden verantwortungsvolle Aufgaben übernahmen, auch Eigenständigkeit gefördert – nicht zu vergessen all jene, vor allem junge Frauen, die in den besetzten Ostgebieten als engagierte Angehörige der Besatzungsverwaltung zu selbständig handelnden Täterinnen wurden.

Der Nationalsozialismus bot Möglichkeitsräume, nicht nur der Macht, als vielmehr auch der Gewalt. Nationalsozialistische Politik war von Anfang an stets gewalttätige Praxis: Antisemitismus der Tat. Durch Gewalt ließ sich zugleich die angestrebte „Volksgemeinschaft" sichtbar machen, indem durch politische Aktionen die Grenze zwischen „uns" und den „Volksfeinden" scharf und unüberbrückbar gezogen wurde. Antisemitismus konstituierte die nationalsozialistische „Volksgemeinschaft", er befeuerte auch deren Radikalität und Destruktionspotential.

In der politischen Praxis vor Ort hieß das zunächst, soziale Distanz herzustellen, jedwede Solidarität und Mitleid mit den Verfolgten zu stigmatisieren, um die jüdischen Nachbarn zu isolieren und für rechtlos, ja vogelfrei, zu erklären. So blieb der Boykott jüdischer Geschäfte keineswegs auf den 1. April 1933 beschränkt, sondern stellte gerade in der Provinz, in den kleinen Städten und Orten ein wirksames Aktionsfeld gegen die jüdischen Nachbarn dar. Mit dem Boykott ließen sich diverse Aktionsformen ausprobieren, von öffentlichen Plakaten und Transparenten über das Postenstehen direkt vor dem Laden, das bloße Auffordern von Kunden, das Geschäft nicht zu betreten, bis hin zu Beschimpfungen und Anwendung von Gewalt.

Neben den gewalttätigen Boykottaktionen nahmen im Sommer 1935 – also mehrere Monate vor den „Nürnberger Gesetzen", die im September erlassen wurden – ebenso Kampagnen zur Anprangerung von Liebesbeziehungen zwischen Juden und Nicht-Juden als „Rassenschande" zu. Überall im Reich wurden solche Beschuldigungen erhoben, die stets mit aggressiven öffentlichen Angriffen in Zeitungen und Flugblättern oder mit Demonstrationen einhergingen, bei denen die angeblichen „Rasseschänder" mit Gewalt durch die Stadt geführt wurden. Betrachtet man die Bilder von jenen Umzügen, die am hellichten Tag in aller Öffentlichkeit stattfanden, so fallen die Mengen auf, die solche Umzüge begleiten: Frauen, Kinder, Jugendliche laufen mit, lachen, verhöhnen, beschimpfen, bespucken die Opfer. Die Schaulustigen, Neugierigen und Passanten, wie auch immer ihre innere Einstellung zum Geschehen gewesen sein mag, stellten ein unverzichtbares Element dieser Aktionen dar, die in aller Öffentlichkeit stattfanden, um eben diese Öffentlichkeit fundamental zu verändern.[7]

In der kollektiven Gewalttat gegen Juden wurde die Ausgrenzung der „Anderen" auf brutale Weise exekutiert und zugleich bildete sich in der Aktion eine Gemeinschaft, die sich nicht durch Gesetze definierte, sondern sich erst durch die Tat schuf. Das NS-Regime vergemeinschaftete die Gewalt und ließ die „Volksgenossen" an ihr partizipieren. Jede Gewaltaktion durchbrach Grenzen und veränderte, indem sie geschehen konnte, ohne dass der Rechtsbruch geahndet wurde, die Ordnung, in der nun neue, veränderte Handlungsoptionen möglich wurden, die sich vorher nicht eröffnet hatten.

**7** | Vgl. dazu Michael Wildt, Volksgemeinschaft als Selbstermächtigung. Gewalt gegen Juden in der deutschen Provinz 1919 bis 1939, Hamburg 2007.

Der Krieg wiederum öffnete neue Galaxyträume, nicht nur gegen feindliche Kombattanten, als vielmehr vor allem gegen Zivilisten. Die Misshandlungen von polnischen Juden durch deutsche Soldaten im Herbst 1939 sind bekannt, nicht zuletzt durch die Memoiren von Marcel Reich-Ranicki. Im Vernichtungskrieg gegen die Sowjetunion gewährte der Kriegsgerichtsbarkeitserlass des OKW vom Mai 1941 den deutschen Tätern für Übergriffe, ja selbst für Verbrechen an Zivilisten, Straffreiheit.

Aber auch im Reich boten sich zahlreiche Gelegenheiten, die eigene Macht gegen die noch in Deutschland lebenden Juden auszuspielen, wie die Tagebuchnotizen von Victor Klemperer sowie viele andere Erinnerungsberichte zeigen. Die KZ-Häftlinge, die in den zerbombten deutschen Städten die gefährlichsten und abstoßendsten Arbeiten verrichten mussten, Bomben entschärfen, Leichen bergen, die Millionen von Zwangsarbeiterinnen und Zwangsarbeiter, die im Krieg in Industrie und Landwirtschaft eingesetzt wurden und in zahllosen Lagern unter unmenschlichen Bedingungen leben mussten – sie alle waren Übergriffen und Misshandlungen ausgesetzt. Wer von ihnen, insbesondere Polen und Russen, in den Verdacht geriet, eine Beziehung zu einer Deutschen zu haben, war des Todes und wurde öffentlich hingerichtet, die Frau in der Regel als „Volksverräterin" in aller Öffentlichkeit gedemütigt.

„Wer nicht arbeitet, soll auch nicht essen" – diese utilitaristische Maxime durchzieht das gesamte rassistische Denken. Arbeitsfähigkeit als Selektionskriterium entschied im Reich über die Berechtigung von Wohlfahrtsbezügen und in den Ghettos in den besetzten Gebieten über Leben und Tod. So genannte Ballastexistenzen, „überflüssige Esser" waren des Todes. Das erste große Massenverbrechen des NS-Regimes war der Mord an über zwei Millionen sowjetischen Kriegsgefangenen, die 1941 im rassistischen „Lebensraum"-Krieg von der Wehrmachtsführung bewusst Hunger und Seuchen überlassen wurden, damit die eingesparten Lebensmittel deutschen Soldaten zugute kommen konnten. „Der Krieg ist nur weiterzuführen", so formulierte eine Runde von Staatssekretären im Mai 1941, „wenn die gesamte Wehrmacht im 3. Kriegsjahr aus Russland ernährt wird. Hierbei werden zweifellos zig Millionen Menschen verhungern, wenn von uns das für uns Notwendige aus dem Lande herausgeholt wird."[8]

Der Krieg erodierte die „Volksgemeinschaft" jedoch zugleich. Hatte der SD, der Sicherheitsdienst der SS, im Frühjahr 1940 nach den ersten Bombenangriffen noch gemeldet, dass „keine ernsthafte Beunruhigung unter der Bevölkerung" zu bemerken sei, so erschütterten die fortwährenden, schweren Luftangriffe die Illusion vieler Deutscher, der Krieg würde zum Sieg führen und sie nicht berühren. Auch wenn die militärische Niederlage schon vorher besiegelt war, stellte die Kapitulation der 6. Armee in Stalingrad im Januar 1943 im Bewusstsein der Bevölkerung eine Wende dar.

Die kommunalen Behörden waren nach den Luftangriffen häufig überfordert, und so übernahm die NSDAP vielerorts die Initiative, organisierte Notverpflegung und Behelfsunterkünfte. Erneut profitierten viele „Volksgenossen" vom Judenmord, denn Möbel, Einrichtungsgegenstände und Kleidung der deportierten Juden Europas wurden nach Deutschland geschafft und dort von der NSV verteilt und in täglichen Auktionen zu Billigpreisen verkauft.

Zutritt zu den Luftschutzbunkern hatten nur die „Volksgenossen"; dagegen weder Juden noch Zwangsarbeiter. Wenn daher von hunderttausenden von Bombenopfern die Rede ist, darf nicht unerwähnt bleiben, dass sich darunter zahlreiche Franzosen, Italiener, Polen, Russen, Ukrainer, Jugoslawen und andere befanden.

---

[8] Aktennotiz über Ergebnis der heutigen Besprechung mit den Staatssekretären über Barbarossa, 2.5.1941, in: Der Prozess gegen die Hauptkriegsverbrecher vor dem Internationalen Militärgerichtshof, Nürnberg 1947, Bd. 31, S. 84 (2718-PS).

Über „Volksgemeinschaft" zu reden, heißt daher stets, über Inklusion wie Exklusion zu sprechen, über soziale Mobilisierung und Partizipation wie Selektion, über Teilhabe und Selbstermächtigung wie über Gewalt, Ausmerze und Mord. „Volksgemeinschaft" bedeutet rassistische Praxis, gleichzeitig einschließend wie ausschließend, vor allem im Alltag, bei den unzähligen „Volksgenossinnen" und „Volksgenossen", die sich bereitwillig engagierten, eine soziale wie politische Ordnung rassistischer Ungleichheit zu schaffen, die ihnen materiellen wie immateriellen Gewinn versprach, Machtzuwachs und Herrschaftsteilhabe.

Am Ende des NS-Regimes war von der „Volksgemeinschaft" nur eine „Trümmergesellschaft" übrig geblieben. Über 5 Millionen deutsche Soldaten waren getötet worden, der Luftkrieg hatte in Deutschland etwa 570.000 Todesopfer gefordert. Rund 15.000 Juden hatten in Deutschland überlebt, hunderttausende von Häftlingen hatten die alliierten Armeen aus den Konzentrationslagern befreit, Millionen von Menschen befanden sich auf der Flucht oder wurden vertrieben.

„Am Ende des Dritten Reiches und des von ihm inszenierten Weltkrieges", resümierte Detlev Peukert, „stand keineswegs die erträumte ‚Volksgemeinschaft'. Stattdessen lag eine Gesellschaft in Trümmern, nicht nur in ihrer zerbombten materiellen Substanz (die, wie sich in der Nachkriegszeit herausstellte, sogar überraschend gut gehalten hatte), sondern auch psychisch und moralisch und hinsichtlich ihrer sozialen Bindungen. Wenn das Dritte Reich ein Ergebnis gehabt hat, dann das einer gründlichen Zerstörung von öffentlichen Zusammenhängen und Verantwortlichkeiten, die Erschütterung sozialer Lebenswelten, selbst wo traditionelle Milieus in gewissem Ausmaß auch als Rückzugsfeld der Resistenz dienten."[9] Die Herrenvolksgewissheit war unwiederbringlich dahin, die mörderische Radikalität der „Volksgemeinschaft" durch die vollständige militärische Niederlage zerschlagen worden und die öffentlich gewordenen Massenverbrechen diskreditierten die vordem genossenen materiellen wie immateriellen Vorteile der „Volksgemeinschaft".

Dennoch fühlten sich noch viele in der „Volksgemeinschaft" zu Hause und glaubten sich in ihr vor den Zumutungen der Frage nach der Mitverantwortung sicher. Ohne rassistische Exklusion und gewalttätige Praxis konnte die „Volksgemeinschaft" nach 1945 wieder in den vornehmlich inkludierenden Modus zurückfallen, obwohl die zurückgekehrten Emigranten ebenso wie Sinti und Roma und andere Opfergruppen auch nach dem Krieg die harte Ausgrenzung zu spüren bekamen, zu der jene pazifizierte „Volksgemeinschaft" immer noch im Stande war. Aber nun war – wenn auch nur für den Westen, während im Osten die „Volksgemeinschaft" nahtlos in eine neue Diktatur mündete – zugleich der Weg frei für ihre Vergesellschaftung, das heißt für ihre Transformation in eine liberale Konsum- und Marktgesellschaft, die durch stabile rechtsstaatliche Strukturen gesichert war und in der sich schließlich auch Demokratie entfalten konnte.

**9** | Detlev Peukert, Volksgenossen und Gemeinschaftsfremde. Anpassung, Ausmerze und Aufbegehren unter dem Nationalsozialismus, Köln 1982, S. 286f.

Johannes Tuchel
**Radikalisierung und Formen des nationalsozialistischen Terrors in Berlin**

In Berlin lassen sich drei Phasen des nationalsozialistischen Terrors erkennen: Die erste Phase war der massive Straßenterror, der den politischen Gegner einschüchtern sollte und ein wesentliches Element der nationalsozialistischen Machteroberungsstrategie darstellte. Sie begann, als Joseph Goebbels 1926 Gauleiter der NSDAP in Berlin-Brandenburg wurde. Ab 1928 errichtete die Sturmabteilung (SA) der NSDAP eine Vielzahl von „Sturmlokalen", die den räumlichen Anspruch der Nationalsozialisten in den einzelnen Wohnquartieren demonstrativ ergänzte. Vor allem im Jahr 1932 wurden massiv Gewalt und Terror gegen den politischen Gegner in Saalschlachten, auf Demonstrationen und Kundgebungen eingesetzt. Sie sollten als Instrumente der Machteroberung dienen.

Unmittelbar nach dem Machtantritt Hitlers Ende Januar 1933 begann eine zweite Phase: Die umfassende Verfolgung politischer Gegner, bei der SA, SS und der deutschnationale Stahlhelm durch den kommissarischen preußischen Innenminister Hermann Göring Hilfspolizeibefugnisse erhielten und so nach außen hin als legale Vertreter der Staatsautorität erschienen. Es handelte sich nicht mehr um die Auseinandersetzung zwischen politischen Parteien, sondern die SA hatte sich eine scheinbare Legitimität und Legalität gesichert. Hilfspolizei, politische Polizei, die entstehende Geheime Staatspolizei, die Schutzpolizei und die „Polizeigruppe Wecke" durchkämmten seit März 1933 systematisch die Berliner Wohnquartiere, nahmen politische Gegner fest, prügelten und folterten diese in den „SA-Sturmlokalen" oder -heimen und in oft nur einige Wochen existierenden Behelfsgefängnissen und „frühen" Konzentrationslagern. Gewalt und Terror dienten einer möglichst schnellen und umfassenden Stabilisierung der nationalsozialistischen Herrschaft.

Schon nach wenigen Monaten war dieses Ziel erreicht und die Formen der offenen Gewalt konnten in der dritten Phase durch die Systematisierung des Terrors und durch die „Legalisierung" des Unrechts abgelöst werden. Geheime Staatspolizei, Kriminalpolizei und Justiz wurden die neuen Instrumente der Verfolgung des politischen Gegners; zentralisierte Konzentrationslager wurden zu etablierten Einrichtungen unter Aufsicht der Gestapo. Eigens errichtete „Sondergerichte", ab 1934 der „Volksgerichtshof" gehörten zu den Werkzeugen der neuen Form des Terrors. Die Gerichte konnten sich einer Vielzahl neuer Normen bedienen, die im Lauf der Zeit sowohl alle Formen politischer Gegnerschaft als auch sozial abweichenden Verhaltens kriminalisierten. Seit 1939 schließlich wurde der nationalsozialistische Terror von Berlin aus über Deutschland hinaus auf ganz Europa ausgeweitet. Im Folgenden soll vor allem überblicksartig und längst nicht mit dem Anspruch auf Vollständigkeit auf die Formen und die Radikalisierung des Terrors in Berlin bis zur Etablierung der nationalsozialistischen Herrschaft eingegangen werden.

## I.

Die nationalsozialistische Strategie des umfassenden Einsatzes von Gewalt war von Hitler bereits in „Mein Kampf" formuliert worden: „Was wir brauchten und brauchen, waren und sind nicht hundert oder zweihundert verwegene Verschwörer, sondern hunderttausend fanatische Kämpfer für unsere Weltanschauung. Nicht in geheimen Konventikeln soll gearbeitet werden, sondern in gewaltigen Massenaufzügen, und nicht durch Dolch und Gift oder Pistole kann der Bewegung die Bahn frei gemacht werden, sondern durch die Eroberung der Straße. Wir haben dem Marxisten beizubringen, dass der künftige Herr der Straße der Nationalsozialismus ist, genau so, wie er einst der Herr des Staates sein wird."[1]

Dies wurde auch zur Maxime des neuen NSDAP-Gauleiters von Berlin Joseph Goebbels, der nach anfänglichem Sträuben seine Aufgabe zum 9. November 1926 übernahm.[2] Er musste nicht nur eine bis dahin unbedeutende und zerstrittene Partei in der Reichshauptstadt reorganisieren, sondern sie überhaupt erst einmal zu einem politischen Faktor entwickeln.[3] Dies unternahm Goebbels mit einer Mischung aus Provokationen, Demonstrationen und Gewalttaten. Zentrales Instrument war für ihn die NSDAP-Parteiarmee „Schutzabteilung" (SA), für die Martin Schuster zu Recht feststellt: „Gewalt war das Propagandamittel der SA schlechthin."[4] Die SA sollte im Auftrag von Goebbels den politischen Raum der Straße erobern, den Gegner einschüchtern und zugleich die Stärke – und damit die Attraktivität – der NSDAP demonstrieren.[5] Die eigene zahlenmäßige Schwäche konnte mit diesem Auftreten ebenfalls überspielt werden.

Die neue Strategie führte schon nach kurzer Zeit in den ersten Monaten des Jahres 1927 zu schweren Gewalttaten. Nachdem Goebbels bereits am 25. November 1926 mit 250 SA-Männern durch das „Rote Neukölln" marschiert war, kam es im Anschluss an eine Versammlung in den Spandauer Seitz-Festsälen am 27. Januar 1927 zu einer heftigen Auseinandersetzung zwischen Nationalsozialisten und Kommunisten.[6] Hier wurde erstmals ein Muster erprobt, das in den folgenden Jahren zum Standard wurde: Die NSDAP führte eine Versammlung durch, ein oder mehrere Redner provozierten den politischen Gegner, es kam zu Saalschlachten oder zu Gewalttaten auf der Straße vor dem Versammlungslokal. So war der NSDAP nicht nur die Aufmerksamkeit der Polizei, sondern auch die der Presse sicher. Nur wenige Tage später, am 30. Januar 1927, kam es in Cottbus zu einer schweren Auseinandersetzung mit der Polizei. Der Berliner SA-Führer Horst Wessel notierte in seinem Tagebuch: „Nachdem wir in Kottbus 6 Schutzleute krankenhausreif geschlagen hatten, in Pasewalk einen zusammengeschossen und mehrere verwundet hatten, wurde die Polizei gegen uns mobil gemacht."[7] Die Berliner SA setzte ihre Gewalt nicht nur gegen die Staatsmacht ein, sondern auch gegen den politischen Gegner. Dies zeigte sich am 11. Februar 1927, als Goebbels eine Veranstaltung in den Weddinger Pharus-Sälen, einer traditionsreichen Stätte der Berliner Arbeiterbewegung, abhielt. Als KPD-Mitglieder und Angehörige des Roten Frontkämpferbundes (RFB) die Veranstaltung stören wollten, prügelte die SA sie auf brutalste Weise hinaus.

Am 20. Januar 1927 stiegen in Trebbin rund 250 SA-Männer in einen Zug, in dem sich bereits eine Schalmeienkapelle des RFB aufhielt. Schon auf dem Bahnhof in Trebbin versuchten die SA-Männer den Wagen der Kommunisten zu stürmen und bewarfen ihn mit Schottersteinen. Als der Zug den Bahnhof Berlin Lichterfelde-Ost erreichte, versuchte die SA erneut den Sturm auf den Wagen, der jetzt auch beschossen wurde. Erst nach über einer Stunde gelang es zwei Hundertschaften der Schutzpolizei, die Situation zu beruhigen. Sowohl bei den Nationalsozialisten als auch bei den Kommunisten gab es Schwerverletzte.[8] Doch erst, nachdem bei einer Rede von Goebbels am 4. Mai 1927 ein

**1** | Adolf Hitler, Mein Kampf, zit. n. der Ausgabe München 1938, S. 608.

**2** | Zum Folgenden vgl. u.a. Sven Felix Kellerhoff, Hitlers Berlin. Geschichte einer Hassliebe, Berlin 2005, S. 45ff. mit vielen weiterführenden Überlegungen; Bernd Kruppa, Rechtsradikalismus in Berlin 1918–1928, Berlin/New York 1988, S. 327ff.; Hans-Norbert Burkert/Klaus Matußek/Wolfgang Wippermann, „Machtergreifung" Berlin 1933, Berlin 1982; Gerhard Neuber, Faschismus in Berlin. Entwicklung und Wirken der NSDAP und ihrer Organisationen in der Reichshauptstadt 1920–1934, Diss. Phil. Humboldt-Universität zu Berlin, Berlin (Ost) 1976 sowie als mit besonderer Vorsicht zu betrachtende Quelle: Joseph Goebbels, Die Tagebücher von Joseph Goebbels. Sämtliche Fragmente. Teil I: Aufzeichnungen 1924–1941, Bd. 1, hrsg. von Elke Fröhlich i. A. des Instituts für Zeitgeschichte und in Verbindung mit dem Bundesarchiv, München u.a. 1987.

**3** | Vgl. dazu immer noch: Martin Broszat, Die Anfänge der Berliner NSDAP 1926/27, in: Vierteljahrshefte für Zeitgeschichte 8 (1960), S. 85ff.

**4** | Martin Schuster, Die SA in der nationalsozialistischen „Machtergreifung" in Berlin und Brandenburg 1926–1934, Diss. Phil. Technische Universität Berlin, Berlin 2005.

**5** | Als bezirkliche Regionalstudien vgl. Oliver Reschke, Der Kampf um die Macht in einem Berliner Arbeiterbezirk. Nationalsozialisten am Prenzlauer Berg 1925–1933, Berlin 2008 sowie Ders., Der Kampf der Nationalsozialisten um den roten Friedrichshain (1925–1933), Berlin 2004.

**6** | Vgl. ausführlich Oliver C. Gliech, Die Spandauer SA 1926 bis 1933. Eine Studie zur nationalsozialistischen Gewalt in einem Berliner Bezirk, in: Wolfgang Ribbe (Hrsg.), Berlin-Forschungen III, Berlin 1988, S. 106ff., hier S. 129ff.

**7** | Zit. nach Thomas Oertel, Horst Wessel, Untersuchung einer Legende, Köln u.a. 1988, S. 54.

**8** | Vgl. Broszat, Anfänge (wie Anm. 3), S. 115ff. sowie Kellerhoff, Hitlers Berlin (wie Anm. 2), S. 52ff.

Pfarrer von der SA schwer verletzt wurde, erfolgte am Tag darauf ein Verbot der Berliner NSDAP und SA, das bis April 1928 Bestand haben sollte. Kurz danach, bei den Reichs- und Landtagswahlen am 20. Mai 1928, erreichte die NSDAP nur 1,6 % der Stimmen.[9]

Nach der Aufhebung des SA-Verbots im April 1928 änderte sich die Form der Gewalt. Sie richtete sich nicht mehr gegen Polizeikräfte, sondern fast immer nur gegen den politischen Gegner. Nicht mehr nur provokante gewalttätige Großaktionen, die ein neues Verbot hätten rechtfertigen können, standen im Vordergrund, sondern die SA versuchte sich in den einzelnen Stadtteilen lokal zu etablieren. Das Instrument hierzu wurde das „SA-Sturmlokal" oder das „SA-Heim". Diese waren zumeist einfache Gaststätten oder Ladenwohnungen, von der offiziösen Geschichte der Berlin-Brandenburger SA später so glorifiziert: „Sturmlokal, das ist einmal sozusagen die befestigte Stellung in der Kampfzone. Es ist der Abschnitt in der Front, der Ruhe und Sicherheit vor dem Gegner gewährt, Erholung und Stärkung nach anstrengendem Dienst … So wird das Sturmlokal zum eisernen moralischen und materiellen Wall gegen Kommune und Reaktion. So rückt es auch in die vorderste Kampflinie. So beginnt der Kampf um die Sturmlokale, die Überfälle auf sie, die Versuche, sie zu stürmen und auszuheben, gleichwertig den Saal- und Straßenschlachten zur Seite zu stellen."[10] Auch wenn hier kontrafaktisch ein defensiver Charakter der „Sturmlokale" behauptet wird, kann ihre Bedeutung für die Machtetablierung in Berlin nicht überschätzt werden. Ende 1928 gab es bereits über 20, Ende 1932 mehr als 80 größere Sturmlokale, deren Zahl sich nach dem Januar 1933 noch erhöhen sollte. Ihre zahlenmäßige Zunahme bedeutete auch, dass der öffentliche Raum nicht nur kurzzeitig während großer Demonstrationen beansprucht wurde, sondern die „Sturmlokale" – vor allem auch in den eher proletarischen „Kiezen" Berlins – einen permanenten NS-Machtanspruch vor Ort demonstrierten.

Gleichzeitig setzte die NSDAP auf neue Propagandainstrumente, etwa auf die Zeitung „Der Angriff" und auf eine hemmungslose Kampagne gegen den Berliner Polizeivizepräsidenten Bernhard Weiß.[11] Die Führung der Berliner NSDAP, vor allem Gauleiter Joseph Goebbels, war sich der steten Gefahr eines Verbots bewusst und musste aus diesem Grund mehrfach radikalere Berliner SA-Führer bremsen. Am 16. Januar 1929 notierte er nach einer Diskussion mit Horst Wessel in sein Tagebuch: „Ich sitze in der Zwickmühle. Werden wir in Berlin aktivistisch, dann schlagen unsre Leute alles kurz und klein. Und dann wird Isidor [Polizeivizepräsident Bernhard Weiß, d.V.] uns lächelnd verbieten. Wir müssen vorläufig Macht sammeln."[12] „Macht sammeln" – dies hieß auch, die Zahl der SA-Männer zu erhöhen, diese paramilitärisch auszubilden und Vorbereitungen für einen Umsturz zu planen.

Goebbels musste lavieren. Er setzte auf Gewalt, Straßenterror und Antisemitismus. Aber es durfte nicht so offensichtlich sein, dass ein neues Parteienverbot folgen könnte. Nach dem Tod des sehr aktiven SA-Führers Horst Wessel im Februar 1930 stilisierte Goebbels diesen zum „Märtyrer der Bewegung" und baute den neuen Mythos umfassend in seine Propaganda ein.[13] Immer wieder kam es 1931/32 in Berlin zu blutigen Saal- und Straßenschlachten, zu vielfältigen Gewalttaten zwischen den Nationalsozialisten und ihren politischen Gegnern. Zu schweren, von Goebbels und dem SA-Führer Wolf-Heinrich Graf von Helldorff geplanten antisemitischen Krawallen kam es am 12. September 1931 auf dem Kurfürstendamm. Mehr als 500 SA-Männer zogen brüllend und schlagend umher: „Juda, verrecke", „Schlagt die Juden tot!". Passanten und Synagogenbesucher wurden angegriffen und verprügelt, ein Café auf dem Kurfürstendamm gestürmt. Die Täter wurden kurz darauf in Schnellverfahren verurteilt; einige „Sturmlokale" zeitweilig geschlossen.[14] Diese sorgfältig vorbereitete Aktion machte deutlich, wie hoch das gewalttätige Potential des nationalsozialistischen Antisemitismus sein konnte.

**9** | Zur Analyse der Wahlergebnisse in den letzten Jahren der Weimarer Republik vgl. das Kapitel „Berlin als Wahlhochburg sozialistisch orientierter Arbeiterparteien", in: Hans-Rainer Sandvoß, Die „andere" Reichshauptstadt, Berlin 2007, S. 42ff.
**10** | Julek Karl von Engelbrechten, Eine braune Armee entsteht. Die Geschichte der Berlin-Brandenburger SA, München 1940, S. 89; Vgl. zur Lage vieler Sturmlokale auch Ders./Hans Volz, Wir wandern durch das nationalsozialistische Berlin. Ein Führer durch die Gedenkstätten des Kampfes um die Reichshauptstadt, München 1937.
**11** | Vgl. Dietz Bering, Von der Notwendigkeit politischer Beleidigungsprozesse. Der Beginn der Auseinandersetzungen zwischen Polizeivizepräsident Bernhard Weiß und der NSDAP, in: Berlin in Geschichte und Gegenwart. Jahrbuch des Landesarchivs Berlin 1983, Berlin 1983, S. 87ff.
**12** | Goebbels, Tagebücher (wie Anm. 2), S. 318.
**13** | Vgl. Oertel, Horst Wessel (wie Anm. 7).
**14** | Vgl. Cornelia Hecht, Deutsche Juden und Antisemitismus in der Weimarer Republik, Bonn 2003, S. 236ff.

Im April 1932 wurde die SA erneut verboten, allerdings nur für die Zeit bis zum 14. Juni 1932. Doch sie hatte bereits eine derartige Größe und feste Organisationsstruktur erreicht, dass dieses Verbot nicht mehr existenzgefährdend sein konnte. Im Gegenteil, nach den Reichstagswahlen vom 31. Juli 1932, bei denen die NSDAP im gesamten Reich 37,2 % der Stimmen und 230 Mandate erhielt, befasste sich der Berliner SA-Führer Graf Helldorff konkret mit Putschvorbereitungen in Berlin.[15] Mehrfach wurde die SA im Sommer 1932 in „Alarmbereitschaft" versetzt, ganz offensichtlich auch, um den politischen Druck auf den Reichspräsidenten zu erhöhen, einer nationalsozialistischen Regierungsbeteiligung zuzustimmen.[16] Tatsächlich hatte im Juli 1932 die SA im gesamten Reich bereits eine Stärke von 425.395 Mann, eine Parteiarmee, auf die Hitler bauen konnte.[17]

Gerade im Wahlkampf im Sommer 1932 setzte die NSDAP immer stärker auf den Straßenterror.[18] Die „Vossische Zeitung" vom 28. Juni 1932 berichtete unter der Überschrift „Legale SA" – eine Anspielung darauf, dass die Aufhebung des SA-Verbots gerade sechs Wochen her war – über drei von Nationalsozialisten in Neukölln und Steglitz angeschossene Arbeiter, einen Überfall von uniformierten Nationalsozialisten auf Reichsbannermänner in Steglitz, einen von Nationalsozialisten niedergestochenen Monteur im selben Bezirk, über Schüsse eines SA-Mannes auf politische Gegner in Siemensstadt, drei durch Nationalsozialisten verletzte Kommunisten im Bäkepark und schließlich über die Festnahme von fünf bewaffneten Nationalsozialisten in der Steglitzer Schlossstraße.[19] Und dies war nur ein Tag im Sommer 1932.

Auch das preußische Justizministerium musste im August 1932 feststellen, wie stark die politische Gewalt zugenommen hatte. Insgesamt hatte es zwischen September 1930 und Juli 1932 153 Strafverfahren wegen „politischer Verbrechen gegen das Leben" gegeben, bis Ende 1930 16, im Jahr 1931 48, von Januar bis Mitte Juni 1932 etwa 40, und zwischen Mitte Juni und Ende Juli 1932 etwa 50 Verfahren. Die Zahl der Verfahren des Jahres 1931 war so in sechs Wochen Mitte 1932 bereits übertroffen.[20] Für die letzten zehn Tage vor der Reichstagswahl wurden allein in Preußen 24 Tote und 285 Verletzte bei politischen Ausschreitungen gezählt, darunter allein beim „Altonaer Blutsonntag" am 17. Juli 1932 mindestens 18 Todesopfer und 21 Schwerverletzte. Diese Ereignisse führten am 20. Juli 1932 dazu, dass Reichskanzler Franz von Papen mit Zustimmung des Reichspräsidenten die geschäftsführende preußische Regierung unter Otto Braun ihres Amtes enthob. Dieser „Preußenschlag" enthob auch den preußischen Innenminister Carl Severing, den Berliner Polizeipräsidenten Albert Grzesinski, seinen Stellvertreter, den von Goebbels gehassten und diffamierten Bernhard Weiß, und den Kommandeur der Schutzpolizei Heimannsberg ihrer Ämter. Damit waren die demokratischen Kräfte in Preußen entscheidend geschwächt.[21]

Die Gewalt auf der Straße sollte so zwischen 1928 und 1932 für die Nationalsozialisten den Raum ihrer eigenen Agitation erweitern und die Aktivitäten der anderen Parteien auch optisch in den Hintergrund treten lassen. Neue Anhänger sollten geworben, politische Gegner eingeschüchtert werden. Zugleich sollte das politische System der Weimarer Republik als schwach und unfähig erscheinen. Der Nationalsozialismus wollte sich selbst als Retter aus dem politischen Chaos anbieten.

Doch trotz aller Legalitätsstrategien, die Hitler seit 1930 verfolgte, gehörten Gewalt und Terror immer in sein politisches Kalkül. Am 10. August 1932 trampelten im oberschlesischen Dorf Potempa fünf SA-Männer einen Arbeiter bestialisch zu Tode. Unter der neuen Notverordnung gegen politische Gewalttaten wurden sie daraufhin zum Tode verurteilt. Hitler sandte den Mördern ein Telegramm, in dem es hieß: „Meine Kameraden! Angesichts dieses ungeheuerlichen Bluturteils fühle ich mich mit Euch in unbegrenzter

---

**15** | Vgl. Ted Harrison, „Alter Kämpfer" im Widerstand. Graf Helldorff, die NS-Bewegung und die Opposition gegen Hitler, in: Vierteljahrshefte für Zeitgeschichte 45 (1997), H. 3, S. 385ff., hier S. 393.

**16** | Vgl. Schuster, Die SA (wie Anm. 4), S. 224f.

**17** | Bundesarchiv, NS 23/337, Schreiben des Führungsamtes der SA vom 3. September 1935 über die Entwicklung der SA.

**18** | Vgl. dazu allgemein: Diethard Kerbs/Henrik Stahr (Hrsg.), Berlin 1932. Das letzte Jahr der ersten deutschen Republik. Politik, Symbole, Medien, Berlin 1992.

**19** | Vgl. Vossische Zeitung Nr. 308, Abend-Ausgabe vom 28. Juni 1932.

**20** | Vgl. Geheimes Staatsarchiv Preußischer Kulturbesitz, Rep. 84 a/11770, Vermerk vom 5. August 1932.

**21** | Grundlegend dazu immer noch Karl Dietrich Bracher, Die Auflösung der Weimarer Republik. Eine Studie zum Problem des Machtverfalls in der Demokratie, Düsseldorf 1984 sowie Hans-Peter Ehni, Bollwerk Preußen? Preußen-Regierung, Reich-Länder-Problem und Sozialdemokratie 1928–1932, Bonn-Bad Godesberg 1975.

Treue verbunden. Eure Freiheit ist von diesem Augenblick an eine Frage unserer Ehre. Der Kampf gegen eine Regierung, unter der dieses möglich war, unsere Pflicht!"[22] Mit der so ausgelösten Kampagne konnte Hitler nicht nur überspielen, dass die Gespräche über eine nationalsozialistische Regierungsbeteiligung im Sommer 1932 scheiterten, sondern auch unter der Berufung auf verstärkten Gewalteinsatz die folgende Krise in der Partei auffangen. Die Nationalsozialisten drängten im wahrsten Sinne des Wortes mit aller Gewalt an die Macht.

## II.

Die Ernennung Hitlers zum Reichskanzler am 30. Januar 1933 sollte den Einsatz und den Charakter des von den Nationalsozialisten ausgeübten Terrors grundlegend verändern. Gewalt musste nun nicht mehr im Rahmen der Propaganda oder im Rahmen der Parteistabilisierung eingesetzt werden, sondern sollte die neue Herrschaft schnell und möglichst endgültig absichern. Der Reichstag wurde aufgelöst, Neuwahlen für den 5. März 1933 angesetzt. Doch dieser Wahlkampf unterschied sich von allen bisherigen Wahlkämpfen. Mit Hilfe einer Notverordnung Hindenburgs „zum Schutze des deutschen Volkes" vom 4. Februar 1933 konnten Versammlungen, Demonstrationen und Zeitungen politischer Organisationen verboten werden.[23]

War die Phase des gewalttätigen Straßenterrors der SA bis 1933 vor allem mit dem Namen des Berliner NSDAP-Gauleiters Joseph Goebbels verbunden, so steht für die Zeit ab Februar 1933 und der gewalttätigen Herrschaftssicherung untrennbar der Name des führenden NS-Politikers Hermann Göring, seit dem 30. Januar 1933 kommissarischer preußischer Innenminister. In dieser Position unterstand ihm die größte und schlagkräftigste Polizeitruppe des Deutschen Reiches. Er konnte nicht nur mit Hilfe der Verordnung vom 4. Februar 1933 die Kundgebungen und Zeitungen der übrigen Parteien verbieten, sondern er sorgte auch sehr schnell dafür, dass die politische Auseinandersetzung ihren Charakter grundlegend veränderte: Aus dem bürgerkriegsähnlichen Kampf zwischen NSDAP und KPD wurde die Auseinandersetzung der neuen Regierung – und damit des Staates – mit ihren Gegnern.

Göring machte dies sowohl in einer Reihe gewalttätiger Reden als auch mit administrativen Maßnahmen deutlich. Seit dem 15. Februar 1933 konnten SA, SS und Stahlhelm einfach Waffenscheine und Waffen erwerben, angeblich zum „Schutz der Unterkünfte nationaler Organisationen gegen Überfälle". Am 17. Februar 1933 ordnete Göring zur „Förderung der nationalen Bewegung" an: „Polizeibeamte, die in Ausübung dieser Pflichten von der Schusswaffe Gebrauch machen, werden ohne Rücksicht auf die Folgen dieses Schusswaffengebrauchs von mir gedeckt; wer hingegen in falscher Rücksichtnahme versagt, hat dienststrafrechtliche Folgen zu gewärtigen."[24] Bedeutsamer war noch die Etablierung einer 50.000 Mann starken „Hilfspolizei" aus 50 % SA, 30 % SS und 20 % Stahlhelm, die ab dem 22. Februar aufgestellt wurde. Der Terror dieser staatlich legitimierten Hilfspolizei war für die nationalsozialistische Herrschaftsetablierung in den nächsten Monaten von elementarer Bedeutung.

Was Hermann Göring von ihr erwartete, machte er mehrfach deutlich. So erklärte er am 3. März 1933 in Frankfurt am Main: „Volksgenossen, meine Maßnahmen werden nicht angekränkelt sein durch irgendwelche juristischen Bedenken. Meine Maßnahmen werden nicht angekränkelt sein durch irgendeine Bürokratie. Hier habe ich keine Gerechtigkeit zu üben, hier habe ich nur zu vernichten und auszurotten, weiter nichts. Dieser Kampf, Volksgenossen, wird ein Kampf gegen das Chaos sein, und solch einen Kampf führe ich nicht mit polizeilichen Machtmitteln. Dies mag ein bürgerlicher Staat getan haben. Gewiss, ich werde die staatlichen und polizeilichen Machtmittel bis zum

---

**22** | Zit. n. Paul Kluke, Der Fall Potempa, in: Vierteljahrshefte für Zeitgeschichte 5 (1957), S. 283.
**23** | Reichsgesetzblatt 1933, Teil I, S. 35.
**24** | Ministerialblatt für die innere Verwaltung 1933, Spalte 169.

äußersten dazu benutzen, meine Herren Kommunisten, damit Sie hier nicht falsche Schlüsse ziehen, aber den Todeskampf, in dem ich Euch die Faust in den Nacken setze, führe ich mit denen da unten, das sind die Braunhemden."[25]

Der nationalsozialistische Terror im Februar 1933 richtete sich damit in erster Linie gegen die demokratischen Parteien und die KPD. Versammlungen, Demonstrationen und Zeitungen wurden unter nichtigsten Vorwänden verboten. Wenn es doch zu Wahlkampfkundgebungen kam, wurden diese von den Nationalsozialisten gewalttätig behindert und gestört. Doch insgesamt war der Februar 1933 trotz einer Vielzahl von Verletzten und Todesopfern während des Wahlkampfs noch eine Vorphase des neuen, staatlich legitimierten Terrors. Die tatsächliche Welle der Verfolgung setzte mit dem Brand des deutschen Reichstages am 27. Februar 1933 ein.[26] Bereits an der Brandstelle verständigten sich Hitler, Göring und andere NS-Führer über erste Maßnahmen gegen den angeblichen „kommunistischen Aufstand". Kurz nach 23 Uhr erfolgte die Weisung, alle Mitglieder des ZK der KPD zu verhaften, bald danach gab es den Befehl zur Festnahme aller kommunistischen Funktionäre und Mandatsträger und zur Beschlagnahme sämtlicher kommunistischer Flugblätter.[27]

Bereits am nächsten Tag unterzeichnete Reichspräsident Paul von Hindenburg eine vom nationalsozialistischen Reichsinnenminister Wilhelm Frick ausgearbeitete „Verordnung zum Schutz von Volk und Staat", die fast alle Grundrechte der Weimarer Verfassung von 1919 außer Kraft setzte und zur Grundlage des legalisierten Terrors der nationalsozialistischen Verfolgungsorgane werden sollte.[28] Die Nationalsozialisten selbst sahen später in dieser Verordnung mehr als nur eine einfache Norm: „Für die ‚Polizei' war die Verordnung zum Schutz von Volk und Staat vom 28.2.1933 nicht eine ‚Rechtsgrundlage', d. h. eine Regelung ihrer Aufgaben und ihrer Tätigkeit, sondern nur die Bestätigung, dass die von ihr bereits in Angriff genommenen Aufgaben im Einklang mit dem rechtssetzenden Willen der obersten Führung des Reiches standen."[29] Am 28. Februar und 1. März 1933 wurden allein in Berlin mehr als 260 Menschen festgenommen, bis zum 5. März waren es vermutlich mehr als 600. Insgesamt wurden im März 1933 mindestens 2.000, im April 1933 mindestens 1.200 Personen festgenommen.[30] Hinzu kommt eine unbekannte Anzahl von Menschen, die von der SA verschleppt wurden.

Jene SA-Sturmlokale, die seit 1930 in vielen Teilen Berlins die lokale Präsenz der NSDAP sicherten, wurden jetzt vielfach für mehrere Wochen oder Monate zu Haft- und Folterstätten.[31] Mittlerweile sind in Berlin mehr als 170 derartige Orte bekannt.[32] Aus elf von ihnen entwickelten sich „frühe" Konzentrationslager, die zum Teil über mehrere Monate hinweg Bestand hatten. Dazu gehörten u.a. die „Blutburg" in der Friedrichstraße 234, der „Universum-Ausstellungspark" im Stadtzentrum, das „Maikowski-Haus" in Charlottenburg, das Konzentrationslager am Wasserturm Prenzlauer Berg, das SA-Sturmlokal „Demuth" und das Amtsgerichtsgefängnis in Köpenick, zwei Haftstätten in der Hedemannstraße als zentrale Lager für das östliche Berlin und das Konzentrationslager General-Pape-Straße als zentrales Konzentrationslager für das westliche Berlin.[33] Die meisten dieser Lager wurden noch in der ersten Jahreshälfte 1933 wieder aufgelöst.

Längere Zeit bestand das Konzentrationslager Columbia-Haus in Berlin-Tempelhof. Die ehemalige Militärarrestanstalt wurde seit Juli 1933 als Haftort der SS in engem Kontakt mit dem Geheimen Staatspolizeiamt genutzt. Bis November 1936 waren hier mehr als 8.000 Gefangene inhaftiert. Als der Flughafen Tempelhof vergrößert wurde, wurde das Gebäude abgerissen, die Häftlinge in das KZ Sachsenhausen bei Oranienburg gebracht.[34]

**25** | Vgl. Vossische Zeitung, Morgen-Ausgabe vom 4. März 1933.
**26** | Zu den Tatumständen des Reichstagsbrandes vgl. zusammenfassend jetzt Sven Felix Kellerhoff, Der Reichstagsbrand. Die Karriere eines Kriminalfalles, Berlin 2008.
**27** | Vgl. dazu und zum Folgenden Johannes Tuchel, Konzentrationslager. Organisationsgeschichte und Funktion der „Inspektion der Konzentrationslager" 1934–1938, Boppard 1991, S. 96ff.
**28** | Reichsgesetzblatt 1933, Teil I, S. 83.
**29** | Werner Best, Die deutsche Polizei, Darmstadt 1941, S. 24.
**30** | Vgl. zu den Zahlen Tuchel, Konzentrationslager (wie Anm. 27), S. 99.
**31** | Zu den frühen Lagern und SA-Folterstätten in Berlin vgl. Helmut Bräutigam/Oliver C. Gliech, Nationalsozialistische Zwangslager in Berlin I: Die „wilden" Konzentrationslager und Folterkeller 1933/34, in: Wolfgang Ribbe (Hrsg.), Berlin Forschungen II, Einzelveröffentlichungen der Historischen Kommission zu Berlin, Bd. 61, Berlin 1987, S. 141ff., die allerdings wieder den Begriff „wilde" Konzentrationslager benutzen.
**32** | Vgl. Irene Mayer-von Götz, Terror im Zentrum der Macht. Die frühen Konzentrationslager in Berlin 1933/34–1936, Berlin 2008, S. 56 sowie die Artikel in Wolfgang Benz/Barbara Distel (Hrsg.), Der Ort des Terrors, Geschichte der nationalsozialistischen Konzentrationslager, Bd. 2, München 2005, S. 39–64.
**33** | Ich folge hier Mayer-von Götz, Terror (wie Anm. 32), S. 62ff.
**34** | Ausführlich: Kurt Schilde/Johannes Tuchel, Columbia-Haus. Berlin 1933–1936, Berlin 1990.

Systematisch kämmte die SA-Hilfspolizei gemeinsam mit der „Landespolizeigruppe Wecke" im Frühjahr 1933 die Berliner Wohnquartiere durch. Straße um Straße, Laubenkolonie um Laubenkolonie, Haus um Haus wurden durchsucht. Wer als Sozialdemokrat, Kommunist oder Gewerkschafter erkannt wurde, wurde mitgenommen, verprügelt und für kürzere oder längere Zeit in Haft genommen. Wie viele tausend Menschen in Berlin von diesem alltäglichen Terror betroffen waren, lässt sich heute nicht mehr rekonstruieren. Haftstätten und Konzentrationslager wurden so zu einem wirksamen nationalsozialistischen Herrschaftsinstrument. Die Haft veränderte den Gefangenen grundlegend. Doch auch nach der Haftentlassung wusste er um die Gewalt, die ihn erwartete, sollte er sich dem NS-System noch einmal entgegenstellen. Auch konnte er nur schwer mit Gleichgesinnten wieder Verbindung aufnehmen, da er nicht wusste, ob und wie intensiv er überwacht wurde. Für die übrige Bevölkerung war der ehemalige Häftling eine stete Mahnung, wenn er kahlrasiert und zerschlagen aus der Haft entlassen worden war.[35]

Neben dem offenen Terror von SA-Hilfspolizei und „Landespolizeigruppe Wecke" stand im Frühjahr 1933 der Aufbau einer schlagkräftigen, politischen Polizei, der Geheimen Staatspolizei, die Hermann Göring direkt unterstellt war. Die Gestapo, seit Mai 1933 in der Prinz-Albrecht-Straße 8, sollte nicht nur die bereits bekannten politischen Gegner verfolgen, sondern auch präventiv und überwachend tätig werden.[36] Dazu waren die Schlägertrupps der SA nicht in der Lage.

## III.

Die nationalsozialistische Herrschaft hatte sich im Sommer 1933 in Deutschland etabliert. Nachdem Hermann Göring bereits im Mai 1933 den „Sieg der nationalen Revolution" verkündet hatte, sprach Adolf Hitler selbst im Juli 1933 vom „Abschluss der Revolution" und forderte: „Man muss den freigewordenen Strom der Revolution in das sichere Bett der Evolution hinüberleiten."[37] Festnahmen der Hilfspolizei sollten jetzt nur noch in Zusammenarbeit mit „Beamten der ordentlichen Polizei" möglich sein.[38] Insgesamt ist davon auszugehen, dass in Preußen zwischen März und Ende Juni 1933 bis zu 30.000 Menschen Opfer polizeilicher Maßnahmen wurden und für kürzere oder längere Zeit inhaftiert waren.

Jedes gegen die nationalsozialistische Herrschaft gerichtete Verhalten wurde nun kriminalisiert. Zu den Zwangsmitteln gehörte nicht nur die „Schutzhaft" aufgrund der „Verordnung zum Schutz von Volk und Staat", sondern in Preußen auch schon 1933 eine „Vorbeugungshaft", die gegen angebliches kriminelles oder asoziales Verhalten durch die Kriminalpolizei verhängt wurde. Die Geheime Staatspolizei und Kriminalpolizei waren nicht mehr den Schranken des Gesetzes unterworfen, sondern nur noch der nationalsozialistischen Ideologie.

Im April 1934 trafen sich Hermann Göring und der Reichsführer SS Heinrich Himmler zu einer Aussprache über die preußische Polizei. Der revolutionäre und offen gewalttätige Anspruch von Ernst Röhm und seiner SA passten nicht mehr in das politische Konzept Hitlers, der nach dem erwarteten Tod von Reichspräsident von Hindenburg die Ämter von Reichskanzler und Reichspräsident in seiner Person vereinen wollte. Dies war nur mit Unterstützung der Reichswehr – und daher nur bei der Ausschaltung der SA – möglich.[39] Dazu war die Unterstützung der SS notwendig. Im April 1934 war Göring jedenfalls bereit, die Gestapo an Himmler zu übergeben. Dies fiel ihm umso leichter, als er zu dieser Zeit an einem neuen Instrument der Aggression, diesmal nach außen, arbeitete: Seine Energie galt dem Aufbau der Luftwaffe, sein Ehrgeiz dem Oberbefehl über die Reichswehr.

**35** | Zur Dualität von Terror und Repression vgl. Johannes Tuchel, Herrschaftssicherung und Terror. Zu Funktion und Wirkung nationalsozialistischer Konzentrationslager, Berlin 1983, S. 26ff.
**36** | Vgl. Johannes Tuchel/Reinold Schattenfroh, Zentrale des Terrors. Prinz-Albrecht-Straße 8. Hauptquartier der Gestapo, Berlin 1987 sowie Reinhard Rürup (Hrsg.), Topographie des Terrors: Gestapo, SS und Reichssicherheitshauptamt auf dem „Prinz-Albrecht-Gelände". Eine Dokumentation, 16. Aufl., Berlin 2005.
**37** | Völkischer Beobachter vom 8. Juli 1933.
**38** | Frankfurter Zeitung vom 27. Juni 1933.
**39** | Zu den Hintergründen vgl. ausführlich Immo von Fallois, Kalkül und Illusion. Der Machtkampf zwischen Reichswehr und SA während der Röhm-Krise 1934, Berlin 1994.

Dies leitete eine neue Phase der Systematisierung des Terrors ein. Die Organisation der Gestapo überall in Deutschland wurde vereinheitlicht, das System der Konzentrationslager ausgebaut. Jedes Verhalten, das von der nationalsozialistischen „Volksgemeinschaft" abwich, konnte ab 1933 mit der Haft im Konzentrationslager sanktioniert werden. Das neue Polizeiverständnis definierte ein enger Mitarbeiter des späteren Gestapo-Chefs Reinhard Heydrich, Werner Best, 1941 so: „Was die ‚Regierung' von der Polizei ‚betreut' wissen will, das ist der Inbegriff des Polizei-Rechts, das das Handeln der Polizei regelt und bindet. Solange die ‚Polizei' diesen Willen der Führung vollzieht, handelt sie rechtsmäßig; wird der Wille der Führung übertreten, so handelt nicht mehr die ‚Polizei', sondern begeht ein Angehöriger der Polizei ein Dienstvergehen."[40]

Hinzu kam eine Reihe von neuen politischen Straftatbeständen, die durch die bereits im März 1933 errichteten „Sondergerichte" abgeurteilt wurden. Die genaue Analyse der Berliner Sondergerichte ist bis heute trotz einer Urteilsedition[41] und einer ersten Untersuchung der Spruchpraxis ein Desiderat der Forschung geblieben.[42] Doch gerade in der Kriegszeit lagen zwischen einer Denunziation, der Festnahme, der Hauptverhandlung vor dem Sondergericht Berlin und der Hinrichtung in Berlin-Plötzensee nur Stunden oder Tage.[43]

Die Bedeutung des Berliner Kammergerichts vor allem für die Verfolgung der politischen Opposition nach 1933 kann nicht hoch genug eingeschätzt werden.[44] Dennoch gibt es zwar eine erste Studie, die vor allem „Einzelereignisse" aus der Geschichte des Kammergerichts[45] nachzeichnet, aber eine systematische Untersuchung der Organisation und der Rechtsbeugungspraxis dieses Gerichts in der NS-Zeit steht ebenfalls noch aus.

Ab 1934 war als höchstes deutsches Gericht für die Aburteilung von politischen Straftaten der „Volksgerichtshof" zuständig. Wer den „Volksgerichtshof" nur als nationalsozialistische Reaktion auf die Urteile im Reichstagsbrandprozess interpretiert – vier offensichtlich unschuldige Kommunisten wurden freigesprochen – übersieht, dass die Nationalsozialisten bereits vor Beginn ihrer Herrschaft einen derartigen politischen „Nationalgerichtshof" gefordert und geplant hatten.[46] Eine Verschärfung des Strafrechts 1935 und die „Kriegssonderstrafrechtsverordnungen" 1939 führten dazu, dass die Justiz immer häufiger zu langjährigen Haft- oder zu Todesstrafen kam. Insgesamt verhängte die zivile deutsche Justiz in der NS-Zeit rund 16.000 Todesurteile, davon der „Volksgerichtshof" mehr als 5.200. Zu den neuen nationalsozialistischen Instrumenten der Verfolgung gehörte auch das 1936 errichtete Reichskriegsgericht in der Charlottenburger Witzlebenstraße, das in der NS-Zeit mindestens 1.400 Todesurteile verhängte.[47]

Ort der Berliner Hinrichtungen war das Strafgefängnis Plötzensee. Vor 1933 waren sie die Ausnahme gewesen; die ersten Hinrichtungen in der NS-Zeit fanden am 9. Mai 1933 statt. Zwischen 1933 und 1939 kam es zu 223, zwischen 1940 und 1945 zu 2.668, insgesamt also zu 2.891 Hinrichtungen. Rund die Hälfte aller Urteile richtete sich gegen Deutsche.

Die Reorganisation von Polizei und Justiz im nationalsozialistischen Sinne führte dazu, dass die früheren Formen des nationalsozialistischen Terrors nicht mehr notwendig waren. Polizei und Justiz verfolgten den politischen Gegner offensiv und effektiv; die Willkür trat nach außen hin mit der Legitimität des Staates auf.

**40** | Best, Polizei (wie Anm. 29), S. 24.
**41** | Bernd Schimmler, Recht ohne Gerechtigkeit. Zur Tätigkeit der Berliner Sondergerichte im Nationalsozialismus, Berlin 1984.
**42** | Alfons Schwarz, Rechtsprechung durch Sondergerichte. Zur Theorie und Praxis im Nationalsozialismus am Beispiel des Sondergerichts Berlin, Augsburg 1992.
**43** | Vgl. Klaus Bästlein, Justizterror im totalen Krieg: Der Fall Dobroszczyk und die verzögerte Aufklärung der NS-Justizverbrechen, in: Dirk Fischer (Hrsg.), Transformation des Rechts in Ost und West. Festschrift für Prof. Dr. Herwig Roggemann, Berlin 2006, S. 557ff.
**44** | Vgl. Sandvoß, Die „andere" Reichshauptstadt (wie Anm. 9), S. 67ff. und passim.
**45** | Stephan Weichbrodt, Die Geschichte des Kammergerichts von 1913–1945, Berlin 2009.
**46** | Vgl. mit weiteren Literaturhinweisen Klaus Marxen, Das Volk und sein Gerichtshof. Eine Studie zum nationalsozialistischen Volksgerichtshof, Frankfurt am Main 1994; Bernhard Jahntz/Volker Kähne, Der Volksgerichtshof. Darstellung der Ermittlungen der Staatsanwaltschaft bei dem Landgericht Berlin gegen ehemalige Richter und Staatsanwälte am Volksgerichtshof, 3. Aufl., Berlin 1992; Holger Schlüter, Die Urteilspraxis des nationalsozialistischen Volksgerichtshofs, Berlin 1995.
**47** | Vgl. Norbert Haase, Das Reichskriegsgericht und der Widerstand gegen die nationalsozialistische Herrschaft, Berlin 1993.

Berliner Institutionen waren es schließlich auch, die die nationalsozialistische Mord- und Eroberungspolitik nach 1939 nicht nur über die Grenzen Berlins, sondern auch über die Grenzen Deutschlands trugen. Von der Berliner Tiergartenstraße 4 aus wurden in ganz Deutschland die Morde an Patienten aus Heil- und Pflegeanstalten koordiniert. Das Reichssicherheitshauptamt, mit seinen vielen Dienststellen über die Stadt verteilt, war für den Massenmord an den Juden Europas ebenso verantwortlich wie für die Unterdrückung und den Terror in den deutsch besetzten Gebieten. Dienststellen der SS befassten sich mit der „Germanisierung" Osteuropas ebenso wie – mit Unterstützung von Hochschullehrern der Berliner Universität – mit dem „Generalplan Ost". All dies war jetzt staatlich organisierter und gelenkter Terror, der dem rassenideologischen Primat des Nationalsozialismus folgte, der den Völkermord an Juden, an Sinti und Roma, den Massenmord an politisch Andersdenkenden und die Unterdrückung all jener koordinierte, für die in der nationalsozialistischen „Volksgemeinschaft" kein Platz war und die dem nationalsozialistischen Anspruch auf eine Weltherrschaft unter deutscher Führung im Wege standen.

Wolf Gruner
## Die Berliner Stadtverwaltung und die Judenverfolgung

Über das Leben der Berliner Jüdinnen und Juden unter nationalsozialistischer Verfolgung, über ihren Alltag, ihre Ängste und ihre Hoffnungen sowie über die Mechanismen der Diskriminierung wissen wir heute noch immer viel zu wenig. Seit den 1990er Jahren sind zwar eine ganze Reihe von Veröffentlichungen zu Einzelaspekten der Verfolgung, wie der fiskalischen Ausplünderung durch die Berliner Finanzverwaltung, den Deportationen, dem Verhalten der Berliner katholischen Kirche erschienen, doch eine Gesamtdarstellung zur Verfolgung der Berliner Juden fehlt noch immer.[1] Ein wichtiger Aspekt der Verfolgungsgeschichte, der erst im letzten Jahrzehnt mehr untersucht wurde, liegt in der Beteiligung der Kommunen. Nicht nur in Berlin, doch auch gerade hier, spielte die Stadtverwaltung eine bedeutsamere Rolle als Partei oder Gestapo. Nicht – wie zumeist angenommen – der Berliner NSDAP-Gauleiter und Propagandaminister Goebbels, sondern Dr. Julius Lippert drückte der antijüdischen Politik der Hauptstadt seinen Stempel auf, zuerst als Staatskommissar und später als Stadtpräsident, ebenso wie Oberbürgermeister Dr. Heinrich Sahm bzw. ihr gemeinsamer Nachfolger Ludwig Steeg. Dass dies lange übersehen wurde, liegt an der generell unterschätzten Bedeutung der Stadtverwaltungen im NS-Staat. Sie bildeten jedoch einen Teil der staatlichen Verwaltung und besaßen traditionell eine wichtige Funktion in der deutschen Innenpolitik. Obwohl im März 1933 vielerorts die Stadtparlamente aufgelöst bzw. im Sinne des Nationalsozialismus autoritär umgestaltet worden waren, bewiesen die Kommunen, dass sie dennoch oder gerade deshalb weiter selbständig und aktiv in einem „Führerstaat" handeln konnten.[2] Vor allem in den Großstädten wurden viele Bürgermeister abgesetzt und ihre Posten mit alten Nationalsozialisten neu besetzt.[3] Die Kommunalverwaltungen organisierten das Leben der Stadtbewohner „von der Wiege bis zur Bahre", wie es der Vorsitzende des Deutschen Gemeindetages Karl Fiehler später einmal beschrieb.[4] Das betraf nicht zuletzt das Leben der jüdischen Bevölkerung. Denn 70 Prozent der Juden in Deutschland wohnten in den 50 größten Städten. Allein in Berlin lebte 1933 fast ein Drittel der 500.000 deutschen Juden. Damit erlangten gerade die Maßnahmen der Berliner Stadtverwaltung einen enormen und bisher unterschätzten Einfluss darauf, wie ein großer Teil der jüdischen Deutschen das tägliche Leben in der NS-Diktatur erfuhr.

Nur oberflächlich decken sich Phasen städtischer Diskriminierungsmaßnahmen mit der zentralen Verfolgungspolitik, denn auch in Zeiten relativer Ruhe auf nationaler Ebene gab es viele lokale Aktionen gegen die jüdischen Einwohner. 1933 hatte Berlin etwas über 4,2 Millionen Einwohner, von denen sich 160.000 Menschen zum jüdischen Glauben bekannten. Sie stellten 3,78 Prozent der Berliner Bevölkerung.[5] Ihr Anteil verteilte sich allerdings unterschiedlich auf die einzelnen Bezirke. In Wilmersdorf waren 13,5 Prozent der Einwohner jüdischen Glaubens, in Spandau gerade einmal 0,49 Prozent.[6]

Seit Hitler Ende Januar 1933 von Hindenburg zum Reichskanzler gekürt worden war, verzeichnete die Hauptstadt einen Anstieg der antisemitischen Straßen- und Pressepropaganda. Wie in anderen deutschen Städten beherrschten auch in Berlin Gewalt-

**1** | Siehe dazu ausführlich die Einleitung und Bibliografie in: Wolf Gruner, Judenverfolgung in Berlin 1933–1945. Eine Chronologie der Behördenmaßnahmen in der Reichshauptstadt, 2. vollst. korrigierte und stark erweiterte Aufl., Berlin 2009.

**2** | Siehe dazu ausführlich: Wolf Gruner, Die NS-Judenverfolgung und die Kommunen. Zur wechselseitigen Dynamisierung von zentraler und lokaler Politik 1933–1941, in: Vierteljahrshefte für Zeitgeschichte, 48 (2000), H. 1, S. 75–126; ders., Die Reichshauptstadt und die Verfolgung der Berliner Juden 1933–1945, in: Jüdische Geschichte in Berlin. Essays und Studien, hrsg. von Reinhard Rürup, Berlin 1995, S. 229–266.

**3** | Horst Matzerath, Nationalsozialismus und kommunale Selbstverwaltung, Stuttgart u.a. 1970, S. 63–82.

**4** | Rede vom September 1938, in: Die Nationalsozialistische Gemeinde, 6 (1938), S. 203.

**5** | Nur in Berlin und in Frankfurt/Main stellten Juden rund vier Prozent der Bevölkerung; sonst lag ihr Anteil in den Großstädten bei etwa einem Prozent; Statistik des Deutschen Reichs, Bd. 451. Volks-, Berufs- und Betriebszählung vom 16. Juni 1933, H. 5: Die Glaubensjuden im Deutschen Reich, bearb. vom Statistischen Reichsamt, Berlin 1936, S. 13–14.

**6** | Siehe Tabelle in: Gruner, Judenverfolgung (wie Anm. 1), S. 171.

taten das Bild der ersten Wochen nach der Machtübernahme. SA-Gewaltaktionen richteten sich gegen Juden in öffentlichen Einrichtungen, wie der Berliner Universität, der Börse sowie gegen jüdische Organisationen. Doch es waren eben nicht nur Aktionen der SA oder der Partei, die das Leben der Juden von Beginn an maßgeblich veränderten, sondern die der Berliner Stadtverwaltung. Nach den Reichstagswahlen vom 5. März 1933 und den preußischen Kommunalwahlen vom 12. März, die der NSDAP nach der gewalttätigen Ausschaltung der politischen Linken Siege bescherten, wurde am 13. März Dr. Julius Lippert[7] – mit Goebbels Worten – „zum Kommissar über Berlin" ernannt.[8] Lippert, ein früherer SA-Führer, Redakteur der NS-Zeitschrift „Der Angriff" und Chef der NSDAP-Fraktion in der Berliner Stadtverordnetenversammlung, trat dem 1931 gewählten, amtierenden deutschnationalen Oberbürgermeister Dr. Heinrich Sahm zur Seite. Lippert ordnete sofort an, dass jüdische Anwälte nicht mehr in Rechtsangelegenheiten der Stadt tätig sein durften und jüdische Ärzte aus städtischen Diensten entlassen werden mussten. Der Staatskommissar fand innerhalb und außerhalb des Magistrats Unterstützer. Der Leiter des Kampfbundes des gewerblichen Mittelstandes Gau Groß-Berlin und spätere Ministerialrat im Propagandaministerium, Dr. Heinrich Hunke, forderte am 15. März 1933 Lippert auf, gegen den Direktor der städtischen Markthallen vorzugehen. Direktor Morawski hatte in der Zentralmarkthalle das Anbringen von zwei riesigen Schildern mit der Aufschrift: „Deutsche kauft nur bei Deutschen" verhindert. Nicht Lippert, sondern Oberbürgermeister Sahm entließ bald darauf Morawski und betrieb die „Säuberung" der Markthallenverwaltung von „allen marxistischen und unfähigen Elementen". Eine Druckerei, deren Inhaber jüdisch waren, verlor auf Lipperts Initiative hin städtische Aufträge.[9] Dies alles geschah vor dem landesweiten Aufruf der NSDAP zum antijüdischen Boykott vom 1. April 1933, und zwar ohne dass ein entsprechendes Gesetz existiert hätte. Und Berlin bildete hierbei keine Ausnahme. München, Frankfurt/Main und Köln handelten ganz ähnlich, denn die NS-Regierung blieb konkrete Vorgaben zur antijüdischen Politik schuldig, außer einer: nämlich die Juden aus Deutschland zu vertreiben. Damit öffnete sich insbesondere der lokalen Verwaltung großer Freiraum zum Handeln.

Die Verfolgungswelle der ersten zwei Monate, sowohl der SA als auch der Kommunalverwaltungen, provozierte heftige Kritik im Ausland. Hitler nutzte dies als Vorwand für eine reichsweite antijüdische Aktion. Die NSDAP-Führung rief zu einem Boykott „jüdischer" Geschäfte, Warenhäuser, Kanzleien und Arztpraxen am 1. April 1933 auf, um die angebliche Gräuelpropaganda des Auslandes abzuwehren.[10] Das Berliner Hauptgesundheitsamt versicherte dem Oberbürgermeister, es werde vor jedem „jüdischen Wohlfahrtsarzt ein SA-Mann stehen" und den „Boykott des deutschen Judentums" garantieren.[11] Die Stadt kündigte nun zudem die Verträge „nichtarischer" Wohlfahrtsärzte, beurlaubte jüdische Lehrer und stoppte Anzeigen in der angeblich „jüdischen" Presse. Den vorhandenen politischen Spielraum nutzten die Städte auch nach dem Boykottende weiter aus. Berlin entzog in den nächsten Monaten jüdischen Kinder- und Wohlfahrtseinrichtungen Subventionen. Jüdische Kinder durften keine städtischen und privaten „arischen" Kindergärten mehr besuchen und erhielten keine Schulgeldermäßigung mehr, jüdische Organisationen konnten keine städtischen Räume mehr mieten und jüdische Händler keine Waren auf städtischen Märkten verkaufen.

Als Resultat von Terror, politischer Verfolgung und verbreiteter Anpassung fanden sich in der Stadt bald nur noch wenig Kräfte und Stimmen, die sich dem nationalsozialistischen Kurs entgegenstemmten. In den nächsten Monaten verstärkte sich das Engagement des Magistrats, Juden auf administrativem Wege zu diskriminieren. Aufgrund von Berufs- und Gewerbebeschränkungen büßten tausende Menschen Arbeit und Erwerb ein. Jüdische Lehrer, Ärzte, Juristen und Professoren wurden aus kommunalen Einrichtungen weit radikaler vertrieben, als es die ersten antijüdischen Reichsgesetze

---

[7] | Geb. am 9.7.1895 in Basel/Schweiz, Journalist; 1919–21 Mitglied der DNVP, 1922–27 der Dt. Völk. Freiheitspartei, 1927 der NSDAP, SA-Mitglied. Mitglied des Landtages, Mitglied des Berliner Stadtrates 1929–1933. Hauptschriftleiter der NS-Zeitschrift „Der Angriff" bis 1933. Seit 1940 Kriegsteilnahme, 1946–1952 Haft in Belgien, gestorben 1956. Zur Biografie, ohne aber seine Rolle in der antijüdischen Politik zu berücksichtigen: Brigitte Oleschinski, Julius Lippert, in: Ribbe, Wolfgang (Hrsg.), Stadtoberhäupter. Biografien Berliner Bürgermeister im 19. und 20. Jahrhundert, Berlin 1992, S. 261–276.

[8] | Goebbels, Joseph, Die Tagebücher des Joseph Goebbels. Sämtliche Fragmente, hrsg. von Elke Fröhlich im Auftrag des Instituts für Zeitgeschichte und mit Unterstützung des Staatlichen Archivdienstes Rußlands, Teil I: Aufzeichnungen 1924–1941, Bd. 2, München 1987, S. 146: Eintrag vom 14.3.1933.

[9] | Alle im Folgenden hier aufgeführten Gewaltaktionen und Behördenmaßnahmen finden sich mit Quellenverweisen in: Gruner, Judenverfolgung (wie Anm. 1).

[10] | Völkischer Beobachter (Norddt. Ausgabe) vom 30.3.1933, S. 1f.

[11] | Erwähnt in: Landesarchiv (LA) Berlin, A Rep. 001-02, Nr. 214, Bl. 64 RS: Entwurf eines Schreibens des OB vom 4.1.1934.

vorschrieben. Von Beginn an gab es von jüdischer Seite wiederholt Proteste. Im Mai 1933 sandte die Jüdische Gemeinde unter Verweis auf den historischen Anteil jüdischer Bürger am „Gedeihen der Stadt Berlin" eine lange Liste diskriminierender Berliner Anordnungen an Staatskommissar Lippert, damit dieser sie aufhebe – allerdings ohne Erfolg.[12] Vertreter der jüdischen Ärzte Berlins intervenierten im Ministerium gegen Behinderungen, Inhaber von Berliner Firmen protestierten einzeln oder gemeinsam gegen den Boykott bei Staatskommissar Lippert.

Kommunen wie Berlin handelten in der antijüdischen Politik weder isoliert noch ohne Rückendeckung. Im Herbst 1934 wollte der Berliner Stadtrat für Verkehrswesen wissen, ob die Werbung einer jüdischen Firma in den öffentlichen Verkehrsmitteln zugelassen werden müsse oder nicht. Statt an das zuständige Reichsministerium des Innern wandte er sich an den Deutschen Gemeindetag, der Berlin wie folgt beschied: Werbeanschläge dürften nur nach einheitlichen Grundsätzen abgelehnt werden. Wenn Anschläge nicht arischer Firmen prinzipiell nicht zugelassen seien, könne die Werbung abgelehnt werden. Der Deutsche Gemeindetag, dem alle Städte als Zwangsmitglieder angehörten, entstand im Mai 1933 durch die Gleichschaltung der kommunalen Spitzenverbände. Mit seinem Vorsitzenden Karl Fiehler, dem Oberbürgermeister von München und NSDAP-Reichsleiter, spielte er in der antijüdischen Politik für die lokale Ebene künftig eine maßgeblich koordinierende Rolle und unterstützte die Städte sogar gegen ministeriale Interventionen. Relativ frei in seinen politischen Handlungen erließ so der Berliner Magistrat allein bis Ende 1934 55 antijüdische Verfügungen. Keine seiner Maßnahmen war von NS-Gesetzen gedeckt oder gefordert. Im Gegenteil: NSDAP-Führung und Regierung intervenierten aus außenpolitischen und ökonomischen Gründen gegen zu radikale städtische Maßnahmen, mit einem für einen „Führerstaat" erstaunlichen Ergebnis: einige Städte stoppten ihre antijüdische Politik, andere warteten ab und wieder andere, wie Berlin, entwickelten sogar neue lokale Maßnahmen. Als Resultat der Verfolgung verstärkte sich die Trennung der jüdischen von der nichtjüdischen Bevölkerung. In Berlin hatte sich z.B. die Zahl der jüdischen Volksschulen seit 1933 auf sechs verdoppelt. Sank die Zahl jüdischer Kinder an öffentlichen Schulen bis 1934 von 12.746 auf 8.000, so stieg gleichzeitig die Schülerzahl an jüdischen Schulen von 2.000 auf 4.000. Zusätzlich wanderten viele Schüler mit ihren Eltern aus.[13] Bis Ende 1934 emigrierten über 22.000 jüdische Berliner.[14] Nach dem Sieg in der Abstimmung über die Rückgliederung des Saargebietes im Januar 1935 kam es in mehreren Regionen Deutschlands zu neuen Gewaltaktionen, um die Vertreibung der Juden zu stimulieren. Die Berliner Ausschreitungen vom Juni/Juli 1935 fanden ihren Höhepunkt in pogromartigen Attacken gegen Juden auf dem Kurfürstendamm. Die aufgeheizte Situation nutzte die NS-Führung dazu, SA-Gruppenführer Wolf Graf von Helldorf[15] als neuen Polizeipräsidenten einzusetzen. Helldorf, der Goebbels nahe stand und schon mitverantwortlich für die antijüdischen Krawalle am Kurfürstendamm im Jahr 1931 gewesen war, stoppte die Gewaltaktionen erst nach einer Woche. Im Schatten der Ausschreitungen leitete die Stadt Restriktionen im Fürsorgewesen ein: Berlin unternahm zusammen mit Königsberg einen Vorstoß im Deutschen Gemeindetag, städtische Wohlfahrtsausgaben auf Kosten der jüdischen Armen zu senken. Die Wohlfahrtsämter mussten zugereiste hilfsbedürftige Juden künftig ins Städtische Obdachlosenasyl einquartieren. Wegen der Ausschreitungen verabredeten Staatskommissar Lippert, SA-Gruppenführer Uhland, NSDAP-Gauleiter Goebbels und der neue Polizeipräsident eine planmäßige Zusammenarbeit. Ende Juli 1935 trafen sich Vertreter von Partei, Gestapo, Polizei und SA bei Oberbürgermeister Sahm, um die „Bekämpfung der Juden in Berlin ohne öffentliche Demonstrationen und Einzelaktionen wirksam durchzuführen." Die Teilnehmer beschlossen u.a. strenge Auflagen für jüdische Geschäfte.[16]

**12** | Abdruck in: Die Verfolgung und Ermordung der europäischen Juden durch das nationalsozialistische Deutschland 1933–1945 (VEJ), Bd. 1: Deutsches Reich 1933 bis 1937, bearb. von Wolf Gruner, München 2008, S. 164–166.
**13** | Die Gemeinde ruft. Der Vorstand der Jüdischen Gemeinde zu Berlin, Berlin 1934, S. 8; Gruner, Reichshauptstadt (wie Anm. 2), S. 257.
**14** | Tabelle in: Gruner, NS-Judenverfolgung (wie Anm. 2), S. 173.
**15** | Geb. 1896 in Merseburg, Freikorps und Kapp-Putsch-Teilnahme, Exil in Italien bis 1924, 1926 NSDAP-Mitglied, 1933–1935 Polizeipräsident in Potsdam, seit 1935 in Berlin. Im August 1944 Hinrichtung im Zusammenhang mit dem 20. Juli 1944.
**16** | Gestapa an Heydrich vom 31.7.1935, Abdruck in: VEJ/1, Dok. 183, S. 462–464.

Im September 1935 legalisierte der NS-Staat mit den „Nürnberger Rassegesetzen" die zunehmende Trennung der jüdischen von der nichtjüdischen Bevölkerung. Der NS-Staat wies den deutschen Juden einen minderen Staatsbürgerstatus zu, verbot Eheschließungen und sexuelle Beziehungen von Juden mit Nichtjuden sowie die Beschäftigung von „arischen" Hausgehilfinnen in jüdischen Haushalten.[17] Obwohl sowohl kurz vor als auch kurz nach dem Erlass der „Nürnberger Gesetze" 1935 Hitler persönlich lokale Einzelmaßnahmen verboten hatte, was sich auf Ausschreitungen und Verwaltungsmaßnahmen bezog, sahen sich Berlin und andere Städte durch die Rassengesetzgebung bestärkt und inspiriert. Die Berliner Tiefbauverwaltung kündigte Ende September an, alle Straßen mit jüdischen Namen umzubenennen; Städtische Wohnungsbaugesellschaften hoben Mietverträge wegen „Nichtariertums" zum Jahresbeginn 1936 auf. Im Januar 1936 wollte der Oberbürgermeister bis zum Erlass neuer Bestimmungen nach dem Reichsbürgergesetz mit Maßnahmen gegen jüdische Arbeiter und Angestellte der Verwaltung warten. Dessen ungeachtet beschlossen die Bezirksbürgermeister, alle noch in den Bezirksverwaltungen tätigen Juden zu entlassen. In den Jahren 1936 und 1937 verstärkte der Berliner Magistrat gezielt die Separierung von Juden in öffentlichen Einrichtungen. In städtischen Krankenhäusern und städtischen Siechenanstalten versuche man, so der neu ernannte Stadtmedizinalrat Leonardo Conti, die Juden zusammenzulegen. Im Sommer 1937 diskutierte der gerade zum Stadtpräsidenten und als Nachfolger von Sahm und Maretzky zum Oberbürgermeister ernannte Lippert mit den Berliner Ratsherren ein Besuchsverbot für Juden in städtischen Schwimmbädern. Da außenpolitisch ein formelles Verbot nicht als empfehlenswert angesehen wurde, sollten in den Berliner Bädern entsprechende Hinweise angebracht werden. Im Sommer 1937 ließ der Stadtbezirk Prenzlauer Berg die Mehrheit der Bänke in öffentlichen Parks mit den Worten „Für Juden verboten" beschriften. Zeitungen empfahlen den anderen Berliner Bezirken diese Maßnahmen zu kopieren. Der Magistrat sondierte inzwischen beim Deutschen Gemeindetag, ob eine entsprechende stadtweite Regelung möglich und legal wäre. Reichsmaßnahmen vorgreifend, traf die Berliner Stadtverwaltung bis Ende 1937 mehr als 80 antijüdische Anordnungen. Das Ergebnis dieser Politik lässt sich wieder am Schulwesen demonstrieren. Statt 12.000 besuchten nur noch 2.000 jüdische Kinder öffentliche Schulen, während sich an jüdischen Schulen ihre Zahl gegenüber 1933 vervierfacht hatte. Doch die städtischen Maßnahmen trafen nicht nur die jüdischen Berliner. Sie übten zugleich einen starken Einfluss auf die zentrale Politik aus. Im Sommer 1938 verabschiedete das Reichsinnenministerium mehrere Erlasse, die städtische Initiativen wie jene zur Separierung jüdischer Patienten in öffentlichen Krankenhäusern aufgriffen.

Seit Anfang 1938 hatte die Stadtverwaltung Berlin mit der Kennzeichnung der Unterlagen von jüdischen Wohlfahrtsempfängern und Kranken begonnen, um sie getrennt zu versorgen. Nur 20 ausgewählte jüdische Mediziner durften künftig noch die über 10.000 hilfsbedürftigen Berliner Juden betreuen. Gleichzeitig druckte die Stadt Verzeichnisse jüdischer Ärzte und Zahnärzte und ließ diese in allen öffentlichen Einrichtungen auslegen, um städtische Bedienstete vor einem Besuch zu warnen. Von 1938 an versuchte sich Goebbels stärker in die Berliner Verfolgungsplanung einzumischen. Im Frühjahr ließ er von der Gestapo eine Denkschrift ausarbeiten, wie die Berliner Juden zu diskriminieren seien. Viele der geplanten Bestimmungen nahmen städtische Vorschläge auf. Nach neuerlichen Berliner Ausschreitungen im Sommer, die Hitler persönlich stoppte, ließ Goebbels über den Polizeipräsidenten Helldorf die Berliner Polizei Juden auf alle erdenkliche Art und Weise durch besondere Auflagen bzw. verstärkte Kontrollen ihrer Gewerbe schikanieren sowie bei geringsten Verkehrsvergehen kriminalisieren.[18] Inzwischen drängte auch die lokale NSDAP darauf, in ganz Berlin die Zahl der Parkbänke für Juden zu reduzieren.[19] Die Stadt begann nun, in allen Bezirken mit einer hohen Konzentration jüdischer Einwohner in den städtischen Parkanlagen eine geringe Anzahl

**17** | Reichsgesetzblatt, 1935 I, S. 1146–1147.
**18** | Wolf Gruner, „Lesen brauchen sie nicht zu können…" Die „Denkschrift über die Behandlung der Juden in der Reichshauptstadt auf allen Gebieten des öffentlichen Lebens" vom Mai 1938, in: Jahrbuch für Antisemitismusforschung 4 (1995), S. 305–341.
**19** | Bericht NSDAP-Gauamt für Kommunalpolitik Berlin; Bundesarchiv (BA) Berlin, NS 25, Nr. 86, Bl. 9; Reichsleitung/Hauptamt für Kommunalpolitik „Vertrauliche Berichtsauszüge" vom 1.3.1938, III. Sendung 1938 (Druck), S. 1.

der Bänke mit der Aufschrift „Nur für Juden" zu versehen. Den Besuch des Bellevueparks wollte die Stadt sogar ganz verbieten. Und im Oktober 1938 plante das Landeswohlfahrts- und Jugendamt, jüdischen Vereinen die Benutzung städtischer Sportplätze zu untersagen. Der Deutsche Gemeindetag kontaktierte deswegen das Reichsinnenministerium. Nur wenig später waren diese Ideen „überholt durch die neueste Judengesetzgebung"[20], die Juden auf vielen Gebieten endgültig aus der Gesellschaft des „Dritten Reiches" ausschloss.

Nach dem brutalen Novemberpogrom 1938, bei dem in Berlin mehrere Menschen ermordet, über zehntausend Männer verhaftet und dutzende Wohnungen, Geschäfte und Synagogen zerstört worden waren, erarbeitete die NS-Führung auf mehreren Konferenzen in Berlin eine einheitliche Verfolgungsstrategie, die einerseits die Vertreibung der jüdischen Bevölkerung neu forcieren sollte, andererseits die Separierung der Zurückbleibenden in allen Lebensbereichen vorsah. Bis Dezember wurden per Verordnung oder Erlass jüdische Deutsche im Reich aus öffentlichen Schulen und der staatlichen Fürsorge ausgeschlossen. Sie durften kein Gewerbe mehr ausüben und jene, die noch Geschäfte und Firmen besaßen, mussten sie verkaufen. In den nächsten Monaten wurden alle jüdischen Deutschen Zwangsmitglieder der neu gegründeten „Reichsvereinigung der Juden in Deutschland", die nun für ihre Wohlfahrtsversorgung und Schulbildung verantwortlich gemacht wurde. Obwohl die städtischen Regelungen verstärkt der zentralen Politik untergeordnet wurden, schloss das kommunale Initiativen keineswegs aus. Sofort nach dem Pogrom mussten jüdische Kinder die Berliner öffentlichen Schulen verlassen, mehrere Tage bevor das Reichsministerium für Wissenschaft, Erziehung und Volksbildung dies anordnete.

Bis zum Überfall Deutschlands auf Polen konnten ungefähr 80.000 Berliner Juden flüchten. Als der Krieg nahezu jede Emigrationsmöglichkeit beendete, entschied Hitler Anfang Oktober 1939 300.000 deutsche und österreichische Juden in das neu besetzte polnische Gebiet umzusiedeln.[21] Die deutschen Juden lebten inzwischen weitgehend in einer Zwangsgemeinschaft. Sie durften nach 20 Uhr nicht mehr ihre Häuser verlassen. Ihre soziale Lage verschlechterte sich rapide. Auch noch im Krieg prägten Berliner Behörden maßgeblich die konkrete Gestalt der Verfolgung in der Stadt. Oberbürgermeister Julius Lippert verlor zwar aufgrund von Differenzen mit Speer an Einfluss, sein Stellvertreter und Nachfolger ab 1940 Ludwig Steeg[22] jedoch füllte seine Rolle voll aus. Stadt und Bezirke erschwerten das Leben der jüdischen Berliner in vielen Bereichen. So entstand die Idee der Beschränkung der Einkaufszeiten für Juden im Büro des Bezirksbürgermeisters von Charlottenburg im Mai 1940, ehe sie von Goebbels aufgegriffen und vom Polizeipräsidenten im Juli 1940 für die ganze Reichshauptstadt eingeführt wurde. Gleichzeitig war die Stadt aktiv an vielen anderen Verfolgungsmaßnahmen beteiligt, so beim Einsatz hunderter Juden bei Müllabfuhr und Stadtreinigung im Rahmen des vom Berliner Arbeitsamt organisierten Zwangseinsatzes von fast 30.000 jüdischen Berlinern, bei der vom Generalbauinspektor Albert Speer forcierten Entmietung jüdischer Mieter oder bei der Enteignung der Deportierten zusammen mit dem Finanzamt. Nur aufgrund der hohen Anzahl von noch in Berlin lebenden, auf die öffentliche Wohlfahrt angewiesenen, verarmten Juden hatte die Stadt auf die seit dem Novemberpogrom mögliche vollständige Übertragung der Fürsorgelasten auf die örtliche Jüdische Gemeinde verzichtet, ihr im Mai 1939 allerdings einen Teil der Kosten aufgebürdet und die Ausgaben an Juden gegenüber Nichtjuden weiter reduziert. Ende November 1940 verpflichtete das Hauptwohlfahrtsamt die Jüdische Gemeinde schließlich, sämtliche Fürsorgekosten für jüdische Arme in Berlin zu übernehmen.[23]

**20** | LA Berlin, Rep. 142/7, 1–2–6/Nr. 1, Bd. 2, unfol.: DGT an RMdI am 24.10.1938 und handschriftl. Vermerk auf diesem Brief.

**21** | Wolf Gruner, Von der Kollektivausweisung zur Deportation der Juden aus Deutschland. Neue Perspektiven und Dokumente (1938–1945), in: Beiträge zur Geschichte des Nationalsozialismus, Band 20: Die Deportation der Juden aus Deutschland. Pläne, Praxis, Reaktionen 1938–1945, Göttingen 2004, S. 21–62, hier S. 30–35.

**22** | Geb. am 22.12.1894 in Ottweiler/Rheingau. Freikorpskämpfer 1918/19, dann bei Reichswehr. Studium fünf Semester Philosophie und Staatswissenschaften, später kommunale Fachausbildung, ab August 1919 in der Stadtverwaltung Berlin tätig. Ab 15.3.1933 Vertreter des Staatskommissars, ab 10.4.1937 stellvertretender Bürgermeister. NSDAP-Mitglied seit 1.3.1933, in der SS 1943 Brigadeführer.

**23** | Hierzu ausführlich: Wolf Gruner, Öffentliche Wohlfahrt und Judenverfolgung. Wechselwirkungen lokaler und zentraler Politik im NS-Staat (1933–1942), München 2002, S. 212–217 und 265–268.

Mit dem Überfall auf die Sowjetunion radikalisierten die Nationalsozialisten ihr Vorgehen auf allen Ebenen. Ende Juli/Anfang August 1941 ordnete Hitler an, zunächst die Juden aus Berlin und einigen anderen Städten zu deportieren.[24] Die Gestapo sperrte den Zuzug nach Berlin. Ab dem 19. September 1941 mussten Juden den „Judenstern" tragen und durften die Stadt nicht mehr verlassen. Der erste Deportationszug verließ die Stadt mit Ziel Litzmannstadt (Łódź) am 18. Oktober 1941. Insgesamt wurden bis November in vier Transporten mehr als 4.200 Menschen verschleppt.[25] Erst mit dem Beginn der Massentransporte dominierte das Reichssicherheitshauptamt die Verfolgungspolitik. Die Stadt geriet nun bei manchen Maßnahmen mit der Gestapo in Konflikt, vermochte sich aber auch mit Entscheidungen durchzusetzen. Als am 20. Januar 1942 in Berlin am Wannsee die berüchtigte Konferenz zur Organisation der Vernichtung der europäischen Juden stattfand, lebten in Berlin nur noch etwas über 58.000 Juden. In dieser Phase ließ nach Anregung von Parteistellen Ludwig Steeg, der seit der Ablösung Lipperts 1940 als kommissarischer Oberbürgermeister fungierte, die Versorgungsbezüge für alle Juden in Berlin sperren. Gegenüber dem dagegen Einspruch einlegenden Reichsinnenministerium verwies er am 23. März 1942 „auf die gerechtfertigte Erwartung", dass zum Winterende mit einer „Verlegung der Juden" in die Ostgebiete gerechnet werden könne.[26] Das Berliner Haupternährungsamt ordnete an, nichtrationierte Lebensmittel dürften an Juden nur verkauft werden, wenn die Bedürfnisse „der deutschen Verbraucher" erfüllt seien.[27] Die Deportationen aus Berlin in die besetzten Ostgebiete waren im März 1942 nach einer wochenlangen Pause wieder aufgenommen worden. Seit dem Sommer deportierte die Gestapo die über 65-Jährigen in das Protektorat nach Theresienstadt. Dafür räumte sie viele der jüdischen Altenheime. Die Opfer wurden von dort oft mit städtischen Straßenbahnen zum Anhalter Bahnhof geschafft, um mit dem Zug nach Theresienstadt verschickt zu werden. Auf diese offen sichtbare Weise deportierte die Gestapo in den folgenden Jahren insgesamt 15.000 Berliner.[28] Da auch die Transporte in den Osten weiterliefen, lebten Ende November 1942 in Berlin nur noch 35.246 Juden.[29] Die Berliner Behörden konnten gar nicht so schnell das zurückgelassene Eigentum verwerten, wie die Gestapo nun die Menschen abtransportierte. Für das Mobiliar von „3.000 Judenwohnungen", das an zwölf Möbelgeschäfte weiterverkauft werden sollte, legten Oberfinanzpräsident, Stadt und der Möbelhandel die Preise gemeinsam fest.[30] Von Dezember 1942 bis Februar 1943 wurden noch einmal über 7.600 Berliner Juden deportiert. Im Februar 1943 lebten in der Hauptstadt nur rund 27.000 Juden – inzwischen mehr als die Hälfte der jüdischen Bevölkerung des Altreiches.[31] Viele Juden flüchteten sich jetzt vor den Deportationen in den Untergrund der Großstadt, wo sie versuchten mit Hilfe nichtjüdischer Berliner zu überleben. Mitte desselben Monats entschied die NS-Führung über die Termine für das gewaltsame Finale der Deportationen. Die später als „Fabrik-Aktion" bezeichnete Großrazzia fand am 27. Februar 1943 im ganzen Reich statt, hatte ihr Zentrum aber in Berlin, denn dort lebten noch über 11.000 jüdische Zwangsarbeiter und ihre Angehörigen.[32] Nach der März-Transportwelle wohnten in der Reichshauptstadt offiziell noch 18.515 Juden.[33] In den nächsten Monaten deportierte die Gestapo die letzten Gemeindemitarbeiter, meist nach Theresienstadt, unter ihnen den seit 1940 amtierenden Vorsitzenden Moritz Henschel.[34] Am 10. Juni 1943 löste die Gestapo die „Jüdische Kultusvereinigung zu Berlin" auf, die inzwischen in die Reichsvereinigung eingegliedert worden war, und beschlagnahmte deren Vermögen. Zuvor hatte die Stadt Berlin schon, wie auch andere Kommunen, Eigentum der örtlichen Jüdischen Gemeinde in großem Umfang erworben. So kaufte sie für über 1,3 Millionen RM die zuletzt als Sammellager für die Deportationen genutzten ehemaligen jüdischen Heime Große Hamburger Straße und Augustraße sowie das Synagogengrundstück Rykestraße. Darüber hinaus erwarb der Magistrat mindestens zwanzig weitere Immobilien.[35]

---

**24** | Zu dieser Entscheidung: Gruner, Kollektivausweisung (wie Anm. 20), S. 46–51. Zu den Deportationen generell: Alfred Gottwaldt/Diana Schulle, Die „Judendeportationen" aus dem Deutschen Reich 1941–1945, Wiesbaden 2005.

**25** | Zum Schicksal der Deportierten vgl. Gedenkbuch Berlins der jüdischen Opfer des Nationalsozialismus. „Ihre Namen mögen nie vergessen werden!", Freie Universität Berlin, Zentralinstitut für sozialwissenschaftliche Forschung (Hrsg.), Geleitworte Ulrich Roloff-Momin und Jerzy Kanal hrsg. i. A. des Senators für Kulturelle Angelegenheiten, bearb. von Rita Meyhöfer u.a., Berlin 1995.

**26** | Schreiben OB Berlin an RMdI am 23.3.1942 zit. bei Uwe-Dietrich Adam, Judenpolitik im Dritten Reich, Düsseldorf 1972, S. 342.

**27** | Amtsblatt der Reichshauptstadt Berlin, 83 (1942), Nr. 24 vom 14.6.1942, S. 344.

**28** | Akim Jah, Vom Altenheim zum Sammellager. Die Große Hamburger Str. 26 und die Deportation der Berliner Juden, in: Theresienstädter Studien und Dokumente 2007, Prag 2008, S. 185.

**29** | Yad Vashem Archive Jerusalem, 08/Nr. 14, unfol.: November-Statistik der Reichsvereinigung.

**30** | LA Berlin, B Rep. 208, Acc. 9301, Nr. 1651, Bl. 93: Vermerk Wirtschaftsamt Berlin-Spandau vom 18.12.1942; Ebd., Bl. 94: Schnellbrief des Oberbürgermeisters vom 22.2.1943.

**31** | BA Berlin, R 8150, Nr. 69, Bl. 144: Statistik der Reichsvereinigung vom 6.1.1943; Ebd., Bl. 116: Statistik der Reichsvereinigung vom 12.2.1943; Ebd., Bl. 81: RV-Statistik vom 12.3.1943.

**32** | Ausführlich dazu: Wolf Gruner, Widerstand in der Rosenstraße. Die Fabrik-Aktion und die Verfolgung der „Mischehen" 1943, Frankfurt/Main 2005.

**33** | BA Berlin, R 8150, Nr. 69, Bl. 57: Statistik der Reichsvereinigung vom 6.4.1943.

**34** | Ernst G. Lowenthal, Von Moritz Veit bis Heinrich Stahl. Gemeindevorsteher von 1845 bis 1943. Ein Beitrag zur Geschichte der Juden in Berlin, in: Der Bär von Berlin. Jahrbuch des Vereins für die Geschichte Berlins 28 (1979), S. 90–91.

**35** | Dienstblatt der Stadt Berlin, 1944 Teil XI, S. 2, Nr. 1; Ebd., 1944 Teil XI, S. 4, Nr. 1; Ebd., 1943 Teil XI, S. 2–16, Nr. 1–4; Ebd., 1944 Teil XI, S. 2–14, Nr. 1–4.

**Zusammenfassung**
Seit der Errichtung der NS-Diktatur 1933 hatten die jüdischen Bewohner der Reichshauptstadt im Schnittpunkt zweier Verfolgungsprozesse gelebt. Neben der NS-Regierung diskriminierte die Stadt Berlin die jüdischen Einwohner auf sozialem, kulturellem und wirtschaftlichem Feld. Im Rückblick haben der Berliner Magistrat und seine Ämter mit ihren dem Reich vorauseilenden Bestimmungen die Politik gegen die Juden seit 1933 weit substantieller als die Parteiformationen mit ihren Krawallen und Boykotten radikalisiert. Das Ende der NS-Diktatur erlebten von einst über 160.000 Berliner Juden nur wenige tausend, die meist in so genannten Mischehen lebten.[36] Verantwortlich für die Judenverfolgung in Berlin war hauptsächlich der Berliner Magistrat unter den deutschnationalen Oberbürgermeistern Sahm und Maretzky sowie den beiden Nationalsozialisten Lippert und Steeg. Doch nicht nur die Stadtoberhäupter, sondern fast alle städtischen Ämter beteiligten sich zu irgendeinem Zeitpunkt an der antijüdischen Politik, ob mit eigenen Initiativen oder bei der Umsetzung von Reichsmaßnahmen, so u.a. das Wohlfahrtsamt, das Beschaffungsamt, das Wahlamt, das Personalamt, das Ernährungsamt und das Gartenamt. Besonders aktiv waren beispielsweise die Leiter des Wohlfahrtsamtes Spiewok und Behagel sowie der Leiter des Hauptgesundheitsamtes Conti. Auch die Bezirksbürgermeister entwickelten Ideen für Gesamtberliner Maßnahmen. Das betraf Entlassungen von Juden aus der Verwaltung ebenso wie die Aufkündigung von Unterstützungsleistungen oder die Separierung der jüdischen Berliner in öffentlichen Kindergärten, Parks und Märkten sowie die Beschränkung der Einkaufszeiten im Krieg. Die antijüdischen Maßnahmen des Berliner Magistrats lieferten – wie auch die anderer Städte – Ideen für die zentrale Politik und stimulierten die Planung nicht weniger Reichsgesetze. Die Mitwirkung so vieler Behörden der lokalen Ebene beförderte nicht nur die Radikalisierung der Judenpolitik, sondern trug durch die aktive Mitwirkung hunderttausender Beamter und Angestellter, darunter unzähliger Nichtparteimitglieder, enorm zur Effektivität und Stabilität des „Dritten Reiches" bis weit in den Krieg hinein bei.

**36** | 50.500 Berliner Juden waren deportiert worden. Insgesamt sind durch Haft, Pogrome, Freitode sowie Deportation und Massenmord mehr als 55.600 jüdische Berliner gestorben; siehe Gedenkbuch Berlins (wie Anm. 25).

Andreas Pretzel
**Homosexuellenverfolgung in Berlin – Politische Strategien und Verfolgungspraxis**

In den 1920er Jahren war Berlin zum Eldorado für Homosexuelle geworden. Zahlreiche Lokale, Bars und wöchentliche Tanzvergnügen versammelten Männer und Frauen mit gleichgeschlechtlichem Begehren; diverse Vereine waren aktiv, vom Wander-, Segel- und Kegelverein bis zum Verein für Lokalbesitzer. Auch die bürgerrechtlich orientierte Homosexuellenbewegung hatte ihr Zentrum in der Hauptstadt. Ihre Organisationen schufen ein weit über Berlin hinausgehendes Netzwerk, das für eine Entkriminalisierung des Homosexuellenstrafrechts sowie eine Neubewertung der Homosexualität eintrat.[1] Zugleich vermittelten die Vereinigungen ein neuartiges Selbstbewusstsein, „Anders als die Anderen" zu sein, wie der weltweit erste Homosexuellen-Film von 1919 titelte – ein identitätsstiftendes Minderheitsbewusstsein, das um gesellschaftliche Anerkennung und Integration warb.[2] Öffentliche Sichtbarkeit vermittelten auch die Homosexuellenzeitschriften für gleichgeschlechtlich liebende Frauen und Männer an den Kiosken der Stadt. Und nicht zuletzt hatte einer der Begründer der deutschen Homosexuellenbewegung, Magnus Hirschfeld, 1919 mit dem weltweit ersten „Institut für Sexualwissenschaft" mitten in Berlin ein international bekanntes Forschungsinstitut geschaffen, das Forderungen der Homosexuellenbewegung unterstützte und legitimierte.

### Unterdrückungspolitik 1932/33

Mit der politischen Wende zu Beginn der 1930er Jahre kam es in Deutschland zu einer Mobilisierung homosexuellenfeindlicher Vorurteile – ausgelöst durch die Absicht der Strafrechtskommission des Reichstags von 1929, künftig einvernehmliche mann-männliche Sexualkontakte straffrei zu lassen. Ein Sturm der Empörung war daraufhin entfacht, Klage über den Verfall der Sitten und Werte lautstark geführt worden. Konservative, die die politische Vorherrschaft erlangten, nutzten die Debatte, um mit einer vorgeblich sittlich-nationalen Erneuerung die als krisenhaft und verunsichernd erfahrene Liberalität und Pluralität der Weimarer Republik rückgängig zu machen.[3] Die weitgehende Duldungspolitik gegenüber der Homosexuellenbewegung und ihren Emanzipationsansprüchen wich einer Unterdrückungspolitik sich abwechselnder autoritär agierender Regierungsbildungen.

Ab Juli 1932 wurde diese reaktionäre Kehrtwende auch in Berlin deutlich spürbar, nachdem der neue Reichskanzler Franz von Papen die sozialdemokratische Regierung in Preußen eigenmächtig abgesetzt und durch Franz Bracht als stellvertretenden neuen preußischen Reichskommissar und Innenminister ersetzt hatte. Beide kamen aus der katholischen Zentrumspartei und beförderten mit Nachdruck einen Kurswechsel in der Sittenpolitik.

Schon 1932 drohte daraufhin einigen Homosexuellenlokalen in Berlin die polizeiliche Schließung. Auch das „Institut für Sexualwissenschaft" geriet ins Visier. Es begannen behördliche Bestrebungen, der Hirschfeldschen Institutsstiftung mit einer Prüfung der Gemeinnützigkeit die finanzielle Grundlage zu entziehen.[4] Hirschfeld selbst hatte Deutschland bereits 1930 verlassen. Er war auf Weltreise gegangen, um Vorträge zu

**1** | Goodbye to Berlin?, 100 Jahre Schwulenbewegung, Berlin 1997, S. 83–128.
**2** | Stefan Micheler, Selbstbilder und Fremdbilder der Anderen. Männer begehrende Männer in der Weimarer Republik und der NS-Zeit, Konstanz 2005.
**3** | Andreas Pretzel, Weimarer Wertedebatten um Homosexualität im Kulturkampf zwischen Konservatismus, Liberalismus und sittlich-nationaler Erneuerung, in: Hans-Peter Becht/Carsten Kretschmann/Wolfram Pyta (Hrsg.), Politik, Kommunikation und Kultur in der Weimarer Republik, Heidelberg 2009, S. 51–70.
**4** | Rainer Herrn, Vom Traum zum Trauma. Das Institut für Sexualwissenschaft, in: Elke-Vera Kotowski/Julius H. Schoeps (Hrsg.), Magnus Hirschfeld. Ein Leben im Spannungsfeld von Wissenschaft, Politik und Gesellschaft, S. 193.

halten. Auf einer Postkarte aus Indien nannte er 1932 den Grund seines Weggangs: Er konnte in Deutschland öffentlich kaum mehr auftreten, fühlte sich bedroht durch die Nationalsozialisten und die katholische Zentrumspartei. Als Zwickmühle zwischen Scylla und Charybdis hat er die beiderseitige Bedrohung bezeichnet.

In dieser Zwickmühle befand sich auch die Homosexuellenbewegung. 1932 wurden Tanzveranstaltungen eingeschränkt, Zeitungen gerieten in finanzielle Krisen, weil ihr öffentlicher Verkauf unterbunden und einzelne Ausgaben zensiert wurden.[5] Dazu kam die Weltwirtschaftskrise. Die Ökonomie von Homosexuellenszene und Homosexuellenbewegung, Ressourcenmobilisierung und Aktionsmöglichkeiten wurde durch Rezession und Repression erheblich geschwächt. Als „Anfang einer neuen Ära" hat Paul Weber vom „Bund für Menschenrecht", der mitgliederstärksten Homosexuellenvereinigung, die unsichere und bedrohlich erscheinende Lage 1932 bezeichnet. Gleichzeitig ergriffen in Homosexuellen-Zeitschriften erstmals homosexuelle Nazis das Wort.

In dieser Situation – und das klingt paradox – wandten sich offenbar auch Homosexuelle den Nationalsozialisten zu, obwohl die NSDAP an ihrer Homophobie nie einen Zweifel gelassen hatte. Doch in die Parteien der Demokratie hatten viele das Vertrauen verloren. Die Zentrumspartei, an allen Regierungen der Weimarer Demokratie beteiligt, agierte als ihr unerbittlicher Feind. Katholische Homosexuelle haben vergebens versucht, sie umzustimmen. Und Sozialdemokraten waren es, die ab 1931 mit einer deutschlandweiten Pressekampagne einige SA-Führer als homosexuell outeten und diffamierten.[6] Sie wollten die Heuchelei der NSDAP kritisieren, die einerseits Homosexualität verdammte und andererseits in der Führung der SA Homosexuelle zu dulden schien. Aber mit dieser Kampagne, die mit Schlagzeilen wie „Warme Brüderschaft im Braunen Haus" Empörung und Abscheu schürte, verloren die Sozialdemokraten das Vertrauen vieler Homosexueller. Das frühere Engagement der Partei für eine Entkriminalisierung und Neubewertung von Homosexualität wirkte zunehmend unglaubwürdig. Die NSDAP-Führung, durch die Kampagne in die Defensive geraten, schwieg ganz auffällig zu diesem Thema, als sie zur mächtigen politischen Kraft wurde. In dieser zwiespältigen Situation und den sich politisch rasant verändernden Verhältnissen wählten auch Homosexuelle die Nationalsozialisten. Sie hofften auf den Schutz durch die in deren Führung sitzenden Homosexuellen oder glaubten, es würde auf Grund deren Stellung schon nicht zu Schlimmerem kommen.

Ein Beispiel für die partielle Umorientierung innerhalb der Berliner Homosexuellenszene liefert das legendäre Transvestitenlokal „Eldorado". Es war bereits Ende 1932 von polizeilicher Schließung bedroht. Der Wirt kam der Schließung seines Lokals jedoch im Januar 1933 zuvor. Er stellte es der Berliner SA als Propaganda-Lokal zur Verfügung, da er seit Langem freundschaftliche Kontakte zu homosexuellen SA-Führern unterhielt. Zu den Gästen im „Eldorado" gehörte der Oberste SA-Führer Deutschlands Ernst Röhm und auch der Berliner SA-Führer Karl Ernst. Als der Eldorado-Wirt zeitgleich ein neues Lokal für die SA am Ku'damm eröffnete, wurde Karl Ernst zu seinem Beschützer. Doch lange konnte er ihm nicht helfen. Im Bunde mit der NSDAP bedrohte die SS, die in Konkurrenz zur SA stand, den ehemaligen „Schwulenwirt". Er musste im Juni 1933 in die Tschechoslowakei emigrieren.

Der Beginn der Repression gegen die Homosexuellenszene Berlins war das Werk konservativer Christen gewesen. Doch die Nationalsozialisten setzten mit neuem Aktionismus fort, was jene begonnen hatten. Im Mai 1933 wurde das „Institut für Sexualwissenschaft" von SA-Studenten überfallen, geplündert und geschlossen. Als sie kurz

**5** | Jens Dobler, Zwischen Duldungspolitik und Verbrechensbekämpfung. Homosexuellenverfolgung durch die Berliner Polizei von 1848 bis 1933, Frankfurt 2008, S. 493, 520–523.

**6** | Susanne zur Nieden, Aufstieg und Fall des virilen Männerhelden. Der Skandal um Ernst Röhm und seine Ermordung, in: Dies. (Hrsg.), Homosexualität und Staatsräson. Männlichkeit, Homophobie und Politik in Deutschland 1900–1945, Frankfurt a.M. 2005, S. 163–176.

darauf auf dem Opernplatz in Berlin die Bücher von liberalen und sozialistischen Autoren verbrannten, waren auch Schriften aus dem Institut darunter. Eine Büste von Magnus Hirschfeld wurde wie eine Trophäe bei der Demonstration mitgetragen. Sein Lebenswerk sollte symbolisch und tatsächlich vernichtet werden. Er verkörperte ein doppeltes Feindbild, das des Juden und das des Sexualaufklärers, der für Homosexuelle eintrat.[7]

Der erklärte Kampf für eine sittlich-nationale Erneuerung, der sich zunächst gegen vermeintliche öffentliche Unsittlichkeit richtete, wurde von Konservativen nachdrücklich begrüßt. Er erschien als Fortsetzung ihrer Bestrebungen und trug zur Unterstützung des neuen Regimes bei. In diesem Kampf bildete die Plünderung und Schließung des Hirschfeld-Instituts einen Auftakt. Auch die Berliner Homosexuellenszene war zahlreichen Repressionen und Polizeiverboten bis hin zur Schließung eines dutzend bekannter Lokale ausgesetzt. Die Vereinigungen Homosexueller lösten sich im Zuge der Gleichschaltung auf, ihre Zeitungen stellten ihr Erscheinen ein.

Homosexuelle, ob Männer oder Frauen, waren zunächst vor allem von einer Strategie der Unterdrückung durch Unsichtbarmachen betroffen.[8] Ihnen wurde das Recht auf eine sichtbare Existenz bestritten. Mit dem Vorwurf einer Gefährdung öffentlicher Sittlichkeit und einer Verbreitung von „Schmutz und Schund" wurde ihre errungene Öffentlichkeit in den Dreck gezogen und polizeilich unterdrückt. Persönlich bedroht und verfolgt wurden vor allem jene, die öffentlich auffielen, zum Beispiel Transvestiten. Vereinzelt wurden Homosexuelle, die in die Fänge selbst ernannter NS-Sittenwächter gerieten, auch in die „wilden Konzentrationslager" der SA verschleppt, misshandelt und gedemütigt. Aber der Terror der neuen Machthaber richtete sich in Berlin anfangs vor allem gegen die politischen Gegner.

### Abschreckungspolitik 1934/35

Den Anlass zur nachdrücklicheren Verfolgung homosexueller Männer bot der so genannte Röhm-Putsch vom 30. Juni 1934. Die von Heinrich Himmler geführte SS leitete die Mordaktion an einem Teil der obersten SA-Führung, nachdem der Sicherheitsdienst der SS zuvor Material gegen die vermeintlichen Umtriebe der SA gesammelt hatte. Bei der Rechtfertigung der Morde wurde auch die Homosexualität der SA-Führer angesprochen und mit dem Putsch in Zusammenhang gebracht.

Himmler wusste das Ausspielen der Homosexualitätsfrage für sich zu nutzen. Die seit Langem bekannte Homosexualität Röhms und einiger weiterer SA-Führer wurde zum entscheidenden Baustein einer Verschwörungstheorie, in der Homosexualität mit einem konspirativen, illoyalen und staatsgefährdenden Machtanspruch in Zusammenhang gebracht wurde. Himmler etwa behauptete, die NS-Bewegung sei von einem „Staat von Urningen" bedroht worden.[9] Diese Schreckensvision eines von Homosexuellen beherrschten „Dritten Reiches" ging Hand in Hand mit der nicht minder angstbesetzten Vorstellung, die NS-Bewegung könne durch homosexuelle Umtriebe zersetzt werden. Diese Angst hat Himmler bewusst geschürt und ausgenutzt. Er aktivierte die Verfolgung, politisierte und radikalisierte das polizeiliche Vorgehen. Mit der schrittweisen Expansion des Himmlerschen Machtbereichs wurde auch die Homosexuellenverfolgung ausgeweitet.

Im Herbst 1934 ließ Himmler in der Zentrale der politischen Polizei, dem Geheimen Staatspolizeiamt in Berlin, eine Sonderabteilung zur Säuberung der Parteigliederungen von Homosexuellen (Gestapa II S 1) errichten. Ab Ende 1934 wurden zunehmend Beamte der Berliner Kripo hinzugezogen, die zusammen mit Gestapobeamten und SS-Angehörigen in der Berliner Homosexuellenszene Razzien veranstalteten, Verhaftungen und zeitweilige KZ-Internierungen vornahmen. Damit begann der Terror gegen homosexuelle Männer. Und es war der erste Schritt zur Ausweitung der Verfolgung.

---

[7] | Rainer Herrn, Magnus Hirschfeld, sein Institut für Sexualwissenschaft und die Bücherverbrennung, in: Mitteilungen der Magnus-Hirschfeld-Gesellschaft, Heft 39/40, 2008, S. 18–23.

[8] | Zu dieser Unterdrückungsstrategie vgl. Pierre Bourdieu, Einige Fragen zur Schwulen- und Lesbenbewegung, in: Ders., Die männliche Herrschaft, Frankfurt a. M. 2005, S. 202 und 205.

[9] | Burkhard Jellonnek, Homosexuelle unter dem Hakenkreuz, Paderborn 1990, S. 95–99.

Misshandlungen und Verhörgeständnisse im Gestapa-Hausgefängnis, im KZ Columbia Haus und KZ Lichtenburg führten zu zahlreichen Verhaftungswellen. Bis Mitte 1935 nahm man schätzungsweise bis zu 1.000 Verdächtige fest und internierte sie mehrere Monate lang in so genannter Schutzhaft. Im Frühjahr 1935 stellten Homosexuelle mehr als die Hälfte der Schutzhäftlinge im KZ Lichtenburg.

Im September 1935 kam es zu einer weiteren Verstärkung im Vorgehen gegen die Homosexuellenszene Berlins. Die Gestapoleitstelle übernahm die Verfolgung homosexueller Männer von der Berliner Kriminalpolizei in ihren alleinigen Zuständigkeitsbereich – und ordnete sie bezeichnenderweise anfangs dem Schutzhaftdezernat zu. Das war ein deutschlandweit einmaliger Vorgang. Berlin spielte in den nächsten fünf Jahren eine Sonderrolle.[10] Bis 1940 gehörte in der Hauptstadt die Verfolgung homosexueller Männer zum ureigenen Aufgabengebiet der Gestapo, im Reich blieb die Kriminalpolizei zuständig.

Die Verfolgung homosexueller Männer durch die Gestapo in Berlin war quasi ein Modellversuch. Die Radikalität der KZ-Internierungen und Gestapo-Verhöre im rechtsfreien Raum sollte mit den gerichtsverwertbaren Ermittlungsmethoden der Kripo und rechtsstaatlichen Verfolgungsprinzipien verbunden werden, um eine nachhaltige und effektive Bekämpfung des so genannten Homosexuellenunwesens in der Reichshauptstadt zu erreichen. Die Politik der Abschreckung wurde von einer Politik der Abstrafung abgelöst.

**Straf- und Präventionspolitik 1936–1939**
Mit den zahlreichen Gestapo-Ermittlungen und Verhörgeständnissen wurde die Berliner Justiz unter Druck gesetzt. Sie sollte fortan die massenhafte Freiheitsberaubung homosexueller Männer vornehmen und damit die Gestapo entlasten, die sich auf die Ermittlungsarbeit konzentrieren konnte. Das 1935 verschärfte Strafgesetz erwies sich als effektives Mittel zur Aburteilung jeglicher gleichgeschlechtlicher Handlungen (§§ 175, 175a StGB).[11] Seither waren nicht mehr nur beischlafähnliche, sondern sämtliche als „unzüchtig" angesehene Handlungen zwischen Männern strafbar. Das arbeitsteilige Zusammenwirken zwischen der Gestapo und der Justiz führte ungeachtet anfänglicher Kompetenzstreitereien und weiter bestehender Konkurrenzen zu einer Verschärfung und Intensivierung der Verfolgung in Berlin. Im Vergleich zum Jahr 1934 hatte sich Ende 1936 die Zahl der von der Polizei ermittelten Beschuldigten von 500 auf 2.300 weit mehr als vervierfacht. Die Anzahl der dann tatsächlich Angeklagten seitens der Justiz war im gleichen Zeitraum von 77 auf 980, d. h. um mehr als das Zwölffache angestiegen.

Das Berliner Modell sollte zum Vorbild für eine reichsweite Intensivierung der Homosexuellenverfolgung werden. Als Heinrich Himmler 1936 zum Chef der gesamten Polizei aufstieg, wollte er über die Homosexuellenverfolgung auch innerhalb der Kriminalpolizei im Reich an Einfluss gewinnen. Er ließ Sonderkommandos aus dem „Homosexuellenreferat" des Berliner Gestapa reichsweit tätig werden, um die Homosexuellenverfolgung anzuheizen.

Im Oktober 1936 wurde dazu auf Anordnung Himmlers eine Führungsinstitution geschaffen, die „Reichszentrale zur Bekämpfung der Homosexualität und Abtreibung". Himmler griff die Forderung vieler Kriminalisten nach einer zentralen Datenerfassung auf und machte sich die Reichszentrale als flexibles Instrument im Kampf gegen Homosexualität dienstbar. Sie diente nicht nur der Erfassung, Ermittlung und Überführung potentieller Straftäter, sondern fungierte zugleich als mobile Eingreiftruppe und war das zentrale Element für eine neuartige Präventionspolitik.

**10** | Andreas Pretzel, „Erst dadurch wird eine wirksame Bekämpfung ermöglicht." Polizeiliche Ermittlungen, in: Ders./ Gabriele Roßbach, „Wegen der zu erwartenden hohen Strafe…" Homosexuellenverfolgung in Berlin 1933–1945, Berlin 2000, S. 43–44.

**11** | Eine detaillierte Darstellung der Gesetzesnovelle vom 28.6.1935 und den neuen Strafvorschriften bei Jürgen Müller, Ausgrenzung der Homosexuellen aus der Volksgemeinschaft. Die Verfolgung von Homosexuellen in Köln 1933–1945, Köln 2003, S. 62–68.

Die Reichszentrale wurde zwar formell der Kriminalpolizei zugeordnet, gehörte tatsächlich aber zunächst zur Politischen Polizei. Chef war SS-Obersturmbannführer Josef Meisinger, dem auch das „Homosexuellenreferat" im Gestapa unterstand. Unter seiner Leitung wurden erfahrene Kriminalkommissare mit einem Stab von 15–20 Gestapoermittlern aktiv, die Einsätze in zahlreichen Städten durchführten, um die Homosexuellenverfolgung voranzutreiben und zu unterstützen. Auf das Konto dieser Sonderkommandos gehen die propagandistisch instrumentalisierten so genannten Klosterprozesse gegen homosexuelle und pädophile Geistliche oder die Ermittlungen gegen den Oberbefehlshaber des Heeres Generaloberst Werner von Fritsch. Sie unternahmen zudem regionale Sonderermittlungen gegen die Homosexuellenszene u.a. in Hamburg, Essen und Frankfurt a. M., in München und ab 1938 auch in Wien. Wie eifrig sie auch in Berlin waren, wo sie parallel zur Gestapoleitstelle viele Verfahren an sich zogen, zeigt ein Blick auf die Inhaftierungen im Hausgefängnis des Gestapa. Homosexuelle bildeten hier die drittgrößte Häftlingsgruppe.

Der über Berlin hinausgehende, reichsweite Einsatz der Sonderkommandos sollte der Homosexuellenverfolgung im kriminalpolizeilichen Alltag einen staatspolitischen Stellenwert übertragen, beispielgebende Ermittlungspraktiken und radikale Vorgehensweisen vermitteln. Ende 1936 hatte sich die Zahl der Verfolgten in Deutschland im Vergleich zum Vorjahr mehr als verdreifacht, um 1938 mit 8.177 Verurteilungen einen Höhepunkt zu erreichen. Homosexuelle wurden zu einer sprunghaft anwachsenden Verfolgten- und Opfergruppe des NS-Regimes. Nachdrücklich unterstützte der Chef der Deutschen Polizei die Einflussnahme der Gestapo auf die Intensivierung der kriminalpolizeilichen Verfolgung. Himmler ließ die Leiter der Kripo- und Gestapostellen auf einer gemeinsamen Arbeitstagung im März 1937 ausdrücklich wissen, er werde die Tüchtigkeit der Kriminalpolizei in Zukunft nach ihren Erfolgen auf dem Gebiet der Homosexualität und Abtreibung beurteilen.[12]

Die Reichszentrale sollte die staatspolitischen Zielsetzungen der Homosexuellenverfolgung durchsetzen, welche sich auf unterschiedliche Bedrohungsszenarien gründeten. Die Vorstellung vom homosexuellen Staatsfeind in NS-Organisationen wurde zunehmend überlagert von der Feindbildkonstruktion vom Volksfeind. Maßstab der Verfolgung sollte nun die Abschätzung einer Gefährdung der „Volksgemeinschaft" bilden.[13]

Die Homosexuellenverfolgung zielte fortan auf eine „Gesunderhaltung des Volkskörpers". Dieser Wandel entsprach der neuen Gestapo-Konzeption einer „völkischen Polizei", die ab 1936/37 zu einer generellen Wandlung der Gegnerdefinitionen führte.[14] Ihr diente im März 1937 auch ein Hetzartikel gegen Homosexuelle in der SS-Zeitung „Das Schwarze Korps" mit der Schlagzeile „Das sind Volksfeinde". Die Verfolgungsmaßnahmen bis hin zur KZ-Haft wurden in der Folge dieser Neuausrichtung individualisiert und differenziert. Im Fokus stand die Unterscheidung zwischen gefährlichen Verführern, die angeblich eine „seuchenartige" Verbreitung der Homosexualität bewirkten und den vermeintlich Verführten. Während die einen unschädlich gemacht werden sollten, erhielten die anderen die Chance zur Resozialisierung.[15] Das Verfolgungsdiktat aus dem Gestapa begründete einen selektiven Terror. Es zielte auf Prävention und hat die so genannte Vorbeugungshaft in Konzentrationslagern maßgeblich vorangetrieben.

Die „vorbeugende Verbrechensbekämpfung" wurde vorrangige Aufgabe der Kriminalpolizei. Ein Innenminister-Erlass regelte Maßnahmen zur polizeilichen Überwachung wie auch die beginnende Deportationspolitik in Form der „polizeilichen Vorbeugungshaft".[16] Ab Mitte 1939 trat an die Stelle der von der Gestapo verhängten „Schutzhaft" gegen

12 | Patrick Wagner, Volksgemeinschaft ohne Verbrecher. Konzeption und Praxis der Kriminalpolizei in der Zeit der Weimarer Republik und des Nationalsozialismus, Hamburg 1996, S. 250.

13 | Peter von Rönn, Politische und psychiatrische Homosexualitätskonstruktionen im NS-Staat, in: Zeitschrift für Sexualforschung, 11. Jg., S. 19, 129, 220–260.

14 | Ulrich Herbert, Best. Biographische Studien über Radikalismus, Weltanschauung und Vernunft, Bonn 1996, S. 163f.

15 | Josef Meisinger, Bekämpfung der Abtreibung und Homosexualität als politische Aufgabe, in: Günter Grau (Hrsg.), Homosexualität in der NS-Zeit, Dokumente einer Diskriminierung und Verfolgung, Frankfurt a. M. 2004, S. 147–153.

16 | Siehe in Grau, Homosexualität (wie Anm. 15), S. 181–191.

Homosexuelle mehr und mehr die von der Kripo angeordnete „Vorbeugungshaft". Die Kripo konnte verurteilte Homosexuelle unmittelbar nach ihrer Haftentlassung aus den Gefängnissen und Zuchthäusern der Justiz in „Vorbeugungshaft" nehmen und in ein KZ überstellen.

**Sicherungspolitik 1940–1945**
Mit der Bildung des Reichssicherheitshauptamtes (RSHA) und im Rahmen der Kriegsanforderungen erfuhr die Kriminalpolizei als Bestandteil der Sicherheitspolizei ab 1939 eine bedeutsame Aufwertung. Das Reichskriminalpolizeiamt (RKPA) rückte (als Amt V des RSHA) an die Seite des Geheimen Staatspolizeiamts (Amt IV im RSHA). Damit verbunden war eine neue Aufgabenstellung: Die Sicherung der Heimatfront. Ein Großteil der Gestapo-Angehörigen wurde zum Kriegseinsatz in den besetzten Gebieten benötigt. Die „Reichszentrale zur Bekämpfung der Homosexualität" ging in die Verantwortung des RKPA (Referat V B 3 d) über, wo fortan Kripo-Beamte die „Reichs-Homo-Karteien" führten, überregionale Ermittlungsvorgänge koordinierten und über KZ-Deportationen mitentschieden. Beim Geheimen Staatspolizeiamt verblieb ein verkleinertes Dezernat (Referat IV C 4), das sich bis Februar 1945 den immer noch zahlreichen homosexuellen Fällen mit politischer Dimension oder Brisanz widmete. Auf lokaler Ebene in Berlin zog sich die Gestapo von der Homosexuellenverfolgung wieder zurück. Ein Teil der ehemaligen Homosexuellen-Verfolger kam nunmehr als SD- und SS-Personal in den besetzten Kriegsgebieten zum Einsatz, andere wurden an der inneren Front aktiv. Walter Dobberke z.B. wurde im „Judenreferat" der Berliner Gestapoleitstelle tätig, Walter Serno Leiter der politischen Abteilung im KZ Buchenwald.

Gleichzeitig wurde ab Oktober 1940 in Berlin wieder die Kriminalpolizei für die Verfolgung Homosexueller zuständig. Ihr Vorgehen wurde erkennbar radikaler. Sie führte nicht nur die Verhöre gewalttätiger, wie Berichte von Rechtsanwälten an die Justiz belegen, oder die überlieferten Polizei-Fotoalben verdächtiger Homosexueller zeigen, die zunehmend Spuren von Gewalteinwirkungen aufweisen.

Auch die kriminalpolizeiliche Vorbeugungspraxis radikalisierte sich, befördert durch einen Runderlass des Reichskriminalpolizeiamtes vom 12. Juli 1940. Dieser besagte, dass künftig alle wegen homosexueller Kontakte verurteilten Männer, die „mehr als einen Partner verführt" hätten, nach Entlassung aus der Strafhaft unverzüglich der Vorbeugungshaft in Konzentrationslagern ausgeliefert werden sollten.[17] Auf Vorschlag der Kripo-Beamten aus dem Homosexuellendezernat und in Absprache mit dem Reichskriminalpolizeiamt wurde 1940 in Berlin nahezu jeder zehnte verurteilte Homosexuelle nach Entlassung aus der Strafhaft der Kriminalinspektion „Vorbeugung" direkt übergeben. 1941 betraf diese Auslieferungspraxis 35 Prozent, 1942 bereits 43 Prozent und 1943 sogar 57 Prozent der aus der Justizhaft Entlassenen.

Welchen staatspolitischen Stellenwert die Homosexuellenverfolgung auch im letzten Kriegsjahr behielt, verdeutlichen zwei Beispiele. Als die Berliner Kriminalpolizei im September 1944 weitestgehend vor der Kriegswirklichkeit kapitulierte und nur noch „kriegswichtige" Delikte verfolgte, widmete sie sich mit einer besonderen Kriminalgruppe (KG S 1) bis März 1945 weiter der Homosexuellenjagd. Und auch im Hinblick auf die „Reinhaltung" der NS-Eliteverbände änderte sich bis Kriegsende nichts. Noch am Abend des 24. April 1945 wurden in Berlin-Spandau vier Schutzpolizisten, die wegen homosexueller Tatvorwürfe inhaftiert waren, erschossen. Der Vollstrecker berief sich auf Himmlers Geheimbefehl zur rigorosen Tötung Homosexueller in Polizeiverbänden.[18]

**17** | Jellonnek, Homosexuelle (wie Anm. 15), S. 139; Wagner, Volksgemeinschaft (wie Anm. 12), S. 334.
**18** | Zum Geheimbefehl Himmlers von 1941 siehe Grau, Homosexualität (wie Anm. 15), S. 242–251.

**Staatlicher Terror gegen eine Minderheit**

Von 1933 bis 1945 wurde in Berlin gegen mehr als 16.500 Verdächtige wegen homosexueller Tatvorwürfe ermittelt. Gemessen an der Einwohnerzahl der Reichshauptstadt betraf es etwa ein Prozent der männlichen Einwohner Berlins im strafmündigen Alter. Jeder hundertste Berliner war „tatverdächtigt", verhört und bedroht worden.[19]

Der staatliche Verfolgungseifer richtete sich nahezu ausschließlich gegen Männer, die sich homosexuell verhielten. Fast 6.000 Anklagen wurden gegen die Betroffenen in Berlin erhoben und etwa 4.000 zu Haftstrafen verurteilt und ihrer Freiheit beraubt. Mehr als 500 Männer, die in Berlin lebten oder hier verurteilt wurden – so der derzeitige Forschungsstand – überlebten die Verfolgung nicht. Sie wurden in den Tod getrieben, kamen in Polizeigefängnissen, in Zuchthäusern und Strafgefangenenlagern der Justiz, bei der „Feindbewährung" an der Front und vor allem in den Konzentrationslagern der SS ums Leben. Ihr Tod wurde billigend in Kauf genommen oder gewollt bezweckt und vollstreckt.

Diese Zahlen, die Verfolgungsmaßnahmen bezeichnen und Schicksale beziffern, belegen zugleich, dass sich die Verfolgten selbst durch zunehmenden Terror nicht davon abhalten ließen, ihre Liebe, eine Partnerschaft oder zumindest ein flüchtiges Abenteuer, ja mitunter nur einen Flirt, zu suchen. Die Opfer waren auch Akteure. Ihre Selbstbehauptung und ihr Wagemut unter bedrohlichsten Umständen bildet das Gegenbild zur Verfolgung. Einer Mehrheit der Verdächtigten gelang es, durch beharrliches Leugnen und standhaftes Bestreiten unbestraft davonzukommen.

Die Erfahrungen der Verfolgten waren sehr unterschiedlich, je nachdem, in welcher Phase zunehmender Radikalisierung Verdächtigte in die Fänge der Polizei und Justiz gerieten, zu welchen Strafen die Beschuldigten verurteilt und welchen weiteren Verfolgungsmaßnahmen sie ausgeliefert wurden. Nach einer Phase der Unterdrückung und Abschreckung durch Repression und willkürlichen Terror folgte ab 1936 eine systematische Verfolgung mit rigider Straf- und einer Präventionspolitik gegenüber angeblichen Gefährdern. Im Verlauf der Kriegszeit wurden immer mehr Verdächtige zum Sicherheitsrisiko erklärt und in Justizhaftanstalten und Konzentrationslagern interniert. Der Terror richtete sich zunehmend gegen so genannte Jugendverführer und Wiederholungstäter. Gerade sie wurden verfolgt und zum Großteil zu Tode gebracht.

Die Ausgrenzung Homosexueller aus der nationalsozialistischen „Volksgemeinschaft" erfolgte schrittweise und mit wechselnden Feindbildkonstruktionen, in denen das sexuelle Verhalten einer Minderheit zur Gefahr für Staat und Volk erklärt wurde. Die Verfolgung homosexueller Männer wurde durch politisierte Bedrohungsängste motiviert, die sich gegenseitig be- und verstärkten. Diese Feindbilder kulminierten in einem erhöhten Sicherheitsrisiko an der inneren Front, als während des Krieges Überwachung, Verfolgung und Unterdrückung immer schwieriger schienen und Versagensängste seitens der Verfolger hinzukamen. Allesamt waren es Fremdzuschreibungen, Phantasmagorien homophober und heteronormativer Hegemonialansprüche, die sich zulasten und zum Leid einer gesellschaftlichen Minderheit zu Terror während der NS-Diktatur steigerten.

---

**19** | Andreas Pretzel/Vera Kruber, Jeder 100. Berliner. Statistiken zur Strafverfolgung Homosexueller in Berlin, in: Ders./Roßbach, „Wegen der zu erwartenden hohen Strafe…" (wie Anm. 10), S. 169.

Laurenz Demps
**Kontrolle und Überwachung ausländischer Zwangsarbeiter in Berlin –
Der „Sonderfahndungsplan der Kriminalpolizeileitstelle Berlin"**

Im Jahre 1939, nach der Entfesselung des Zweiten Weltkrieges, spielte der Umgang mit ausländischen Arbeitskräften zunächst keine bedeutende Rolle. Denn einerseits war ihre Zahl anfangs nicht sehr hoch und anderseits rechneten die Nationalsozialisten mit einem kurzen Krieg. Die vorhandenen Arbeitskräfte schienen ausreichend zu sein. Zudem hielt die Geheime Staatspolizei (Gestapo) den Einsatz ausländischer Zwangsarbeiter im Deutschen Reich für ein Sicherheitsrisiko. Sie wandte sich daher insbesondere gegen den Einsatz von Arbeitskräften aus der damaligen Sowjetunion. Heinrich Himmler, Reichsführer SS und Chef der Deutschen Polizei, fasste die Befürchtungen der Gestapo am 7. Dezember 1942 wie folgt zusammen: „Der Millioneneinsatz ausländischer Arbeiter hat dem Feind die Grenzen des Reichs weitgehend geöffnet und die Möglichkeiten gegeben, Agenten jeder Art ins Reich hineinzuschleusen und auch seine Fallschirmagenten unter Ihnen eine Wirkungsbasis finden zu lassen."[1]

Durch die großen Menschenverluste des Zweiten Weltkrieges entstand jedoch im nazistischen Machtbereich ein großer „Menschenhunger", d.h. man benötigte die Arbeitskräfte als Soldaten und damit fehlten die Produzenten von Waffen. Diese wollte man durch den massenhaften Einsatz ausländischer Arbeiter ersetzen. Die Gestapo musste sich fügen und ihre Vorbehalte vor allem gegen den Einsatz sowjetischer Arbeitskräfte aufgeben. Sie entwarf und feilte aber an einem terroristischen Konzept gegen diese Gruppe. Denn sie sah es als ihre Aufgabe an, nicht nur Widerstandshandlungen zu verfolgen, sondern vorbeugend jede Möglichkeit des Widerstandes oder des Auflehnens bereits „im Keime" zu verhindern. In der „Allgemeinen Erlaßsammlung" des Reichssicherheitshauptamtes (RSHA), die vermutlich im Sommer 1944 erschien, finden sich auf 207 Seiten Weisungen gegenüber den ausländischen Arbeitskräften.

Am 6. Februar 1942 erging ein Runderlass des RSHA zur „Bewachung sowjetrussischer Arbeitskräfte", der die Struktur der „Anwerbung" und die Verteilung von Arbeitskräften aus der damaligen Sowjetunion im Deutschen Reich zum Gegenstand hatte. Er begann mit einer Drohung: „Auf Anordnung des Reichsmarschalls werden in den bisher besetzten sowjetrussischen Gebieten Arbeitskräfte angeworben, die im Reichsgebiet eingesetzt werden sollen. Mit Rücksicht darauf, daß die zum Einsatz gelangten Kräfte jahrelang dem verhetzenden Einfluß des Bolschewismus ausgesetzt waren, sind besonders strenge Bewachungsmaßnahmen erforderlich."[2]

In der Nähe der Machtgrenzen des Nazireiches wurden große „Auffang- und Entseuchungslager" eingerichtet, deren Bewachung der Polizei oblag. Der Transport in das Reichsgebiet musste geschlossen vollzogen werden, er wurde ebenfalls von der Polizei bewacht. In den einzelnen Gebieten der Landesarbeitsämter im Deutschen Reich wurden Durchgangslager errichtet, so für den Landesarbeitsbezirk Brandenburg (er umfasste das Gebiet der Provinz Brandenburg und Berlin) zunächst in Boosen

[1] Reichssicherheitshauptamt, Allgemeine Erlaßsammlung (im weiteren AES), o.O. u.J., Abschnitt 2 A III f., S. 91f.
[2] Ebd., S. 11.

bei Frankfurt/Oder, in Erkner und in Drewitz. Bei dem Ort Erkner handelt es sich um das Lager Wilhelmshagen bei Berlin, das ab Februar 1942 errichtet wurde.[3] In diesen Lagern wurden die Fremd- und Zwangsarbeiter registriert, erkennungsdienstlich behandelt und dann vom Arbeitsamt auf die Lager in den einzelnen Betrieben aufgeteilt.[4]

Die Organisation der Bewachung dieser Lager oblag, wie das gesamte Bewachungsgewerbe im Deutschen Reich, der Aufsicht des Reichsführer SS und Chef der Deutschen Polizei, also Heinrich Himmler. Er gab am 20. Februar 1942 eine detaillierte Anweisung heraus. Sie begann mit beschwörenden Worten: „(1) Der Einsatz von Arbeitskräften aus dem altsowjetischen Gebiet im Reich birgt trotz der besonderen Beschränkungen der Lebensführung dieser Arbeitskräfte größere Gefahren in sich als jeder andere Ausländereinsatz, zumal in der Praxis, vor allem am Arbeitsplatz, eine restlose Trennung von deutschen oder anderen ausländischen Arbeitskräften und eine strenge Überwachung vielfach kaum durchgeführt werden wird. Der Sicherheitspolizei obliegt die Verantwortung für die Gefahrenabwehr, und sie muss alles dran setzen, um ihren Aufgaben gerecht zu werden, d. h. die Gefahrenlage auf ein Mindestmaß zu beschränken."[5]

Aus dieser knappen, bürokratischen Festlegung entwickelten sich die Einzelheiten der Gestaltung des Alltags der Ausländer. Im Geheimen Staatspolizeiamt fand zunächst eine Konferenz aller Leiter der Stapoleitstellen statt. Obwohl sich viele Dokumente auf diese Konferenz beziehen, konnten bis heute weder das Datum noch die besprochenen Inhalte ermittelt werden. Gleiches gilt für die folgenden Konferenzen der Stapoleitstellenleiter in Berlin. An diesen Konferenzen nahmen neben den Gestapoangehörigen die Betriebsführer, die Vertreter des Wachgewerbes, des Werkschutzes sowie die Arbeitsdirektoren der wichtigsten Betriebe Berlins teil; Ebenso die Vertreter der Abwehrdienststellen der Wehrmacht sowie die Vertreter der Rüstungsinspektionen des Wehrkreises III (Berlin).

Es wurde festgelegt, dass die Gestapo die Anlage der Lager kontrollieren und das Wachpersonal überprüfen sollte. Deutsche Arbeitskräfte sollten zusätzlich gewonnen und an der Bewachung beteiligt werden. Es wurde mehrfach in den Weisungen betont, die geschlossen eingesetzten und untergebrachten Arbeitskräfte müssten „dauernd" – sowohl am Arbeitsplatz wie in der Unterkunft – unter Bewachung stehen. Zudem wurde eine besondere Kennzeichnung dieser Arbeitskräfte – nach dem Vorbild der polnischen Arbeitskräfte – angeordnet.[6]

Die regionalen Geschäftsführer und ihre Stellvertreter der Bezirksgruppen des Bewachungsgewerbes waren nun „politisch-polizeiliche Abwehrbeauftragte". Für Berlin und Brandenburg war dies Erwin Hanel von der Firma Wachgesellschaft für Berlin und Nachbarorte GmbH. Auf diese Weise mobilisierte die Gestapo weitere Kräfte für ihr terroristisches Konzept, vergrößerte ihre Möglichkeiten und bezog einen weiteren Teil der Bevölkerung direkt und unmittelbar in dieses Konzept ein.

Die immer größere Zahl von neu in das Deutsche Reich verschleppten Arbeitskräften führte zu Initiativen, das terroristische Konzept und die Kräfte zur Kontrolle und Überwachung dieses Personenkreises weiter auszudehnen. Himmler nutzte hierfür die bereits am 8. November 1940 festgelegte Möglichkeit, während des Krieges „Parteiformationen als Hilfspolizei" einzusetzen.[7] Auf dieser Grundlage entstanden neue, in der Literatur bisher kaum angesprochene Unterdrückungsstrukturen. Mit Weisung vom 17. Januar 1942 wurde durch einen Schnellbrief des Reichsführers SS und Chef der Deutschen Polizei unter dem Betreff „Maßnahme zum Schutz der Bevölkerung gegen entwichene

**3** | Siehe dazu Leonore Scholze-Irrlitz, Das organisatorische Rückgrat an der Peripherie der Reichshauptstadt, in: Arbeit für den Feind, Zwangsarbeiter-Alltag in Berlin und Brandenburg 1939–1945, Berlin 1998, S. 15ff.
**4** | AES, S. 13f.
**5** | Ebd., S. 16f.
**6** | Ebd., S. 29.
**7** | Verfügungen, Anordnungen, Bekanntgaben der Parteikanzlei der NSDAP, München 1944, Bd. 2, S. 407.

Kriegsgefangene usw." die Aufstellung einer Landwacht befohlen. Zur Begründung der Aufstellung dieser neuen Formation wurde ausgeführt:

„1. Die Verwendung zahlreicher Kriegsgefangenen im Inland bildet auf dem flachen Lande eine Gefahr für die öffentliche Ordnung, gegen die notwendige Vorkehrungen beschleunigt getroffen werden müssen. Durch die Maßnahme soll zugleich die Polizei, die für anderweitige Aufgaben stark beansprucht ist, entlastet und der Schutz der Bevölkerung überall rechtzeitig gewährleistet werden."

Als Aufgabe der Landwacht wurde bestimmt:
„2. [...] Sie übernimmt unter Führung der Gendarmerie den Schutz der Bevölkerung gegen entwichene Kriegsgefangene und andere Personen, die im Herumtreiben die öffentliche Sicherheit und Ordnung gefährden."[8]

Am 9. November 1942 folgte nach diesem Vorbild für die Städte die Weisung zur Aufstellung einer Stadtwacht, die die „örtlichen Polizeikräfte bei außergewöhnlichen Ereignissen zu verstärken" hatte. Diese militärisch strukturierten Einheiten erhielten u. a. die Aufgabe, „die Ordnungen in den Arbeitslagern" aufrecht zu erhalten.[9] Auch die Stadtwacht erhielt den Status der Hilfspolizei und sollte sich mit Waffen aus „Privatbesitz" (Jagdgewehre, Pistolen, Revolver usw.) bewaffnen.

Zu ihren Aufgaben gehörte nicht nur die Kontrolle der Lager für ausländische Arbeiter, sondern sie hatten gemeinsam mit der Polizei Alarmpläne aufzustellen und bei Luftangriffen die Lager zu inspizieren, um Fluchten zu verhindern. Es war dies eine groß angelegte Mobilisierung weiter Bevölkerungskreise, die unmittelbar in den staatlichen Terror gegen ausländische Zwangs- und Fremdarbeiter einbezogen wurden. Sie bewachten Straßenkreuzungen und Bahnhöfe bzw. liefen Streife, um Personen, die ihnen nicht bekannt waren und die sich in den Orten bzw. der Stadt aufhielten, zu kontrollieren. Über die Tätigkeit dieser Gruppen ist wenig bekannt, aber in Erlebnis- und Erinnerungsberichten über Berlin in der Nazizeit wird immer wieder auf Posten in SA-Uniform (bzw. mit anderen Uniformstücken bekleidet) verwiesen, die an Eingängen der Bahnhöfe von U- und S-Bahn standen und kontrollierten. Zwar konnten sie damit Fluchten von ausländischen Arbeitskräften nicht verhindern, aber groben Schätzungen zufolge nahmen sie im Jahre 1944 etwa 40.000 Verhaftungen pro Monat vor. Zu einer weiteren Radikalisierung im Umgang mit den ausländischen Zwangsarbeitern kam es, als am 15. Dezember 1942 für Berlin der „Sonderfahndungsplan der Sicherheitspolizei und des SD", der von der Kriminalpolizeileitstelle Berlin ausgearbeitet worden war, erlassen wurde. Zweck des Sonderfahndungsplans war „die schlagartige Auslösung und einheitliche Durchführung einer Sonderfahndung im Bereich der Kriminalpolizeileitstelle Berlin, umfassend den Ortspolizeibezirk Groß-Berlin sowie den Regierungsbezirk Potsdam, unter Benutzung der jeweils schnellsten Nachrichtenmittel und unter Einsatz aller verfügbaren Kräfte in Fällen von außergewöhnlicher kriminalpolizeilicher oder staatspolizeilicher Bedeutung, die eine das übliche Maß übersteigende Fahndungstätigkeit erfordern."[10]

An anderer Stelle dieses 31 Seiten starken Dokumentes werden weitere Gründe für die Auslösung eines Alarms angeführt. So wurde im Schreiben des Kommandos der Schutzpolizei Berlin vom 22. September 1942 vor „Attentaten auf führende Persönlichkeiten" und „besonderen Schwerverbrechen" gewarnt.[11] Die Reichsbahndirektion Berlin sprach in ihrem Schreiben vom 8. Juli 1942 sehr vage von „dem Fall bestimmter vollendeter Verbrechen gegen die Sicherheit des Reiches."[12]

**8** | Ebd., S. 421ff.
**9** | Ebd., S. 428ff.
**10** | Landesarchiv Berlin, Rep. 244, Acc. 1798, Nr. 1, Bl. 4.
**11** | Ebd., S. 25.
**12** | Ebd., S. 29.

Der Alarmplan galt in vier Bereichen, dem Bezirk Nordost mit den Landkreisen Prenzlau, Templin, Angermünde, Niederbarnim, Oberbarnim und dem Stadtkreis Eberswalde. Zum Zweiten in dem Bezirk Nordwest mit den Landkreisen Westprignitz, Ostprignitz, Ruppin, West-Havelland, Ost-Havelland sowie den Stadtkreisen Rathenow und Wittenberge. Weiterhin in dem Bezirk Süd mit den Landkreisen Zauche-Belzig, Jüterbog-Luckenwalde, Teltow, Beeskow-Storkow sowie den Stadtkreisen Potsdam und Brandenburg. Der vierte Bereich umfasste die Stadt Berlin.

Die Einsatzkräfte sollten von der Kriminalpolizei, der Gestapo, der Schutzpolizei, dem Sicherheitsdienst der SS, der Gendarmerie, der staatlichen sowie der freiwilligen Feuerwehr, dem Luftschutzbund, der Technischen Nothilfe, der Land- und Stadtwacht, dem Forstschutz, dem Reichsarbeitsdienst, der Allgemeinen SS, der SA, dem Nationalsozialistischen Kraftfahrer-Korps sowie dem Nationalsozialistischen Fliegerkorps gestellt werden. Die größten Kontingente, die Masse des Personals, hatten die Schutzpolizei, die Land- und Stadtwacht und die SA zu stellen. Insgesamt war im Alarmfall der Einsatz von 83.582 Mann vorgesehen. Davon sollten allein in Berlin 34.350 Mann mobilisiert werden: Die Schutzpolizei stellte 13.000, die Land- und Stadtwacht 1.300 und die SA 2.000 Mann.[13]

Etwa 282.789 ausländische Arbeitskräfte waren bis zum Ende des Jahres 1942 durch Zwang oder Arbeitsvertrag nach Berlin gebracht worden. Nach dieser Aufstellung kamen auf einen unbewaffneten, bewachten Ausländer im Falle der Sonderfahndung im Durchschnitt 0,4 bewaffnete Kräfte.

Eine besondere Bestimmung des Sonderfahndungsplans betraf die „Lager mit über 200 russischen, polnischen oder tschechischen Arbeitern". Der vertrauliche Befehl der Berliner Schutzpolizei vom 10. Oktober 1942 nennt die Standorte von 20 derartigen Lagern, zu denen im Bedarfsfall 180 bewaffnete SA-Männer zu gehen hatten. Die Ausrüstung erfolgte mit je 1 Karabiner und 30 Patronen pro Mann.[14]

Die Auslösung des Alarms sollte in drei Stufen erfolgen: Polizeifahndung Alpha oder A, Polizeifahndung Beta oder B und dann die Großfahndung. Alle Maßnahmen und die Orte, an denen Posten aufgestellt werden sollten, wurden vorab genau geregelt. Gegenwärtig kennen wir noch keine Details darüber, ob und wann derartige Alarme ausgelöst wurden. Bekannt ist jedoch, dass bei jedem Fliegeralarm automatisch die Alarmstufe A ausgelöst wurde. Im konkreten Fall hieß das, bei jedem Fliegeralarm wurden bewaffnete Kräfte der SA zu den Lagern geschickt, in denen Zwangsarbeiter aus Osteuropa leben mussten. Weiterhin wurden Straßensperren errichtet und Fahndungstrupps ausgesandt.

Nach dem Attentat auf Adolf Hitler am 20. Juli 1944 wurde die Lage in der Stadt komplizierter und die Überwachung der Zwangsarbeiter verschärft. Noch am gleichen Tag wurden alle „Lagerleiter der fremdländischen Arbeiterläger zur Durchführung sicherheitspolizeilicher Maßnahmen der Staatspolizeileitstelle Berlin"[15] unterstellt. Im Kontext mit anderen Bestimmungen war dies die Aufforderung zu jeder möglichen Brutalität. Darüber hinaus versuchte die Gestapo, den Absprung von ausländischen Fallschirmspringern zu verhindern, da diese mit den ausländischen Arbeitskräften und Kriegsgefangenen in Verbindung treten könnten, um Aufstandsversuche zu unternehmen bzw. die Lage in der Stadt zu destabilisieren. Ob und inwieweit dahinter reale Erkenntnisse vorlagen, kann zum gegenwärtigen Zeitpunkt nicht festgestellt werden. Entscheidend aber wurde, dass diese Meldungen zur weiteren Verschärfung im Umgang mit den Zwangsarbeitern führten.

**13** | Ebd., Bl. 5f.
**14** | Ebd., Bl. 27ff.
**15** | Ebd., Bl. 46.

Peter Steinbach
**Berlin – Hauptstadt des Widerstands**

**I.**

Berlin war nicht nur ein Mittelpunkt nationalsozialistischer Herrschaft und damit der Ausgangspunkt der Unterdrückung Europas nach 1938. Es war auch ein Zentrum des Widerstands gegen den Nationalsozialismus. Dies wurde nach 1933 sehr schnell deutlich, denn hier konzentrierten sich viele Regimegegner und bestimmten durch die Manifestationen ihres Widerstands – beispielsweise Wandparolen und Flugblätter – nicht nur das Stadtbild, sondern auch den Alltag der Menschen.

Die Regimegegner aus der Arbeiterbewegung gehörten zu den „geborenen Gegnern" der Nationalsozialisten. Sie betrachteten Kommunisten, Sozialdemokraten und Gewerkschaftler als Marxisten und Bolschewisten und bekämpften alle, die sich ihrem weltanschaulichen Führungsanspruch widersetzten. Schriftsteller, Künstler und Publizisten wurden vertrieben und emigrierten. Erich Mühsam und Carl von Ossietzky kamen in Konzentrationslagern zu Tode. Manche der Regimegegner brauchten allerdings länger, um sich zu entscheiden, und manche hatten einige Ziele der Nationalsozialisten sogar geteilt und korrigierten in der Auseinandersetzung mit der Wirklichkeit des Krieges ihren Irrtum. Vor allem die Widerstandskämpfer aus dem Umkreis der bürgerlich-militärischen Operation schwankten immer wieder zwischen Kooperation und Konfrontation.

Alle Regimegegner standen, wie Ursula von Kardorff in ihren Berliner Aufzeichnungen schrieb, nach 1939 an einer doppelten Front: „Zwischen Bomben und Gestapo." Diese Erfahrung bestimmte den politischen Alltag und blieb für die Stadt vom Tag der Ernennung Hitlers zum Reichskanzler bis zur bedingungslosen Kapitulation der deutschen Wehrmacht in Karlshorst charakteristisch. Die Ambivalenz von Folgebereitschaft und Widerspruch, Unterwerfung und Auflehnung, Anpassung und Distanzierung resultierte in Berlin auch aus der Zusammenballung nationalsozialistischer Herrschaftsinstitutionen und Verfolgungsbehörden auf der einen und dem Potential der Widerständigkeit auf der anderen Seite.

Kardorff kannte viele der entschiedenen deutschen Regimegegner und macht so eine Vielschichtigkeit sichtbar, die Berlin, die deutsche Hauptstadt, in der NS-Zeit bis in den Alltag hinein tief prägte. Theater, Filmtheater, Konzerte, Tanzlokale und das Leben in den Ausflugsgebieten spiegelten eine gewisse Normalität; auf der anderen Seite war in großen Teilen der Berliner Bevölkerung das Bewusstsein spürbar, beobachtet und kontrolliert zu werden und jederzeit denunziert werden zu können. Deshalb drängte sich der Eindruck auf, eine Art „gespaltenes Bewusstsein" hätte das öffentliche Leben und den Alltag geprägt. Die Gestapo stützte sich auf Denunzianten und immer wieder gelang es V-Leuten in konspirativ agierende Widerstandskreise einzudringen, Regimegegner durch Verrat „auffliegen" zu lassen und so den Widerstand zu schwächen.

Deshalb bestimmte die Bereitschaft, das Risiko der Entdeckung, der Verhaftung und der Verfolgung zu tragen, die Gegnerschaft zum Nationalsozialismus. Widerspruch und Distanz gegenüber dem Regime konnten sich vielschichtig äußern – als Dissidenz und Nonkonformität, als Protest und weltanschauliche Resistenz, schließlich als Konspiration, die zum Handeln drängte und dann ohne Rückhalt und Deckung, wie Eberhard Bethge später sagte, auf ein Attentat zusteuerte, das den Umbruch ermöglichen und die Selbstbefreiung der Deutschen von der nationalsozialistischen Herrschaft einleiten sollte. Hauptgegner der „geborenen", der politisch-weltanschaulichen Regimegegner und später derjenigen, die sich in Verwaltungen, Ministerien und in den Dienststellen der Wehrmacht schließlich zum Handeln entschlossen, waren Gestapo und Sicherheitsdienst. Deshalb bleibt die Geschichte der Gestapo und des Widerstandes so eng miteinander verwoben, dass wir viele Zeugnisse aus der Geschichte des Widerstandes den Unterlagen ihrer Verfolger verdanken.

In der Gestapo-Zentrale stießen beim Verhör der Regimegegner Vertreter des NS-Staates und dessen Gegner aufeinander, wie sonst nur selten in Berlin – vom „Volksgerichtshof" abgesehen. Vor allem in der Prinz-Albrecht-Straße 8 wurden viele Regimegegner nach ihrer Verhaftung verhört. Unter ihnen befanden sich Johann Georg Elser ebenso wie Dietrich Bonhoeffer, Mitglieder des Kreisauer Kreises, Helfer für Verfolgte und auch manche der Vertrauten von Claus Schenk Graf von Stauffenberg, der am 20. Juli 1944 ebenso wie Elser dem Ziel denkbar nahe kam, Hitler zu töten. In den Gestapo-Verhören wurden Grundlagen geschaffen, um NS-Gegner vor Sondergerichten und dem Volksgerichtshof anzuklagen und hinzurichten.

Die Regimegegner fühlten sich dabei keineswegs als Opfer, sondern als Gegner des NS-Staates, als Täter des Widerstandes. In den Verhören machten sie durch ihre Unbeugsamkeit deutlich, dass sie dem Anspruch der Nationalsozialisten auf Gehorsam und Folgebereitschaft eine Grenze setzten. Manche Gestapo-Beamten ließen sich durch die Unbedingtheit der Regimegegner beeindrucken. Andere fühlten sich durch die Unbedingtheit und den Mut, durch das Bekenntnis zu Menschenwürde und Rechtsstaat verunsichert und herausgefordert. Die Standhaftigkeit vieler Gegner des NS-Staates erschien wie eine Demonstration ihrer Gegenmacht. So wurde manchen Verfolgern bewusst: Mochten die Nationalsozialisten auch das Straßenbild und den Alltag bestimmen, so war doch auch unbestreitbar, dass Hitlers Gefolgsleute Berlin niemals völlig beherrschten.

Aus diesem Grunde wurde der Berliner Widerstand in seiner ganzen Breite und Vielfalt für viele Gegner Hitlers zum Zeichen der Hoffnung auf eine Befreiung von der verabscheuten nationalsozialistischen Herrschaft aus eigener Kraft. Regimegegner der ersten Stunden waren Kommunisten, Sozialisten, Anarchisten und Sozialdemokraten. Sie traten den Nationalsozialisten zunächst offen entgegen, gingen nach Hitlers Ernennung zum Reichskanzler aber in den Untergrund und machten durch Flugblätter und Wandparolen die Grenzen der „Volksgemeinschaft" deutlich. KPD und SPD organisierten sich im Exil neu und versuchten, Kontakt zu den Regimegegnern in Deutschland zu halten. Immer wieder wurden sie entdeckt und in Schauprozessen abgeurteilt. Bis Mitte der dreißiger Jahre war der organisierte politische Widerstand in Berlin weitgehend zusammengebrochen.

Dennoch entstanden immer wieder neue Gruppen. Gewerkschafter und Sozialdemokraten organisierten Diskussionszirkel, um sich auszutauschen und „ihre Gesinnung" zu bewahren. Julius Leber agierte als Schöneberger Kohlenhändler, der Gewerkschafter

Wilhelm Leuschner nutzte seine Firma für Feinmechanik, um auf Verkaufsreisen Kontakte zu knüpfen. Kommunisten organisierten sich in Betrieben und lösten sich zunehmend von der aus Moskau agierenden Exil-KPD unter Wilhelm Pieck und Walter Ulbricht.

Im Sommer 1933 formierte sich in der Auseinandersetzung mit den Deutschen Christen – die sich als „SA-Christi" verstanden – in der evangelischen Kirche mit dem „Pfarrernotbund" und der „Bekennenden Kirche" eine Oppositionsbewegung, die sich gegen den weltanschaulich-konfessionellen Führungsanspruch der NSDAP wandte. Eines ihrer Zentren war die Gemeinde von Martin Niemöller in Berlin-Dahlem. Auch in der katholischen Kirche fanden sich Regimegegner zusammen, die sich nicht einmal durch das Konkordat, das im Sommer 1933 zwischen dem Heiligen Stuhl und dem Deutschen Reich geschlossen wurde, in ihrer Überzeugung erschüttern ließen, dass es sich beim Nationalsozialismus um eine antichristliche Bewegung handelte, die bekämpft werden müsste. Prozesse gegen Priester, denen Devisenvergehen oder sexuelle Übergriffe vorgeworfen wurden, sollten den politischen Katholizismus diskreditieren – dabei wurde aber auch deutlich, dass einige Kirchenleute wie der Berliner Bischof Preysing, wie Bernhard Lichtenberg oder Marga Meusel nicht zu beugen waren.

Die Hauptstadt schien viele Regimegegner geradezu anzuziehen. Helmuth James Graf von Moltke, Peter Graf Yorck von Wartenburg oder Adam von Trott, Mitglieder des Kreisauer Kreises, waren ebenso wie die führenden Köpfe der „Roten Kapelle" Arvid Harnack und Harro Schulze-Boysen als Beamte in den Behörden des NS-Staates tätig und sammelten Informationen, tauschten sich aus und versuchten ein konspiratives Netz aufzubauen. In der Großstadt konnten sie Kontakt zu Gleichgesinnten halten, untertauchen oder Freunde warnen, die bedroht waren. Früh entstanden immer wieder Hilfsnetze, deren Ziel es war, Verfolgten beizustehen.

Diese Funktion Berlins, Hauptstadt des Widerstands gegen den Nationalsozialismus zu werden, erfüllte sich im Verborgenen, prägte jedoch die alltäglichen Umgangsweisen ebenso wie die Furcht vor Denunziation, Bespitzelung und terroristischen, willkürlichen Maßnahmen. Für die meisten Deutschen, die dem Regime ablehnend gegenüberstanden, hatte Berlin bis dahin das politisch Schlechte verkörpert: Borussentum, Zentralismus, militaristische Stimmungen, einen kulturkämpferischen Protestantismus, der sich zur Einheit von Thron und Altar bekannte und deshalb Obrigkeit an sich legitimiert hatte, nicht selten auch eine unkontrollierbare kritische Öffentlichkeit. In der Weimarer Republik war Berlin als preußische Hauptstadt aber auch zu einem Bollwerk der Demokratie geworden. Bis 1932 regierte hier die Weimarer Koalition aus Sozialdemokratie, Demokratischer Partei und Zentrum.

So war es weniger merkwürdig, dass gerade in Berlin Regimegegner Verbindung suchten. Zunächst ging es um Selbstbehauptung. Dann aber rückte immer mehr der Gedanke in den Mittelpunkt, einen Umsturz aus dem Zentrum der Macht heraus zu wagen. Deshalb mussten sich Gegner der Nationalsozialisten, die in Berlin in zentralen Dienststellen tätig waren, zusammenfinden. Im Amt Ausland/Abwehr organisierte sich ein Kreis um Hans von Dohnanyi und Hans Oster, im Auswärtigen Amt formierte sich eine Gruppe um Ulrich von Hassell, Hans-Bernd von Haeften und Adam von Trott. Von großer Bedeutung waren Kreise, die sich um den 1938 zurückgetretenen Chef des Generalstabs Ludwig Beck und den ehemaligen Leipziger Oberbürgermeister Carl Friedrich Goerdeler sammelten. Sie sprachen auch aktive Militärs an und erwogen, Hitler zu verhaften und vor Gericht zu stellen. 1938 wurden auch Attentatspläne diskutiert, um Hitler zu töten.

Peter Steinbach | **Berlin – Hauptstadt des Widerstands**

Viele der Pläne zerschlugen sich. Kontakte brachen ab, mussten später neu geknüpft werden. So ist die Geschichte des Widerstandes durch Diskontinuitäten geprägt. Zum einen war dies die Folge der Absicht, aus dem Zentrum der Macht heraus einen Umsturz zu wagen. Denn dies hatte nur Aussicht auf Erfolg, wenn Hitler und sein Führungskreis unmittelbar ausgeschaltet werden konnten. Zum anderen bündelten alle Versuche der konspirativen Kommunikation in Berlin. Unterschiedliche Ziele mussten diskutiert, Vorgehensweisen abgestimmt, der Umsturz nach dem Attentat vorbereitet werden. Weil Hitler Berlin zunehmend mied, von Berlin aus aber der Umbruch nach dem Umsturz ausgehen musste, blieb die Hauptstadt ein Zentrum des Widerstandes. Dies war deshalb so wichtig, weil nur hier unterschiedliche Welt- und Wertvorstellungen, Ziele und Hoffnungen aufeinander stießen. Im Widerstand kam es in der Formierungsphase gerade nicht auf die Homogenisierung der Überzeugungen an, sondern neue Gemeinsamkeiten mussten trotz bestehender Gegensätze formuliert werden.

## II.

Widerständigkeit manifestierte sich aber nicht nur in zentralen Dienststellen, sondern auch im Alltag. Denn vollständig unterwerfen konnten die Nationalsozialisten Berlin und dessen Bewohner wegen ausgeprägter Dissidenz, Nonkonformität und Resistenz letztlich nicht. In Berlin hatte sich bei den Reichstagswahlen vom 5. März die Mehrheit der Wähler nicht für die NSDAP ausgesprochen. Die Mehrheit der Berliner hatte Hitler nicht gewollt: Fast 70 % von ihnen hatten sich am 6. November 1932 für eine andere Partei entschieden. Die Kommunisten hatten mit 37,7 % die Nationalsozialisten geschlagen, die mit 22,5 % der Stimmen weit hinter ihrem Ziel geblieben waren. Die Sozialdemokratie hatte mit 23,8 % sogar noch mehr Stimmen bekommen als Hitlers Partei. Das änderte sich erst bei den Märzwahlen 1933. Mit 31,5 % wurde die NSDAP stärkste Partei, dicht gefolgt von der KPD, die es auf 31,1 %, und der SPD, die es auf 22,5 % brachte.[1] Eine Hochburg der Kommunistischen Partei war Berlin zu allen Zeiten gewesen, bis weit in das Frühjahr 1933 hinein.

Das Vorhaben der Nationalsozialisten, Berlin auf legalem Wege zu erobern, scheiterte deshalb bis 1933 mehr als kläglich. Berlin blieb bis in das Frühjahr 1933 hinein die Stadt mit der zahlenmäßig stärksten Opposition, eine Hauptstadt der Widersetzlichkeit, und dies, obwohl die konfessionellen Voraussetzungen für die Nationalsozialisten sehr günstig waren und auch der Anteil der Arbeitslosen an den Erwerbsfähigen mit 35 Prozentpunkten nirgendwo höher lag und den Durchschnitt des Reiches um fast das Doppelte überstieg. Niemals konnte Hitlers NSDAP vor 1933 eine entscheidende Machtposition in der Berliner Kommunalverwaltung erobern und nicht einmal jeder dritte Berliner stand hinter der Hakenkreuzfahne.

Manche Berliner durchschauten das plebiszitäre und gewaltsame Spiel der neuen Regierung: Viele verzweifelten, flohen, ließen ihr bisheriges Alltagsleben hinter sich. Manche konnten, einige wollten nicht entkommen: Carl von Ossietzky, der mit seinem Protest gegen Wiederaufrüstungspläne der Reichswehr zum Symbol geworden war und bei den Regimegegnern im Zuge einer Kampagne für seine Freilassung zu einem der bedeutenden Berliner Intellektuellen geworden war, wurde ebenso ein frühes Opfer nationalsozialistischer Menschenverachtung wie Erich Mühsam. Beide verkörperten das breite Spektrum des intellektuellen Lebens vor 1933 und zugleich die Folgen der „Exstirpation" des Geistes nach 1933.

Weil vielen die „Machtergreifung" Hitlers eher als eine Art von „Machterschleichung" und als offensichtlicher Verfassungsbruch erschien, standen sie politisch Verfolgten bei. Nach 1935 wurde auch deutlich, dass manche Berliner den Antisemitismus der Nationalsozialisten nicht nur ablehnten, sondern auch aktiv für die diffamierten, entrechteten

---

**1** | Jürgen Falter u.a. (Hrsg.), Wahlen und Abstimmungen in der Weimarer Republik. Materialien zum Wahlverhalten 1919–1933, München 1986, Kapitel I.

und kriminalisierten Juden eintraten. In Berlin entstand während des Krieges ein Netz „stiller Helfer", die gemeinsam halfen, von der Deportation bedrohten Juden das Überleben im Untergrund zu sichern. Auch Kriegsgefangenen und Zwangsarbeitern halfen Netzwerke von Menschen, die von der Gestapo konsequent als Regimegegner verfolgt und von Sondergerichten oder dem Reichskriegsgericht zu hohen Strafen verurteilt wurden.

Zunehmend gelang es den Regimegegnern ihre politischen und weltanschaulichen Gegensätze zu überwinden. Gerade dies aber machte den Widerstand im Alltag in den Augen der Gestapo so gefährlich. Hitler hatte – so erkannten Kommunisten, Sozialisten, Sozialdemokraten, aber auch die „Vernunftrepublikaner" aus den bürgerlichen Parteien – unter anderem deshalb an die Regierung gelangen können, weil sich seine Gegner vor 1933 nicht zu einer klaren Haltung durchringen konnten. Sie hatten die Weimarer Republik auch deshalb dem Untergang preisgegeben, weil sie erhofften, danach selbst mehr politischen Einfluss zu gewinnen. „Nach Hitler kommen wir!", so lautete eine häufig benutzte Parole in der Endphase der Republik.

Trotz aller Gemeinsamkeiten derjenigen, die Hitler ablehnten, wird die Leistung der Regimegegner erst vor dem Hintergrund der breiten Anpassung deutlich, die Ausdruck einer wachsenden Übereinstimmung der breiten Bevölkerungsmehrheit mit der Politik Hitlers war. Für diejenigen, die sich von Hitlers außenpolitischen Erfolgen, von seiner Propaganda und schließlich von den militärischen Erfolgen der deutschen Wehrmacht nicht blenden ließen, blieb die Lage nach 1933 immer gefährlich. Denn stets herrschte die Gefahr, verhaftet zu werden.

Die Nationalsozialisten hatten seit Monaten und Jahren gedroht, nach einer Machtübernahme „Köpfe rollen zu lassen."[2] Sie wollten sich nicht an Recht und Gesetz und schon gar nicht an den Mehrheitswillen halten. Sie redeten sich lediglich ein, im Namen der Mehrheit zu herrschen – und bald hatten sie in ihren Plebisziten tatsächlich eine breite Mehrheit hinter sich. Ein Stimmungssog ließ kritische Stimmen leise werden. Und wer laut Protest erhob, wurde rasch stumm gemacht. Das Konzentrationslager Sachsenhausen war nahe und die Opfer der „Köpenicker Blutwoche" waren nicht verscharrt worden, sondern schwammen vor den Augen aller in der Panke.

Zum Kennzeichen des Widerstandes wurde zunehmend die „Vereinsmeierei"[3]: In kleinen Zirkeln wurde Hitlers Politik kritisiert und der Furcht Ausdruck gegeben, seine Politik könnte in eine Katastrophe münden. Sie bedeute Krieg, der aber könne nicht gewonnen werden. Auch die Verfolgung Andersdenkender sei ein Zivilisationsbruch, eine „Schändung des deutschen Namens und Ansehens" in der Welt. Hitlers Machteroberungswille konnte auf diese Weise nicht gebrochen, bestenfalls ein Zeichen weltanschaulicher Dissidenz, Konformität und geistiger Autonomie als Ausdruck jenes Anstands gesetzt werden, der bald überlebensnotwendig wurde. Bemerkenswert bleibt dennoch, dass sich zwischen 1938 und 1942 in kurzer Zeit ein konspiratives Netzwerk bildete, welches vor allem in den unübersichtlichen Verhältnissen der Großstadt, in der Unüberschaubarkeit der Straßenzüge und der persönlichen Kontakte geknüpft werden konnte und an Stärke zunahm.

Aus unterschiedlichsten Anfängen heraus entstandene Gruppen knüpften Kontakte untereinander und vereinigten ihre Ziele im Willen zum gemeinsamen Handeln. Wie dies funktionierte, lässt sich am Kreisauer Kreis deutlich machen: Bereits im Mai 1940 fanden sich Gleichgesinnte in einem Freundeskreis zusammen, aus dem der später als Herz und Kopf des deutschen Widerstandes bezeichnete Kreisauer Kreis erwuchs. Sein Zentrum war Berlin – trotz der von der Gestapo verwendeten, auf das schlesische Gut

[2] | Vgl. Gerhard Schulz (Hrsg.), Staat und NSDAP 1930–1932. Quellen zur Ära Brüning, Düsseldorf 1977.
[3] | Hans Rothfels, Deutsche Opposition gegen Hitler, Frankfurt/M. 1977, S. 39.

verweisenden Bezeichnung. Hier trafen sich die Regimegegner. Um dem Widerstand eine breitere Basis zu schaffen, suchten sie Verbindungen zu Sozialdemokraten, Gewerkschaftsführern und Kommunisten. Zu diesen Kontakten konnte es nur in Berlin kommen. Überdies zeigte sich immer wieder die außerordentliche Bedeutung des Kirchenkampfes, der seinen Höhepunkt in der Mitte der dreißiger Jahre erreicht hatte.

Kirchenkampf und politisches Zusammengehörigkeitsgefühl wurden zur entscheidenden Voraussetzung politischer und moralischer Selbstbehauptung. Sie zählten damit ebenso zu den Erscheinungsformen des Widerstandes wie der Versuch, bedrohten Juden, politisch Verfolgten, Flüchtlingen und Zwangsarbeitern oder Kriegsgefangenen zu helfen. Der geistige Führungsanspruch der NSDAP forderte die Kirchen heraus, ohne sie allerdings zum konsequenten Handeln zu veranlassen.[4]

Weil den Widerstandskämpfern klar wurde, dass nach einem Attentat sehr schnell aus dem Widerstand eines kleinen Kreises von entschlossen Handelnden, die Zugang zum Zentrum der Macht hatten, ein Widerstand aus dem Volk werden musste, nahmen einige Kontakt zu Berliner Kommunisten und Gewerkschaftern wie Jakob Kaiser auf. Der christliche Gewerkschafter war dabei ebenso wichtig wie Anton Saefkow, der eine kommunistische Widerstandsgruppe führte. Julius Leber und Adolf Reichwein standen für die Unterstützung von Sozialdemokraten. Von Berlin aus wurden überdies Verbindungen in die Wehrkreise des Reiches geschaffen. Das Zentrum des Widerstandes blieb Berlin, das Netz des Umsturzes wurde von hier aus geschaffen und entfaltete sich nicht mehr zwischen politisch Gleichgesinnten allein, sondern überschritt die Grenzen politischer Lager und überbrückte konfessionelle und politisch-moralische Distanzen. Erst dadurch konnte sich im Widerstand ein Gegenzentrum zum NS-Staat bilden.

## III.

Es stellt sich angesichts der Vielfalt oppositioneller Manifestationen jenseits des verweigerten Hitlergrußes und der verweigerten Winterhilfswerkspende die Frage, was Berlin dazu prädestinierte, zum Zentrum der Opposition und gleichsam zur Hauptstadt des deutschen Widerstandes zu werden. Sicherlich wirkten sich die bereits in der Weimarer Republik ausgebildeten Kommunikationsstrukturen zwischen einzelnen innerparteilichen Gruppen und Flügeln aus. Auch die Anhäufung von kulturellen Zentren und politischen Entscheidungsmittelpunkten machte sich langfristig bemerkbar. Berlin war überdies kirchlicher Mittelpunkt des Protestantismus. Hochschulen, Verbände und nicht zuletzt die Betriebe boten Verdunkelungsmöglichkeiten und ein wichtiges Rekrutierungsfeld. Vielleicht wurde aber die innere Distanzierung von den Trägern der Macht, von der allgemein anerkannten Kultur, von den Verwaltern der veröffentlichten Meinung vor allem bedeutsam für die weitere Entwicklung. Dies alles bezeichnet Voraussetzungen einer Widerständigkeit, die sich nach 1938 in der Auseinandersetzung mit dem NS-System und seiner rassistischen, menschenverachtenden und auf den Krieg zutreibenden Politik entfaltete. Verständlich wird der Widerstand aber nur, wenn er vor dem Hintergrund einer auch Berlin charakterisierenden Anpassung und Folgebereitschaft gewürdigt wird.

Die breite Zustimmung der Berliner Bevölkerung wurde vollends während der Olympiade sichtbar. Der Widerstand war zu dieser Zeit seiner festen Grundlagen weitgehend beraubt. Die meisten Regimegegner waren bis 1935/36 durch Gerichte abgeurteilt und in Gefängnissen und Konzentrationslagern innerlich gebrochen worden. Ein großer Teil der Widerstandsgruppen fühlte sich als Folge von demonstrativ geführten Massenprozessen, die an Schauprozesse erinnerten, geradezu gelähmt. Für die Gestapo verkörperte der Widerstand aber weiterhin ein Potential politischer Bedrohung und weltanschaulicher Infragestellung. Deshalb konzentrierte sich die Verfolgung immer mehr auf alltägliche Bereiche.

**4** | Gerhard Schäberle-Königs, Und sie waren täglich einmütig beieinander. Der Weg der Bekennenden Gemeinde Berlin/Dahlem 1937–1943 mit Helmut Gollwitzer, Gütersloh 1998.

In einem totalitären Regime, das einen umfassenden weltanschaulichen Führungsanspruch erhebt, besteht überdies die Möglichkeit, alltägliche Konflikte – etwa zwischen Mieter und Vermieter, zwischen Eheleuten, Eltern und Kindern, Käufer und Verkäufer – zu politisieren und durch Denunziationen staatliche Verfolgungsbehörden und Gerichte zum Eingreifen zu veranlassen.

Wenn sich später die politische Bewertung des Widerstandes gegen den Nationalsozialismus auf den Umsturzversuch von Stauffenberg, Olbricht, Beck und Mertz bezogen hat, darf die alltägliche Dimension des Widerstandes im Alltag nicht vergessen werden. Er erwuchs aus dem frühen Widerstand der Berliner Arbeiterbewegung und weitete sich bald zur Hilfe für Verfolgte aus. Neben die Gesinnungspflege trat der Versuch, Bedrohten bei der Flucht und schließlich beim Überleben im Berliner Untergrund zu helfen. Auch in dieser Hinsicht bot Berlin gute Voraussetzungen, denn niemals konnte die Stadt lückenlos überwacht werden, niemals funktionierte nachbarschaftliche Kontrolle in dem Maße, wie es Berlin als Zentrum des SS-Staates mit seinem düsteren und bald legendären Prinz-Albrecht-Palais nahelegte.

Zuweilen kommt es im Widerstand gegen ein totalitäres Regime zu Kontakten sozial ganz unterschiedlicher Kreise. Die Bekannten und Freunde von Helmuth James Graf von Moltke und Peter Graf Yorck von Wartenburg entstammten etwa ganz unterschiedlichen Milieus, wurden aus unterschiedlichen Erfahrungen zu entschlossenen Regimegegnern und durchliefen alle Steigerungsformen des Widerstandes – von der Non-Konformität über den Protest zur aktiven Konspiration ohne jede Deckung durch eine mächtige Institution.[5]

Neben diese konspirativen Formen treten Sozialformen der Bürgerlichkeit, etwa in der Mittwochsgesellschaft oder im Solf-Kreis, aber insbesondere auch in der protestantischen Tradition des Kirchenkampfes, Manifestationen des Gemeindelebens, vor allem in der Bekennenden Kirche. Der Kirchenkampf schließlich lässt Berlin zu einem wichtigen Zentrum der Opposition werden. Immer wieder treffen sich Bekenntnistreue in Berlin, vor allem in Berlin-Dahlem oder in der Umgebung von Dietrich Bonhoeffer – hier wird aus der Resistenz jener „Wille zur Gestaltung des Danach", der zwar die Nachkriegsordnung nicht prägen konnte, ihr aber einen wichtigen Maßstab für die Bewertung einer menschenwürdigen Ordnung vermittelte. Im Willen, das „Danach" zu beeinflussen, manifestieren sich der Zukunftswille des Widerstands und seine politische Kraft.

Dem Staat den „Anspruch auf die Zukunft" streitig machen – dies aber wurde zum gemeinsamen Ziel der Gegner Hitlers im alltäglichen Überlebenskampf. Es war die Tragik des Widerstandes, dass er das Blatt nicht wenden konnte. Er scheiterte endgültig mit dem Attentat Stauffenbergs auf Hitler am 20. Juli 1944. Damit war zugleich eine Machtsteigerung für den Reichsführer SS Heinrich Himmler verbunden, denn er wurde nun Befehlshaber des Ersatzheeres. Die Deutschen aber wandten sich nach dem Scheitern des Anschlags nicht nur von den Regimegegnern ab, sondern öffneten sich erneut den Wahnvorstellungen ihrer Führung. Die Konsequenz war ein Endkampf, der sich über ein Jahr hinzog. Nationalsozialistischer Terror bekam noch einmal eine neue Dimension, denn er richtete sich nicht mehr gegen Gegner oder gegen Menschen, die öffentlich zu Gegnern präpariert worden waren, sondern schließlich gegen die eigenen Anhänger, wenn sie nur leichte Zweifel am „Endsieg" äußerten.

Gekämpft wurde in Berlin bis zur bedingungslosen Kapitulation, d.h. bis zum letzten Tag. Deshalb war die Hauptstadt keineswegs nur das Zentrum des Widerstandes, sondern auch die Bühne seiner Vernichtung. Hitler war überzeugt, dass ein unterlegenes Deutschland kein Lebensrecht mehr haben sollte. Wohl deshalb hatten die National-

**5** | Vgl. Peter Steinbach u. Johannes Tuchel (Hrsg.), Widerstand gegen den Nationalsozialismus, Bonn 1994.

sozialisten immer wieder Vorbereitungen getroffen, Menschen „auszuschalten", die sie als ihre Gegenelite empfanden. So entschlossen sie sich nach dem Anschlag vom 20. Juli 1944 keineswegs nur die zu verfolgen, die direkt an dem Attentat auf Hitler und dem sich daraus entwickelnden Umsturzversuch beteiligt waren, sondern sie wollten nun jeden Versuch einer politischen Neuordnung nach ihrem Scheitern im Keim ersticken.

Zunächst nahm die „Sonderkommission 20. Juli" die Verfolgung der Verschwörer auf. Wenig später löste das Reichssicherheitshauptamt (RSHA) im August 1944 die „Aktion Gewitter" aus, eine umfassende Verhaftungswelle gegen frühere sozialdemokratische und kommunistische Mandatsträger, aber auch gegen Vertreter des politischen Katholizismus, des Liberalismus und der Gewerkschaftsbewegungen aus der Weimarer Zeit. Zugleich nutzte der NS-Staat mit der „Sippenhaft" seit August 1944 ein neues Repressionsinstrument, das sich gegen Familienangehörige politischer Gegner richtete.

In kleinen Nischen des täglichen Lebens konnten wenige überleben, denen die Nationalsozialisten den sicheren Tod zugedacht hatten. Die von Hitler beklagte Unübersichtlichkeit des großstädtischen Lebens galt ihnen neben der Mitmenschlichkeit als Überlebensvoraussetzung. So wahnwitzig es klingt: In der Großstadt Berlin ließ sich die Wirklichkeit des totalen Staates trotz Bomben und Gestapo vielleicht, verglichen mit dem übrigen Reich, noch am besten überleben.

Sven Felix Kellerhoff
**Luftkrieg um die Reichshauptstadt**

**Eine neue Art Krieg**

An keiner Front dauerte der Zweite Weltkrieg formal länger als am Himmel über Berlin: genau 2.070 Tage. Nur 14 Stunden nach dem Angriff der Wehrmacht auf Polen heulten am Abend des 1. September 1939 zum ersten Mal im Ernstfall die Sirenen über der Reichshauptstadt. Und erst als Lautsprecherwagen der Roten Armee am 2. Mai 1945 gegen Mittag nach der bedingungslosen Kapitulation des letzten Kampfkommandanten Berlins General Helmut Weidling seinen Befehl verkündeten, „Jede Stunde, die Ihr weiterkämpft, verlängert die entsetzlichen Leiden der Zivilbevölkerung Berlins und unserer Verwundeten. Jeder, der jetzt noch im Kampf um Berlin fällt, bringt sein Opfer umsonst", endete die Angst vor Angriffen aus der Luft; zuletzt – nach dem offiziellen Ende der Attacken durch britische und US-Bomber am 16. April 1945 – durch sowjetische Kampfflugzeuge in der Schlacht um Berlin.[1] In diesen fünfeinhalb Jahren steigerte sich die Intensität dieser Kriegsform gegen die Bevölkerung ständig. Mindestens 18.029 Menschen fielen ihr hier zum Opfer; über die Zahl der an Körper oder Seele Verstümmelten gibt es ebenso wenig verlässliche Zahlen wie über die Berliner, die ausgebombt wurden.

Die Regierung Hitler hatte schon früh begonnen, die Bevölkerung auf Attacken aus der Luft vorzubereiten: „Jede deutsche Stadt ist für Bombenflieger erreichbar. Unsere wichtigsten Industrien liegen im nahen Wirkungsbereich fremder Fliegerkampfkräfte. Der Luftschutz ist daher zu einer Lebensfrage für unser Volk geworden. Er verlangt einen jahrelangen zielbewussten Aufbau unter fachmännischer Leitung und straffer Führung", verkündete der zweite Mann des „Dritten Reiches", Hermann Göring, bereits am 29. April 1933. Nur zwölf Wochen nach der Machtübertragung an Hitler war sich der insgeheim bereits tätige Luftwaffen-Chef schon bewusst, dass der kommende Krieg nicht allein auf der Erde geschlagen werden, sondern ebenso die Städte im Hinterland zum Schlachtfeld machen würde. Deshalb rief er mit seiner Proklamation den „Reichsluftschutzbund e. V." (RLB) ins Leben, um „das deutsche Volk von der lebenswichtigen Bedeutung des Luftschutzes zu überzeugen und zur tätigen Mitarbeit zu gewinnen."[2] Bis 1939 wuchs der RLB zur zweitgrößten Organisation in „Hitler-Deutschland" nach der Einheitsgewerkschaft „Deutsche Arbeitsfront" – mit 13,5 Millionen Mitgliedern. Buchstäblich jeder Deutsche vom Kleinkind bis zum Greis kam in den dreißiger Jahren mit dem Luftschutz in Berührung.

Hitler, Göring und ihre Militärs wussten, dass der von ihnen zielstrebig vorbereitete Krieg von den voraussichtlichen Gegnern mit der neuen Methode des Luftbombardements geführt werden würde. Schon bald nach dem Ende des Weltkriegs 1918 hatten Militärtheoretiker Konzepte dafür entwickelt, zuerst der italienische Fliegeroffizier Giulio Douhet. In seinem auch auf Deutsch erschienenen Buch „Luftherrschaft" formulierte er die Grundidee eines Luftkrieges gegen das Hinterland des Feindes: „Wie könnte unter der dauernden Bedrohung einer baldigen und restlosen Vernichtung die Zivilbevölkerung eines Landes die staatliche und wirtschaftliche Ordnung aufrechterhalten und den

---

**1** | Zit. n. Rolf-Dieter Müller (Hrsg.), Das Deutsche Reich und der Zweite Weltkrieg, Bd. 10/1, Die militärische Niederwerfung der Wehrmacht. München 2008, S. 468.

**2** | Zit. n. Sven Felix Kellerhoff, Mythos Führerbunker. Hitlers letzter Unterschlupf, 2. Aufl., Berlin 2006, S. 43.

ungebeugten Willen zum Durchhalten besitzen?"³ Genau auf diese Idee stützte sich die britische Strategie: Abschreckung durch eine starke Luftwaffe. Premierminister Stanley Baldwin hatte 1932 im Unterhaus verkündet: „Der Bomber kommt immer durch. Die einzige Verteidigung ist der Angriff, und das bedeutet, dass man mehr Frauen und Kinder schneller töten muss als der Feind, um sich selbst zu retten."⁴ In Berlin fanden bereits lange vor Kriegsbeginn Luftschutzübungen statt. Überall in der Stadt wurden ab 1934 öffentliche Schutzräume eingerichtet, fast immer in provisorisch verstärkten Kellern – Bunker aus Stahlbeton gab es nur unter prestigeträchtigen Neubauten wie dem Reichsluftfahrtministerium oder der Neuen Reichskanzlei. An den Straßenschildern montierte Hinweispfeile sollten die Menschen im Falle eines Luftalarms zu den öffentlichen Schutzräumen leiten.

Die Bewährungsprobe kam am 1. September 1939. Um 18.55 Uhr heulten zum ersten Mal die Sirenen. „Luftschutzalarm über Berlin", notierte Propagandaminister Joseph Goebbels in sein Tagebuch: „Alles rennt in die Keller."⁵ Doch nur zwei polnische Flugzeuge flogen auf den östlichen Stadtrand zu. Nach fünf Minuten brachen die Behörden den Alarm ab. Er blieb folgenlos; von Bombenabwürfen der beiden Flugzeuge wurde nie etwas bekannt. Der CBS-Reporter⁶ William L. Shirer hatte für den späten Abend einen Livebericht mit seinem Sender in New York verabredet; die Stichworte schrieb er in einem öffentlichen Schutzraum. Doch als er dann auf Sendung ging, vermeldete er seinen Hörern Unerwartetes: „In Berlin lässt sich heute Abend etwas Seltsames beobachten. Die Cafés, Restaurants und Bierkeller sind voll. Vor ein paar Stunden war ich unterwegs, um etwas zu essen. Mein Restaurant sah von außen so dunkel aus, dass ich schon dachte, es sei geschlossen. Nachdem ich aber die verhangene Doppeltür passiert hatte, fand ich das Innere hell erleuchtet und voll von Menschen." Die Berliner nahmen die Bedrohung vom Himmel nach kurzem Schrecken gelassen; am folgenden Abend berichtete Shirer: „Die Leute scheinen heute in etwas besserer Stimmung zu sein, nachdem sie die erste Nacht bei angeordneter Verdunkelung hinter sich gebracht haben, was schon eine gewisse Gewöhnung verlangt. Die meisten von ihnen sind wohl gegen ein Uhr morgens zu Bett gegangen. Da war es ziemlich klar, dass die bis dahin womöglich von polnischer Seite zu erwartenden Luftangriffe hätten erfolgen müssen. Für meine Begriffe bot die Stadt heute nach außen hin ein ziemlich normales Bild."⁷

Die ersten Luftalarme blieben allesamt ungefährlich. Einzelne britische Flugzeuge warfen im September 1939 Flugblätter über Berlin ab, aber keine Bomben. Dennoch sahen die Behörden mit Besorgnis, dass der Bau von sicheren Schutzräumen weit hinter den Plänen zurückblieb. Am 6. September 1939 stellten die Experten fest, dass nur 2.125 Anlagen für nominal 86.564 Personen einsatzbereit waren. Selbst wenn man alle im Bau befindlichen Schutzräume mitrechnete, konnten binnen der kommenden Monate nur gut 185.000 Berliner einigermaßen bombensichere Quartiere finden – gerade einmal 4,5 Prozent der Bevölkerung. Die Erfahrung, keinen Platz in einem öffentlichen Schutzraum zu bekommen, machten in der ersten Woche des Zweiten Weltkrieges Millionen Hauptstadtbewohner, doch Panik kam unter den Menschen deshalb nicht auf. Der Krieg schien perfekt zu laufen: Polen kapitulierte nach nicht einmal einem Monat, Frankreich und Großbritannien jedoch hielten sich zurück und schickten ihre Bomberflotten nicht über die deutsche Hauptstadt. Der junge US-Korrespondent Howard K. Smith erlebte Unter den Linden, wie sich Zuversicht verbreitete: „Ein deutscher Offizier sagte einmal zu mir, als ich mit ihm Unter den Linden spazieren ging: ‚Schauen Sie sich um, Herr Smith. Nirgends ein Zeichen von Krieg. Nicht der kleinste Unterschied im Vergleich zu vor zwei Jahren. Ist das nicht der beste Beweis für unsere Stärke? Niemals werden wir besiegt werden'. Es brach mir das Herz, aber die Wirklichkeit schien ihm Recht zu geben. Von Berlin aus gesehen, war der Krieg etwas Unwirkliches. Man las davon wie von einem Ereignis auf einem anderen Stern."⁸ Irritiert berichtete Shirer eine Woche vor

**3** | Giulio Douhet, Luftherrschaft, Leipzig 1935, S. 23.
**4** | Zit. n. Max Hastings, Bomber Command, New York 1979, S. 39.
**5** | Joseph Goebbels, Die Tagebücher von Joseph Goebbels, Teil I, Aufzeichnungen 1923–1941, 9 Bde., hrsg. von Elke Fröhlich, München 1997–2008, Bd. 7, S. 89, Eintrag vom 2.9.1939.
**6** | Columbia Broadcasting System, US-Radiosender.
**7** | William L. Shirer, This is Berlin. Rundfunkreportagen aus Deutschland 1939/40, Leipzig 1999, S. 53–55.
**8** | Howard K. Smith, Feind schreibt mit. Ein amerikanischer Korrespondent erlebt Nazi-Deutschland, Frankfurt a. M. 1986, S. 48.

Weihnachten 1939: „Beim Spaziergang durch die Straßen Berlins an diesem schönen Samstagmorgen fällt die Vorstellung schwer, dass gerade ein Weltkrieg stattfindet. Vor Kriegsausbruch dachten viele von uns hier, dass wir im Kriegsfall unser Leben weitestgehend unter der Erde in feuchten, düsteren und kalten Kellern verbringen müssten, wo wir nur beten könnten, dass uns die Bomben aus den Flugzeugen nicht treffen mögen. Doch dazu ist es nicht gekommen."[9]

**Der Schrecken beginnt**

Selbst der erste echte Bombenangriff auf Berlin war mehr ein Eingeständnis des Unvermögens als wirklich bedrohlich. In der Nacht vom 7. auf den 8. Juni 1940 flog ein einzelnes französisches Langstreckenflugzeug von Norden her über die verdunkelte Stadt. Einige wenige Sprengkörper fielen. Es handelte sich um einen symbolischen Angriff, den ein französisches Kommuniqué am 10. Juni zur „Vergeltung" für eine deutsche Attacke auf Paris erklärte. Luftalarm wurde nicht ausgelöst, von Schäden ist nichts bekannt geworden. Nicht einmal Shirer hatte etwas mitbekommen: „Berlin selbst überrascht als Ort, der so weit weg, wie man es sich nur denken kann, von dieser entscheidenden Schlacht vor Paris entfernt ist. Es ist wirklich ein merkwürdiges Phänomen. Am heutigen Sonntag – es war warm und schön – schien jeder, der noch in Berlin ist, einen Ausflug in die Wälder oder zu den Seen in der Umgebung zu unternehmen. So friedlich und ruhig war die Atmosphäre. Tausende drängelten sich im Strandbad am Wannsee. Hunderte von Segel- und Paddelbooten auf der Havel. Familien kamen zum Picknick. Und bislang gab es hier, trotz gewisser Berichte kürzlich, nicht einmal einen Luftalarm."[10]

Zehn Wochen später war es mit der Ruhe vorbei. In der Nacht vom 25. auf den 26. August 1940 erreichten 29 britische Maschinen das Berliner Stadtgebiet und warfen etwa 22 Tonnen Bomben ungezielt ab; eine Vergeltung für einen fehlgelaufenen deutschen Bombenangriff auf London am Abend zuvor. Gut drei Stunden, von 0.19 bis 3.23 Uhr, dauerte der erste ernsthafte Luftalarm in der Reichshauptstadt; es gab keinen Toten, aber elf Verletzte. Am folgenden Morgen hatte Berlin eine neue „Sehenswürdigkeit". Der damals siebenjährige Peter Jung berichtete rückblickend: „Die ersten von Bomben getroffenen Häuser waren ein Anziehungspunkt für Neugierige. Ich kann mich erinnern, dass meine Mutter mit mir zur Lüneburger Straße in Moabit fuhr, um sich dort ein von Bomben getroffenes Haus anzusehen. Diese Ruine aus Mauersteinen und Balken habe ich noch heute vor Augen."[11] William Shirer hielt in seinem Tagebuch fest: „Die Berliner sind wie vor den Kopf geschlagen. Sie haben nicht damit gerechnet, dass so etwas je passieren könnte." Umso größer sei nun die Desillusionierung: „Man sieht es ihnen am Gesicht an." In seiner alle zwei Tage ausgestrahlten Sendung berichtete der Reporter seinen Hörern am 26. August 1940, während die Sirenen den nächsten Luftalarm verkündeten: „Das Feuerwerk letzte Nacht, das mehrere Millionen Berliner für drei Stunden in die Keller trieb und beträchtliches Flakfeuer auslöste, macht in den Berliner Zeitungen von heute eine Nachricht von sechs Zeilen aus." Doch auch wenn die Zeitungen den Angriff auffallend knapp behandelten, war er doch Gesprächsthema Nummer eins in der Stadt. Einen Satz strich der Zensor des Propagandaministeriums, dem Shirer sein Manuskript vor der Sendung vorlegen musste. Er hätte lauten sollen: „Fast jeder, den ich heute traf, konnte mit einer Handvoll Splitter aufwarten, die nach dem Angriff entweder von der Straße oder in den Gärten aufgesammelt wurden."[12] Goebbels schrieb: „Der vierstündige Luftalarm hat ganz Berlin in Aufruhr gebracht. Kolossale Wut auf die Engländer."[13] Der Volksmund in der Hauptstadt, aus guten Gründen zu allen Zeiten gefürchtet, sah das durchaus anders. Ab Ende August 1940 erzählte man sich, Luftwaffen-Chef Göring habe versprochen, in einer Rede vor

**9** | Shirer, This is Berlin (wie Anm. 7), S. 146.
**10** | Ebd., S. 283.
**11** | Zit. n. Sven Felix Kellerhoff/Wieland Giebel (Hrsg.), Als die Tage zu Nächten wurden. Berliner Schicksale im Luftkrieg, Berlin 2003, S. 76.
**12** | William L. Shirer, Aufstieg und Fall des Dritten Reiches, S. 709.
**13** | Goebbels, Tagebücher (wie Anm. 5), Bd. 8, S. 291, Eintrag vom 27.8.1940.

RLB-Angehörigen oder sogar im Radio, er wolle „Meier" heißen, falls jemals Bomben auf Berlin fielen. Wahr war daran nichts, aber der Flüsterwitz verriet viel über die Stimmung der Berliner.

Nun eskalierte der Bombenkrieg. Die deutsche Luftwaffe griff gezielt Wohngebiete in London und anderen britischen Städten an, die Royal Air Force (RAF) schlug zurück. In Berlin häuften sich die Luftalarme – im Herbst 1940 heulten durchschnittlich alle drei Nächte die Sirenen. Noch notierte man in der Leitstelle gelegentlich: „Flugblattabwurf". Aber immer öfter mussten die Mitarbeiter vermerken, welche Stadtteile getroffen, welche Schäden angerichtet wurden. Die erste britische Bomberoffensive gegen die Reichshauptstadt zwischen Ende August und Ende November 1940 forderte rund 500 Tote und zerstörte etwa 1.600 Wohnungen total. Museumsinsel, Zeughaus und Charité erhielten Treffer. Bis zu fünf Stunden dauerten Luftalarme nun. Die Berliner wurden in ihrer Heimat zum Ziel, waren im eigenen Haus nicht mehr sicher. Doch von Protest gegen den Krieg, wie Douhet es vorausgesagt hatte, keine Spur. Zumal die Angriffswelle bald wieder abzuflauen schien: In den folgenden Monaten blieb es recht ruhig – mit Ausnahme der Woche vor Weihnachten: Zwischen dem 15. und dem 21. Dezember 1940 heulten die Sirenen fünf Mal.

Die schlaflos in Schutzräumen verbrachten Nächte schlugen auf Stimmung und Leistungskraft; daran änderte sich auch nichts, als Goebbels in seiner Funktion als Gauleiter der NSDAP verfügte, dass der Schulunterricht später beginnen sollte. Hitler spürte den Stimmungsumschwung. Bei einer regulären Propagandaveranstaltung trat der „Führer" überraschend auf und verkündete: „Wenn die britische Luftwaffe zwei- oder drei- oder viertausend Kilogramm Bomben wirft, dann werfen wir jetzt in einer Nacht 150.000, 180.000, 230.000, 300.000, 400.000, eine Million Kilogramm. Wenn sie erklären, sie werden unsere Städte in großem Maße angreifen – wir werden ihre Städte ausradieren!"[14] Der SD, der geheime Nachrichtendienst der SS, registrierte die Reaktion der Berliner auf diese Rede: „Allgemein rief sie größte Freude und Begeisterung hervor, wobei der optimistische Inhalt und die sarkastische Art, mit der der Führer über England sprach, einen besonders tiefen Eindruck gemacht haben."[15] Doch Hitler beließ es nicht bei Drohungen; er bestellte Rüstungsminister Fritz Todt zu sich und gab ihm den Auftrag, „in ganz großem Umfang" öffentliche Luftschutzräume zu errichten. Todt fasste Hitlers Ausführungen in einem internen Vermerk zusammen: „Es dürfe bei uns nicht so kommen wie bei den Engländern, dass das Volk erst murrt; bei uns müsse die Führung handeln, bevor das Volk unzufrieden sei."[16] Es war der Beginn des größten Verbunkerungsprogramms aller Zeiten: Innerhalb weniger Monate wurden zunächst bombensichere Unterkünfte für nominal 200.000 Menschen errichtet. An jeder dafür geeigneten Stelle wuchsen standardisierte Betonklötze empor; außerdem wurden stillgelegte U-Bahnstationen oder Tunnel und ähnliche Örtlichkeiten umgenutzt. Dennoch setzten die schubweise wiederholten Bombenangriffe die Berliner unter Druck. Im April 1941 wurde mit der Deutschen Staatsoper Unter den Linden zum ersten Mal ein kulturell bedeutendes Bauwerk völlig zerstört. Laut SD arrangierten sich die Menschen zwar soweit wie möglich mit der Gefahr: „Die Haltung der Bevölkerung in den betroffenen Gebieten" sei „ruhig und diszipliniert."[17] Ganz persönlich aber sah das häufig anders aus; die 23-jährige Exilrussin Marie Wassiltschikow vermerkte in ihrem Tagebuch: „17. Fliegerangriff. Meine Angst vor ihnen wächst. Jetzt bumpert mein Herz schon, sobald die Sirenen losheulen."[18]

Doch die deutschen Erfolge an praktisch allen Fronten und die hohen Verluste zwangen die RAF, ihre Offensive abzubrechen. Im September 1941 endete die erste heiße Phase der Bombardements gegen die Reichshauptstadt. Selbst Winston Churchill, schon seit 1917 ein Anhänger des strategischen Luftkrieges, begann zu zweifeln. Als ihm ein Plan

**14** | Max Domarus (Hrsg.), Hitler. Reden und Proklamationen 1932–1945, 4 Bde., 4. Aufl., Leonberg 1988 (zuerst 1962), Bd. 3, S. 1580.
**15** | Heinz Boberach (Hrsg.), Meldungen aus dem Reich. Auswahl aus den geheimen Lageberichten des Sicherheitsdienstes der SS 1939–1944, 17 Bde. und Registerband, Neuausgabe Herrsching 1984 (zuerst 1966), Bd. 5, S. 1538.
**16** | Dietmar Arnold/Reiner Janick, Sirenen und gepackte Koffer. Bunkeralltag in Berlin, Berlin 2003, S. 33.
**17** | Boberach, Meldungen (wie Anm. 15), Bd. 6, S. 2112.
**18** | Marie Wassiltschikow, Die Berliner Tagebücher der „Missie" Wassiltschikow 1940–1945, Berlin 1987, S. 72.

vorgelegt wurde, 43 deutsche Großstädte mit 15 Millionen Menschen aus der Luft zu vernichten, wofür 4.000 Bomber nötig seien, antwortete der Premierminister: „Es ist sehr fraglich, ob Bombenangriffe als solche in diesem Krieg eine entscheidende Rolle spielen. Alle Erfahrungen, die wir seit Kriegsbeginn gesammelt haben, zeigen ganz im Gegenteil, dass ihre Auswirkungen stark übertrieben werden. Wir können höchstens sagen, dass sie eine erhebliche und, wie ich meine, ernstlich wachsende Belästigung darstellen."[19] Das war falsch; Howard K. Smith, der die Folgen der Luftangriffe auf die Menschen in allen Details miterlebte, schrieb wenig später: „Es war eine unglückliche Entscheidung des Oberkommandos der Royal Air Force (RAF), die regelmäßigen Angriffe auf Berlin einzustellen. Obwohl diese Angriffe selten ernst zu nehmende Schäden anrichteten, erschütterten sie die Moral der Zivilbevölkerung nachhaltiger als jede andere Kriegshandlung." Der US-Korrespondent registrierte die Folgen auf die Bevölkerung: „Am Morgen nach einem Angriff waren die Menschen wegen der durchwachten Nacht und der Nervenanspannung in erbärmlicher Stimmung. Wenn ein Luftangriff am frühen Morgen einsetzte oder bis nach Sonnenaufgang andauerte, brach der Verkehr zusammen, und das ganze Geschäftsleben war bis um die Mittagszeit oder noch länger ein Chaos."[20] Doch mit der Unterbrechung der Angriffe fanden die Menschen Zeit, sich an die allnächtlich möglichen Luftalarme zu gewöhnen.

Im Verlauf des Jahres 1942 normalisierte sich das Leben in der Reichshauptstadt scheinbar. Nur acht Mal heulten die Sirenen. In Großbritannien hatte ein neuer Mann den Befehl über das Bomber Command übernommen: Vice Air Marshal Arthur Harris war überzeugt, man könne Deutschland mit Luftbombardements zur Kapitulation zwingen – wenn man nur hart genug zuschlug. So konzentrierte er seine Kräfte zunächst auf Städte, die er massenweise angreifen konnte: Unter anderem erlebten Lübeck, Rostock, Köln und Emden verheerende Attacken; Berlin dagegen genoss eine trügerische Ruhe. Doch wurde immer mehr Berlinern im Herbst 1942 klar, dass mit einem Sieg nicht mehr zu rechnen war. Die 31-jährige Journalistin Ursula von Kardorff hielt am 8. November in ihrem Tagebuch fest: „Hörten abends im englischen Sender von der Landung in Nordafrika. In diesem Moment wurde mir klar, dass beide Brüder nicht mehr an den Sieg glauben. Ich fühlte es deutlich. Die meisten, die von der Front kommen, sind anders, sie kennen nur ihren Abschnitt und haben keine Übersicht über das Ganze – stehen dem Berliner Pessimismus befremdet oder sogar ärgerlich gegenüber."[21]

**Der Höhepunkt des Luftkrieges**
Am 16. und 17. Januar 1943 griff die Royal Air Force zum ersten Mal nach Monaten wieder die Reichshauptstadt an. Die beiden Attacken waren mit jeweils etwas mehr als hundert Flugzeugen relativ klein, aber sie machten großen Eindruck auf Hitler. Schon am folgenden Tag ordnete der „Führer" an, für ihn einen neuen, viel stärkeren Bunker zu errichten; die Bauarbeiten begannen im April. Zu diesem Zeitpunkt hatte die Hauptstadt einen weiteren, den bisher schwersten Luftangriff hinter sich. Mindestens 709 Menschen starben und über 64.000 verloren ihre Wohnung, als 251 schwere Bomber am 1. März 1943 ihre tödliche Last abwarfen. Der SD berichtete: „Vielfach werde geäußert, die Engländer seien offenbar in der Luft überlegen, die deutsche Luftwaffe sei zur Zeit ‚ohnmächtig' und habe keine Möglichkeit, entsprechende Vergeltung zu üben."[22] Anzeichen für wachsende Ablehnung des Regimes jedoch registrierte der Geheimdienst nicht; auch Goebbels fürchtete nichts dergleichen: „Man braucht also nicht zu glauben, dass die Berliner Bevölkerung einem solchen massiven Luftangriff moralisch nicht gewachsen wäre."[23] Im Gegenteil zeigte sich nun, dass der inzwischen jederzeit drohende Tod aus der Luft NS-Führung und Bevölkerung geradezu aneinander fesselte, zumal die Partei die schamhaft „Soforthilfe" genannte Unterstützung der Ausgebombten mit Lebensmitteln, bescheidenen Ersatzquartieren und dem Lebensnot-

**19** | Ronald H. Bailey, Der Luftkrieg in Europa. Amsterdam 1981, S. 36.
**20** | Smith, Feind (wie Anm. 8), S. 57.
**21** | Ursula von Kardorff, Berliner Aufzeichnungen aus den Jahren 1942–1945, Neuausgabe hrsg. von Peter Hartl, München 1992, S. 40.
**22** | Boberach, Meldungen (wie Anm. 15), Bd. 13, S. 4888.
**23** | Goebbels, Tagebücher (wie Anm. 5), Bd. 7, S. 461, Eintrag vom 3.3.1943.

wendigsten organisierte. Die Angst vor den Luftangriffen glich sogar die Erschütterungen teilweise aus, die durch die Niederlage in Stalingrad ausgelöst worden waren. „Die Katastrophen, die Nazis wie Antinazis gleichermaßen treffen, schweißen das Volk zusammen", notierte Ursula von Kardorff und weiter: „Wenn die Engländer glauben, die Moral zu untergraben, so geht diese Rechnung nicht auf."[24]

Arthur Harris war sich dennoch sicher: „Wir können Berlin von einem Ende bis zum anderen verwüsten, wenn sich die Amerikaner daran beteiligen. Es wird uns zusammen 400 oder 500 Flugzeuge kosten, Deutschland aber wird es den Krieg kosten."[25] Damit überzeugte der Chef des Bomber Command Anfang November 1943 Churchill. Die Zerstörung der Reichshauptstadt sollte den Widerstand der Deutschen brechen und den Krieg zu einem raschen Ende führen. Anderthalb Dutzend Großangriffe mit jeweils mehreren hundert Maschinen würden genügen. Als „Luftschlacht um Berlin" ging Arthur Harris' Offensive zwischen November 1943 und März 1944 in die Geschichte ein. Doch es gelang nicht, in Berlin einen Feuersturm zu entfachen wie zuvor in Hamburg. Der entscheidende Schlag gelang nicht und im März 1944 ließ Harris seinen Versuch fallen, die Kapitulation „Hitler-Deutschlands" aus der Luft zu erzwingen. Die „Luftschlacht" schlug strategisch fehl: Die Verluste der Angreifer kletterten in unerträgliche Höhen, aber die Menschen in der Reichshauptstadt dachten nicht daran, den Theorien des Generals Douhet zu folgen und das NS-Regime zu stürzen.

Jedoch hatte die Serie von 16 Großangriffen durch die RAF und drei durch die 8. US-Luftflotte schlimme Folgen: Mehr als 800.000 Berliner verloren ihr Dach über dem Kopf; 16.150 wurden schwer verletzt und 7.400 getötet. Hans-Georg von Studnitz, ein Mitarbeiter des Auswärtigen Amtes, hielt seine Eindrücke fest: „Unbeschreibliche Stunden liegen hinter uns. Wir haben einen Weltuntergang überlebt. (…) Die von Brandgeruch und ausströmendem Leuchtgas geschwängerte Luft wird so unerträglich, die Finsternis so undurchdringlich, der Regenschauer vor sich herjagende Sturm so stark, dass unsere Kräfte erlahmen. Dazu versperren umgestürzte Bäume und Leitungsmasten, zerrissene Hochspannungskabel, verkohlte Straßenbahnwagen, Trichter, Gesteinstrümmer und Glasscherben den Weg."[26] Mit Organisationsgeschick, Improvisation und der unfreiwilligen Hilfe von Zwangsarbeitern ging das Leben in Berlin irgendwie weiter.

Nach einer Phase relativer Ruhe im Frühling und Sommer 1944 stand Berlin ab dem Herbst wieder ganz oben auf der Zielliste der Alliierten. Am 6. Oktober zum Beispiel griffen 375 US-Bomber Teile von Spandau, Tegel und Charlottenburg an. Längst funktionierte in der Stadt viel von der scheinbar selbstverständlichen Infrastruktur nicht mehr. Öffentliche Verkehrsmittel fielen reihenweise aus, manche tagelang, manche bis Kriegsende; Wasser, Strom und Gas wurden immer öfter abgestellt. Die Krankenhäuser waren überlastet, zumal viele Ärzte und Pflegerinnen in den Lazaretten an den näher rückenden Fronten Dienst taten. Die Nahrungsversorgung wurde immer schwieriger, zahlreiche Ausgebombte mussten bei Verwandten oder völlig Fremden unterschlüpfen. Anfang 1945 heulten die Luftschutzsirenen jeden Tag, häufig sogar mehrfach. Kleine Störattacken der RAF und Großangriffe der US-Luftwaffe ergänzten einander. Zwar hatte Goebbels seit Sommer 1943 vor allem Kinder aus der Reichshauptstadt ins Umland evakuieren lassen, aber immer noch lebten rund zweieinhalb Millionen Menschen hier.

Noch einmal kam Arthur Harris auf seine Idee zurück, mit einem gewaltigen Schlag gegen Berlin den Krieg zu entscheiden: Vier Nächte und drei Tage lang wollte er alle alliierten Flugzeuge gegen die Reichshauptstadt schicken und rund 20.000 Tonnen Bomben abwerfen lassen. Doch die US-Luftwaffe lehnte ab; stattdessen flog sie am

---

**24** | Kardorff, Aufzeichnungen (wie Anm. 21), S. 160.
**25** | Zit. n. Horst Boog u.a., Das Deutsche Reich und der Zweite Weltkrieg, Bd. 7, Das Deutsche Reich in der Defensive, Stuttgart/München 2001, S. 75.
**26** | Hans-Georg von Studnitz, Als Berlin brannte. Diarium der Jahre 1943–1945, Stuttgart 1963, S. 141f.

3. Februar 1945 den bis dahin größten Angriff des Zweiten Weltkrieges: Weit über tausend viermotorige Bomber blinkten auf den Radarschirmen der Berliner Luftverteidigung; das Ziel war das Regierungsviertel. Spreng- und Brandsätze zerstörten die südliche Friedrichstadt und Kreuzberg weitgehend, das Zeitungsviertel rund um die Kochstraße fast vollkommen. Ursula von Kardorff notierte: „Heute der schwerste Angriff auf die Innenstadt, den es je gegeben hat. Dass eine Steigerung überhaupt noch möglich war, hätte ich nicht gedacht."[27] Die „Washington Post" kommentierte mit Stolz: „Noch nie in diesem Krieg wurde ein Zielgebiet mit Bomben derartig gesättigt."[28] Allerdings überschätzte das Blatt die Folgen: Nicht bis zu 25.000 Berliner fielen dem Angriff zum Opfer, sondern knapp 3.000. Aus der Luft, das war nun endgültig klar, würde sich das „Dritte Reich" nicht in die Knie zwingen lassen. Giulio Douhet war widerlegt – zu einem allerdings unermesslich hohen Preis.

Inzwischen waren über tausend öffentliche Bunker fertig gestellt, die aber trotz ständig mehrfacher Überfüllung höchstens einem Drittel der Zivilbevölkerung Schutz bieten konnten. In den letzten Wochen des Zweiten Weltkrieges, vom Beginn der sowjetischen Schlussoffensive ab dem 16. April bis zur Kapitulation Anfang Mai 1945, starben in der Reichshauptstadt noch einmal so viele Zivilisten wie durch alle Luftattacken seit 1940 zusammen; auch die Verwüstung der Stadt durch die Endkämpfe am Boden fiel ähnlich verheerend aus wie die vorangegangenen Bombardements. Dennoch brannten sich die Luftangriffe noch tiefer in die Seelen der Zeitzeugen ein als die Straßenkämpfe. Das mag mit der schier endlos scheinenden Zeit zu tun haben, die man zusammengepresst in engen Schutzräumen verbringen musste; mit dem Gefühl des Ausgeliefertsein, wenn Bomben am massiven Beton zerschellten und die zehntausende Tonnen schweren Bunkerkolosse schwanken ließen wie ein Schiff in schwerer See; mit der steten Angst, verschüttet zu werden oder zu ersticken. Noch sechs Jahrzehnte später berichteten hunderte Augenzeugen von den Angriffen, als ob sie erst wenige Wochen zurückliegen. Das Ende der deutschen Großmachtambitionen dürfte wesentlich mit diesen Erfahrungen zu tun haben. Der Luftkrieg gegen die Zivilbevölkerung hat psychologisch schließlich doch gewirkt, wenngleich mit Verspätung.

**27** | Kardorff, Aufzeichnungen (wie Anm. 21), S. 287.
**28** | Washington Post vom 5.2.1945.

Laurenz Demps
**Berlin und die Folgen der NS-Herrschaft**

„Berlin, halt, besinne Dich, Dein Tänzer ist der Tod."[1] Dieser Ausspruch des expressionistischen Dichters Paul Zech aus dem Jahre 1918 gibt die Möglichkeit, sich dem Thema zu nähern. Es hat seine Tücken und Schwierigkeiten; hier wird über die Hauptstadt jenes Staates berichtet, der im Zweiten Weltkrieg unermessliches Leid über die Völker Europas brachte; hier wird über die Stadt berichtet, von der die Beschlüsse dazu ausgingen und die Details organisiert wurden. Es macht stets betroffen, in jenen Dokumenten die wohlbekannten Adressen zu lesen, die einst zu dieser Stadt gehörten und mit denen Leid und Unmenschlichkeit fest in die Gefühle und Herzen vieler Menschen außerhalb der deutschen Sprachgrenzen gebrannt sind. Gemeint sind Anschriften wie Wilhelmstraße Nr. 78 – Reichskanzlei, Prinz-Albrecht-Straße Nr. 8 – Reichsführung SS oder Unter den Eichen – SS Wirtschaftsverwaltungshauptamt.

An der Aussage über die Opfer des imperialen Gedanken und die Verstrickung des deutschen Volkes als Opfer und Werkzeug in Hitlers Politik und Kriegsführung halte ich fest[2] und das lässt zu, auch über die Berliner Bevölkerung zu sprechen, d. h. über das, was Nazizeit und Krieg aus dieser Stadt gemacht haben.

Vor der nationalsozialistischen Machtübernahme stand Berlin im Vergleich und in Konkurrenz zu London, Paris, Wien und Budapest um nur – mit Berlin – die fünf Städte zu nennen, die am Ausgang des 19. und zu Beginn des 20. Jahrhunderts für das moderne Europa standen.[3] Die Bevölkerungszahl der Metropole Berlin lag 1932 etwa in Höhe der Einwohnerzahl der Schweiz, die wirtschaftliche Leistungskraft der Stadt glich der des belgischen Königreichs. Nach Kriegsende hatte sich das Bild nahezu vollständig verändert. Es ist nicht möglich und im Übrigen wohl auch müßig, das Ergebnis der unterschiedlichen Kriegshandlungen – Luftangriffe und Schlacht um Berlin – für Berlin aufzuspalten. Die Konsequenzen für die Berliner Bevölkerung und für die zukünftige Entwicklung der Stadt waren jedenfalls erheblich.

**Kriegsende in Berlin**
Im Mai 1945 lebten 2.560.817 Menschen in Berlin.[4] Bei der Volkszählung vom 17. Mai 1939 waren es noch 4.338.756 Einwohner gewesen. Einen Eindruck von den Lebensbedingungen dieser Menschen vermitteln die Tagebuchnotizen des dänischen Journalisten Jacob Kronika.

Am 28. April 1945, wenige Tage vor Kriegsende, schrieb er: „Überall sieht es furchtbar aus. Russische Bombenangriffe haben große Verluste unter der Zivilbevölkerung verursacht. Für die Berliner ist das Artilleriefeuer weit weniger gefährlich. Die Menschen haben keinen Tropfen Wasser. Sie hungern. Überall, wo sich eine Gelegenheit dazu bietet, wird in großem Umfang geplündert. […] Alten Leuten, die sich nicht wehren können, nimmt man das letzte fort."[5]

**1** | So lautet eine Stelle in der 1918 geschriebenen Ballade von Paul Zech, Deutschland, Dein Tänzer ist der Tod. Aus dem Nachlass herausgegeben und mit einem Nachwort versehen von Helmut Nitschke, Rudolstadt 1980, S. 5.
**2** | Siehe dazu Laurenz Demps, Die Neue Wache, Entstehung und Geschichte eines Bauwerks, Berlin (Ost) 1988, S. 162–197.
**3** | Siehe dazu Industriekultur deutscher Städte und Regionen, hrsg. von Hermann Glaser, in: Exerzierfeld der Moderne, Industriekultur in Berlin im 19. Jahrhundert, Bd. 1, hrsg. von Jochen Boberg, Tilmann Fichter und Eckart Gillen, München 1984.
**4** | Berlin in Zahlen 1946/1947, Berlin 1949, S. 90.
**5** | Jacob Kronika, Der Untergang Berlins, Flensburg und Hamburg 1946, S. 171.

Am 4. Mai, zwei Tage nach der Kapitulation Berlins vor den sowjetischen Truppen hielt er fest: „Wir bekamen neue und erschütternde Eindrücke vom Schlachtfeld Berlin. Es ist unmöglich, die Vernichtung in Worten zu beschreiben. Das gesamte Zentrum, das Regierungsviertel und die Gegend um die Tiergartenfestung sind total zerstört. Die Straßen sind mit Wracks von ausgebrannten Autos, Panzern, Motorrädern, Geschützen und dergleichen übersät. […] Bis jetzt hat man selbstverständlich noch keine Zeit gehabt, alle Leichen und Kadaver zu beerdigen. Man ist aber damit in vollem Gange. Um die russischen Gefallenen kümmern sich die Russen selber. Die Deutschen müssen ihre eigenen Toten begraben. […] Überall sind die ersten russischen Tagesbefehle angeschlagen. Von 22 Uhr abends bis 8 Uhr morgens (Moskauer Zeit) dürfen sich keine Zivilpersonen auf der Straße zeigen. Radioapparate, Fotoapparate und Waffen müssen abgeliefert werden. Viele Berliner sind ständig unterwegs. Die meisten haben keine Bleibe mehr. Unzählige kampieren unter freiem Himmel in dem mit havariertem Kriegsmaterial übersäten Tiergarten. Bei allen Wasserpumpen stehen Menschen in langen Reihen. Hungernde sind auf der Jagd nach etwas Essbarem. Ihr Suchen ist oftmals von Erfolg gekrönt; sie finden Proviant bei gefallenen Soldaten, in zerschossenen Fahrzeugen, in zerbombten Häusern."[6]

Aufgrund der katastrophalen Versorgungslage in der Stadt sowie der zerstörten Wohnungen war im August/September 1945 eine Rückkehr der Berliner Flüchtlinge, die den Krieg an anderen Orten überstanden hatten, nur in Ausnahmefällen möglich. Viele konnten nicht nach Berlin zurückkehren, viele wollten es angesichts der Entwicklung der politischen Verhältnisse auch nicht. Andere wanderten auch nach 1945 aus dieser Stadt ab, so dass von einem großen Verlust der angestammten Berliner Bevölkerung ausgegangen werden muss, der zusätzlich mit einer Verlagerung – zunächst außerhalb der Stadt – von persönlichem Eigentum, Erinnerungsstücken usw. verbunden war; nachgeordnet also ein Verlust an Tradition und Wissen um die Geschichte der Stadt. In nüchternen Zahlen der Statistik ausgedrückt: Bis zum 29. Oktober 1946 hatte sich die Bevölkerung der Stadt um 26,5 % verringert. Die Gründe dafür sind wohl im Detail nicht mehr zu ermitteln. Insgesamt ging die Wohnbevölkerung der Stadt von 4.347.875 Einwohnern auf 3.064.629 Personen zurück.

### „Berlin – der Schutthaufen bei Potsdam"

Die Folgen des Krieges waren in der Stadt allgegenwärtig. Nach Kriegsende präsentierten sich 28,5 Quadratkilometer Stadtfläche als Ruinenlandschaft.[7] Die Zerstörung der materiellen Substanz und damit auch des Wohnraums in der Stadt war verheerend. Die Statistiken weisen für den Krieg einen Totalverlust von 500.795 Wohnungen oder 32 % des Bestandes vom 1. Januar 1943 aus. Am schwersten betroffen waren die Bezirke Mitte mit 53,8 % des Bestandes, Friedrichshain mit 50,8 %, Tiergarten mit 50,6 %, Steglitz mit 44,8 % und Wilmersdorf mit 44,2 % aller dort am 1. Januar 1943 vorhandenen Wohnungen. Die Berliner nannten ihre Wohngebiete sarkastisch „Stehtnix" (Steglitz), „Klamottenburg" (Charlottenburg), „Trichterfelde" (Lichterfelde) usw. Werden die verlorenen Wohnräume gezählt, wird die Zahl noch erschreckender: Es gingen insgesamt 2.037.074 Wohnräume oder 39,3 % aller am 1. Januar 1943 vorhandenen Wohnräume durch den Krieg verloren. Davon allein im Bezirk Mitte 291.423 oder 60,7 % des einstigen Bestandes.

Von allen vorhandenen Gebäuden – unabhängig, ob für Wohnzwecke genutzt bzw. wie viele Wohnungen in ihnen enthalten – waren 27.679 oder 11,3 % total zerstört. Hier bildete das Zentrum mit 34,6 % aller zerstörten Gebäude die traurige Spitze. Weitere 20.127 oder 8,2 % der Gebäude galten als wiederherstellbar und 171.965 waren leicht beschädigt oder galten als unbeschädigt.

**6** | Ebd., S. 188f.

**7** | Berlin in Zahlen (wie Anm. 4), S. 185.

Wie hoch die materiellen Schäden des Krieges für die Berliner waren, lässt sich nachträglich nur schwer ermitteln. Eine gewisse Möglichkeit der Ermittlung geben die Anmeldungen nach der Kriegssachschädenverordnung vom 30. November 1940. In ihr war der Grundsatz formuliert, „daß für alle Schäden, die seit dem 26. August 1939 innerhalb des Großdeutschen Reiches an beweglichen und unbeweglichen Sachen durch Beschädigung, Zerstörung oder sonstigen Verlust infolge eines Angriffs auf das Reichsgebiet oder eines aus anderem Anlaß erforderlichen Einsatzes der bewaffneten Macht entstanden sind und noch entstehen, Entschädigung von Seiten des Reiches" gewährt wird.[8]

Trotz der Begrenztheit der Aussage geben die bisher ermittelten Werte des von der Stadtverwaltung eingesetzten Kriegssachschädenamtes der Stadt Berlin die Tendenz der Entwicklung der Kriegsschäden wieder; bis heute konnte nur für den Zeitraum bis zum 31. Dezember 1944 in globalen Übersichten ermittelt werden. Nach ihnen wurden für die Zeit vom 1. Januar 1940 bis zum 31. Dezember 1942 Schäden infolge von Kriegsereignissen, in diesem Fall überwiegend durch Luftangriffe, in Höhe von 196.201.129 RM zur Erstattung angemeldet.[9] Das waren Forderungen für eine Zeit, in der relativ wenig Angriffe auf Berlin geflogen wurden. Für die folgenden Monate, also für die Zeit vom 1. April 1943 bis zum 31. Dezember 1944, wurden angemeldet: 5.077.543.613 RM als Ausgleich für die an Privateigentum, Eigentum der Industrie und Kommune entstandenen Schäden. Dabei allein für die Zeit vom 1. Oktober 1943 bis zum 31. März 1944 3.428.970.008 RM.[10]

Für die Zeit nach dem 1. Januar 1945 konnten bisher keine Angaben ermittelt werden. Es wird wohl eine zumindest gleich hohe Summe für die ersten vier Monate des Jahres 1945 angesetzt werden müssen. Hier sind die Schäden durch die Kampfhandlungen während der Schlacht um Berlin mit in Ansatz zu bringen. Die Höhe der angemeldeten Schäden nach der Kriegssachschädenverordnung betrug für Privatpersonen, Industriebetriebe und städtische Einrichtungen bis zum 31. Dezember 1944 etwa 5.273.744.733 RM. Es fehlen auch alle Angaben über den verheerenden alliierten Angriff vom 3. Februar 1945, bei dem unter anderem das Regierungsviertel um die Wilhelmstraße und bisher verschonte Wohnviertel im Südosten und Osten zerstört wurden. Trotz der Relativität der Angaben im Vergleich zum geschätzten Gesamtvermögen der Stadt von 40 Mrd. RM[11] bis zu diesem Zeitpunkt war davon mehr als ein Achtel im Feuer des Krieges untergegangen; insgesamt kann wohl von einem Verlust eines Viertels des Vermögens der Stadt ausgegangen werden.

Den persönlichen Verlusten der Bewohner der Stadt und der Vernichtung ihrer Arbeitsplätze im großen Umfang sollen zwei Werte gegenübergestellt werden. Die Berliner Wasserwerke legten am 14. November 1946 eine Aufstellung über ihre Kriegsschäden vor. Sie betrugen etwas mehr als 26 Mio. RM.[12] Die Berliner Kraft- und Licht-AG (Bewag) bezifferte ihren Schaden durch den Krieg auf 179,4 Mio. RM.[13] Das beleuchtet den Charakter einer modernen Stadt; diese stadttechnischen Anlagen wurden kaum vom Krieg in Mitleidenschaft gezogen. Das Statistische Amt der Stadt Berlin bezifferte den Schadensumfang der stadttechnischen Versorgung auf 0,8 % der Anlagen. Das bot angesichts der enormen materiellen Zerstörungen überhaupt die Voraussetzungen für ein Weiterleben in diesem Chaos und verhinderte letztendlich das Ausbrechen von großflächigen Epidemien. Es bot auch die Möglichkeit, die Gefahr des im Juli 1945 ausbrechenden Flecktyphus schnell zu bannen.

**8** | Reichsgesetzblatt, Teil 1, 1939, S. 1547f.
**9** | Landesarchiv Berlin (LAB), St. Rep. 105, Nr. 94, Bl. 748 sowie ebd., Hauptplanungsamt, o. Nr. u. o. Bl.
**10** | Bundesarchiv Koblenz, R 2/6192, o. Bl.
**11** | Eberhard Schneider, Wirtschaft und Bevölkerung, in: Berlin und die Provinz Brandenburg im 19. und 20. Jahrhundert, hrsg. von Hans Herzfeld, Berlin 1968, S. 408.
**12** | LAB, Bestand Städtische Wasserwerke, Akte 308, o. Bl. Die genaue Summe belief sich auf 26.394.365 RM. Ebd., Bestand Bewag, Akte 267, o. Bl.
**13** | Ebd., Bestand Bewag, Akte 267, o. Bl.

## Verlust wirtschaftlicher Leistungskraft

Bereits vor 1933 war Berlin ein zentraler Industriestandort im Deutschen Reich. Die Aufrüstung Deutschlands und der Aufbau der Wehrmacht prägten diese herausragende Stellung Berlins weiter aus. Unter Anknüpfung an die große Tradition der Berliner Industrie sowie unter Berücksichtigung der luftstrategischen Position der Region – d.h. ihre Lage in einem Raum, von dem man in den dreißiger Jahren annahm, er könne von Militärflugzeugen anderer Länder nicht erreicht werden – erfolgte ein enormer Ausbau der Berliner Industrie und der des Umlandes. Nach einer Übersicht der Industrie- und Handelskammer Berlin, deren Zuständigkeitsbereich sich auf die Stadt und den Regierungsbezirk Potsdam erstreckte, war in diesem Gebiet im Jahre 1940 wertmäßig ein Sechstel der Produktion Deutschlands in den Grenzen von 1937 – oder des Altreichs, wie es damals hieß – konzentriert. Die Stadt Berlin selbst war daran mit 8,5 % beteiligt. Der Gesamtwert der Produktion der Berliner Industrie in der Zeit der Rüstungskonjunktur wurde für das Jahr 1939 auf 4 Mrd. RM, das Gesamtvermögen der Stadt – privat, kommunal und gewerblich – auf 40 Mrd. RM geschätzt.[14]

Der Bankplatz Berlin zeigte seine überragende Bedeutung: Die Bilanzsumme der 17 größten Berliner Banken wuchs von etwa 20 Mrd. im Jahre 1933 auf 917,871 Mrd. RM im Jahre 1943.[15] Diese Stellung im Gefüge des deutschen Geld- und Wertpapiergeschäfts konnte die Stadt nach 1945 vor allem aus politischen Gründen nicht wieder erreichen.

Ab 1943 erfolgte unter zunehmender Wirkung der Luftangriffe eine Dezentralisierung der Industrie, insbesondere Betriebe der Elektro- und Flugzeugindustrie zergliederten ihre Fertigungsbereiche und verlagerten sie zunächst innerhalb der Stadt, dann vor allem aber in weniger luftgefährdete Gebiete außerhalb der Stadt oder bombensicher in Bergwerke, Höhlen oder neu errichtete unterirdische Fabriken. Dieser nicht nach Prinzipien der Verlust- und Gewinnrechnung erfolgte Aderlass an Industrie wurde nach 1945 durch Demontage infolge der flächendeckenden Reparationen noch wesentlich verstärkt. Der dann auf West-Berlin lastende politische Druck führte zu einer weiteren Abwanderung traditioneller Industriebereiche; Berlin verlor seine althergebrachte, überragende Stellung in der deutschen Industrie.

Aus Gründen des Luftschutzes erfolgte ebenfalls eine Verlagerung von wissenschaftlichen, insbesondere in der Rüstungsforschung tätigen Einrichtungen und deren Personal sowie der Industrie und der wissenschaftlichen Einrichtungen der Stadt. Sie kehrten nach 1945 nur zu einem sehr geringen Teil in die Stadt zurück. Infolge der aus politischen Gründen erfolgten Abwanderung der Industrie aus West-Berlin verblieben die Einrichtungen an ihren Verlagerungspunkten oder wurden an anderen Orten neu errichtet. Die überragende Stellung des Wissenschaftsstandorts Berlin ging verloren.

## Zerstörung von Kunst und Kultur

Nur mit krampfendem Herzen kann man die immer länger werdenden Listen der Zerstörungen der Kunst- und Kulturbauten der Stadt lesen. Da sie Eigentum des Reiches oder im Besitz des preußischen Staates waren, sind Angaben über sie in den kommunalen Unterlagen nicht zu finden. Minutiös hielt aber die Bau- und Finanzdirektion Zerstörungen und Schadensgrad der Bauwerke fest und vermeldete den Verlust der Substanz. Berühmte Bauwerke der Stadt, in denen teilweise Reichs- oder preußische Behörden untergebracht waren, sanken in Schutt und Asche; Theater und Kulturbauten ebenso. Ihr Aussehen kann heute nur noch in fotografischen Reproduktionen bewundert werden. Die Berliner Bibliotheken verloren in unterschiedlichem Maß große Teile ihrer Bestände; eine Ausnahme ist wohl die Bibliothek der Humboldt-Universität, die den Krieg relativ

**14** | Siehe dazu Laurenz Demps, Der Bericht der Industrie- und Handelskammer Berlin vom 15. Dezember 1940 über die wirtschaftliche Leistungskraft dieser Region, in: Bulletin des Arbeitskreises „Zweiter Weltkrieg", Nr. 1/2 (1987), S. 81–102. Siehe auch Brandenburgische Geschichte, hrsg. von Ingo Materna und Wolfgang Ribbe, Berlin 1994, S. 651ff.; Vgl. auch Schneider, Wirtschaft und Bevölkerung (wie Anm. 11).

**15** | Zusammengestellt nach Handbuch der Aktiengesellschaften, Ausgabe 1935 und Ausgabe 1944.

geschlossen überdauerte. Bei Kriegsende mussten aber z.B. großformatige Tafelwerke an den Volkssturm abgegeben werden; sie verkamen als Kugelfang in den Barrikaden an der Weidendammer Brücke.

Ganze Bibliotheken – so die wertvolle Schlossbibliothek und auch die Bibliothek des Reichstages – verschwanden für immer, ihre Bestände gingen in Rauch auf oder verkamen unter freiem Himmel, unter Trümmern und in den ersten Monaten der Nachkriegszeit auf der Straße. Die berühmte Staatsbibliothek Unter den Linden verlagerte ihre Bestände an die unterschiedlichsten Orte, vieles ging verloren, die Masse der Bücher blieb nach ungewissem Nachkriegsschicksal bis 1990 zweigeteilt und damit für alle Nutzer nur eingeschränkt von Wert. Noch heute sind nicht alle erhaltenen Bestände wieder an ihrem historisch gewachsenen Ort.

Katastrophal war das Schicksal der Berliner Kunstsammlungen, die einst neben den Museen von Paris und London zu den bedeutendsten Einrichtungen zur Bewahrung des Weltkulturerbes zählten. Zerstört ihre Häuser, die Inhalte zumeist auf die verschiedensten Orte verstreut. Die Bestände des Märkischen Museums schwammen im Mai 1945 im Wasser der Spree.

Zu beklagen ist auch die Vernichtung von Sammlungsteilen durch Unwissenheit, Dummheit, Gedankenlosigkeit und Bösartigkeit in der Zeit nach 1945. Ich denke an die Verschrottung von Beständen des Zeughauses auf Anweisung der SED-Führung – z. B. annähernd 200 historische Kanonen – in ihrem naiven Bestreben, damit den preußischen Militarismus auszurotten, die Aufteilung der Uniformsammlungen des Zeughauses an die Theater in der SBZ/DDR; beispielsweise landete eine Uniform Bismarcks im Landestheater Halle und konnte erst mit Mühe am Ende der fünfziger Jahre zurückgeholt werden. Hinzu kam Diebstahl in bis dahin nicht gekanntem Umfang. Mit Bestürzung erinnert sich der Verfasser daran, Särge in Grabkapellen auf den Berliner Friedhöfen gesehen zu haben, die aufgebrochen oder in Kopfhöhe zerstört waren, um an den Schmuck der Beigesetzten zu kommen. Schmerzlich, aber verständlich, da aus der Not geboren, das Verbrennen von Akten, um Wärme zu haben; das Kochen von Bauzeichnungen, um an die Gaze zu kommen, die man benötigte, um Windeln daraus herzustellen – so im Stadtbezirk Friedrichshain geschehen. Unwiederbringliches zur Dokumentation der Stadtgeschichte ging für immer verloren.

Verloren für immer auch das für die Stadtgeschichte so besonders wertvolle mittelalterliche Chorgestühl der Franziskaner-Klosterkirche. Ebenso die Sammlungen des Museums für Meereskunde. Sie waren zumeist aus Holz, also brennbar. Die Not verwertete sie für das Leben; die wenigen Kräfte des „Bewahrens" reichten nicht aus, um das, was den Krieg überlebte, auch zu sichern. Stärker war die Not, die alles „verwerten" musste, um zu existieren. Die Liste des hier Aufzuzählenden ist zu groß.

**Langzeitwirkungen**
Die NS-Zeit, die Luftangriffe auf die Stadt sowie die Schlacht um Berlin zeitigen Langzeitwirkungen bis in die Gegenwart. Zum einen: Berlin war im Jahr 1945 eine zerschossene, verkrüppelte Stadt mit einer Ruinenfläche von 28 Quadratkilometer in ihrer Mitte. Zum anderen: Berlin wird als Ort angesehen, von dem aus Menschenvernichtung und Krieg über die Völker Europas kamen; eine Tatsache, mit der schwer zu leben ist und die Schwierigkeiten der Politik beleuchtet, mit dieser Stadt umzugehen.

Im Antlitz der Stadt hinterließ der Krieg zahlreiche Spuren. Obwohl zerstört, waren viele Bauten in der Stadt wiederherstellbar, hätten wiedergewonnen werden können. Aus Blindheit, Hass, Dummheit, aber vor allem wohl dem Gedanken verpflichtet, durch endgültige Vernichtung der zerstörten Bauten den Zustand politischer Jungfräulichkeit wieder zu erreichen, verschwanden für immer bedeutende Architekturen aus dem Stadtbild Berlins. Das traf alle Teile, alle Bezirke der Stadt; im Osten besonders schmerzlich, da hier die historisch bedeutendsten Bauwerke – wie das Berliner Schloss – lagen. Durch den Kalten Krieg nach 1945 und durch die damit verbundene Teilung der Stadt entstand dann eine Stadtbrache auf einem Gebiet zwischen Landwehrkanal, Tiergarten, Spreebogen und Wilhelmstraße, einem Gebiet also, in dem das deutsche und Berliner Leben einst pulsiert hatten; die Schwierigkeiten einer Revitalisierung können täglich in der Berliner Presse, aber nicht nur dort, nachgeschlagen werden. Zu Recht fragt aber der Verleger Wolf Jobst Siedler danach, ob uns nach Fertigstellung der jetzt begonnenen Neubauten auch die Menschen zur Verfügung stehen, die diesen Raum wieder mit geistigem und politischem Leben erfüllen können.

Und in noch einer anderen Hinsicht müssen die Langzeitfolgen der Kämpfe um Berlin angesprochen werden. Am 3. Februar 1995, dem Tag der fünfzigsten Wiederkehr des verheerendsten Luftangriffs auf Berlin, konnte man in nur einer Berliner Zeitung folgende Schlagzeilen lesen: „Wie auf einem Pulverfass" und die Berliner Zeitung erklärte dies mit der Aussage, im märkischen Boden sei noch jede Menge Kriegsmunition verborgen. „130 Tonnen Munition werden jährlich geborgen". Und das nach fünfzigjährigen Anstrengungen in West wie Ost, diese materiellen Reste des Krieges gefahrlos zu beseitigen! Es heißt dann in dem Bericht weiter: „Erst in etwa 20 Jahren – 70 Jahre nach Kriegsende wird in Berlin nahezu gefahrlos gebaggert werden können." Die Senatsbauverwaltung warnt trotzdem: „Ein Restrisiko bleibt immer, auch dort, wo Spezialisten bereits gesucht haben. Denn auch die besten Sonden können getäuscht werden."[16]

In der Zeit vom 1. Januar 1991 bis zum 31. Dezember 2007 sind im Stadtgebiet von Berlin insgesamt 7.819 Bomben (einschl. Brandbomben) sowie 1.069.390 kg Fundmunition und Kriegsmüll von den Feuerwerkern des Kampfmittelräumdienstes entschärft und geborgen worden.[17] Die Tagespresse meldete im April 2009: „Noch 3000 Bomben liegen im Boden."[18]

---

**16** | Berliner Zeitung vom 3. Februar 1995, S. 2.
**17** | Diese Angabe verdanke ich den Mitarbeitern des Kampfmittelräumdienstes. Aufgenommen sind hier nur die Zahlen aus der Zeit nach der Wiedervereinigung Berlins. Werte aus den vorangegangenen Jahren konnten nur für das ehem. West-Berlin zuverlässig ermittelt werden. Die Unterlagen aus Ost-Berlin sind in den noch nicht vollständig aufgearbeiteten und verzeichneten Überlieferungen des Ministeriums des Inneren der DDR bzw. des Polizeipräsidiums zu vermuten.
**18** | So Der Tagesspiegel vom 26. April 2009, S. 19.

## Nachweis der verwendeten Zitate und Zeitungsausschnitte

Zitate

**S. 15:** Hans Sahl, Memoiren eines Moralisten, Zürich 1983, S. 116.

**S. 21:** Joseph Goebbels, Kampf um Berlin. Der Anfang, München 1942, 22. Auflage, S. 69 und S. 86.

**S. 26:** Joseph Goebbels in: „Der Angriff", 2. Jg., Nr. 18 vom 30. April 1932, Titelseite.

**S. 27:** Joachim Petzold, Franz von Papen. Ein deutsches Verhängnis, München/Berlin 1995, S. 152.

**S. 32:** Joseph Goebbels, Vom Kaiserhof zur Reichskanzlei, München 1934, Eintragung vom 30.1.1933, S. 251f.

**S. 33:** Bernd Schmalhausen, „Ich bin doch nur ein Maler." Max und Martha Liebermann im „Dritten Reich", Hildesheim 1998, S. 41.

**S. 42:** Erich Kästner, Bei Durchsicht meiner Bücher, Berlin, o. J., S. 5.

**S. 55:** Adolf Hitler, Reichenberger Rede vom 2.12.1938, abgedruckt in: Herbert Michaelis / Ernst Schraepler (Hrsg.), Ursachen und Folgen. Vom deutschen Zusammenbruch 1918 und 1945 bis zur staatlichen Neuordnung Deutschlands in der Gegenwart, Berlin o. J., Band. XI, S. 138.

**S. 67:** Frank Gruber / Gerhard Richter, Alltag im Dritten Reich. So lebten die Deutschen 1933–1945, Hamburg 1982, S. 126.

**S. 68:** Auszug aus dem Runderlass von Oberbürgermeister Heinrich Sahm vom 16.3.1934 an die Stadtverwaltung Berlin. Dienstblatt des Magistrats der Stadt Berlin 1934, Teil I, S. 87.

**S. 74:** abgedruckt in: Wolfgang Ayaß (Hrsg.), „Gemeinschaftsfremde". Quellen zur Verfolgung von „Asozialen" 1933–1945, Koblenz 1998, S. 125.

**S. 77:** Hedwig R., Wilmersdorf, an die Geheime Staatspolizei, 1938. Landesarchiv Berlin, A Rep. 358-02, Nr. 115473.

**S. 79:** abgedruckt in: Andreas Pretzel (Hrsg.), NS-Opfer unter Vorbehalt. Homosexuelle Männer in Berlin nach 1945, Münster 2002, S. 87.

**S. 82:** abgedruckt in: Romani Rose (Hrsg.), Der nationalsozialistische Völkermord an den Sinti und Roma. Katalog zur Ständigen Ausstellung im Staatlichen Museum Auschwitz, Heidelberg 2003, S. 25.

**S. 84:** Erich Ebermayer, abgedruckt in: Sven Felix Kellerhoff, Berlin unterm Hakenkreuz, Berlin 2006, S. 26.

**S. 89:** Der Stadtpräsident der Reichshauptstadt Berlin. Sonderbericht über die Entjudung des Einzelhandels in Berlin vom 5.1.1939. GStK, Rep 151 III, Nr. 9399, S. 2.

**S. 93:** abgedruckt in: Der Prozess gegen die Hauptkriegsverbrecher vor dem Internationalen Militärgerichtshof, Nürnberg 1947–1949, 42 Bde., Bd. 26, S. 532.

**S. 95:** Ruth Andreas-Friedrich, Der Schattenmann. Tagebuchaufzeichnungen 1938–1948, Frankfurt am Main 2000, S. 50.

**S. 97:** abgedruckt in: Laurenz Demps, Berlin-Wilhelmstraße, Berlin 1994, S. 223.

**S. 98:** abgedruckt in: Hans Bohrmann (Hrsg.), NS-Presseanweisungen der Vorkriegszeit. Edition und Dokumentation, Bd. 4/II: 1936, München 1993.

**S. 103:** abgedruckt in: Der Prozess gegen die Hauptkriegsverbrecher vor dem Internationalen Militärgerichtshof, Nürnberg 1947–1949, 42 Bde., Dokumentenband I, S. 408.

**S. 111:** Bundesarchiv Berlin, R 43 II/1028.

**S. 116:** William Shirer, Berliner Tagebuch. Aufzeichnungen 1934–1941, Leipzig/Weimar 1991, S. 209.

**S. 132:** abgedruckt in: Bernward Dörner, Die Deutschen und der Holocaust. Was niemand wissen wollte, aber jeder wissen konnte, Berlin 2007, S. 136.

**S. 134:** Joseph Goebbels, Die Tagebücher von Joseph Goebbels, Teil II, Diktate 1941–1945, Bd.1, München 1996, S. 485, Eintrag vom 24.9.1941.

**S. 139:** Joseph Goebbels, Die Tagebücher von Joseph Goebbels, Teil II, Diktate 1941–1945, Bd. 7, München 1996, S. 487, Eintrag vom 6.3.1943.
**S. 141:** Hans Rosenthal, Zwei Leben in Deutschland, Bergisch-Gladbach 1982, S. 75.
**S. 142:** Else Seelenfreund, abgedruckt in: Doris Tausendfreund, Erzwungener Verrat. Jüdische „Greifer" im Dienst der Gestapo 1943–1945, Berlin 2006, S. 240.
**S. 159:** Landgericht Berlin, Verfahren gegen Karl Reimer u. a., Ermittlungssonderband XXII, Urteil des Volksgerichtshofs vom 14.11.1944 gegen Lucian Pickert.
**S. 162:** abgedruckt in: Albert Speer, Erinnerungen, Frankfurt am Main 1969, S. 446.
**S. 167:** abgedruckt in: Curt Riess, Berlin. 1945–1953, Berlin o. J., S. 28.
**S. 188:** abgedruckt in: Andreas Pretzel (Hrsg.), NS-Opfer unter Vorbehalt. Homosexuelle Männer in Berlin nach 1945, Münster 2002, S. 94.

Zeitungen

**S. 16:** „Sklarek-Skandal": Berliner Volks-Zeitung, Morgenausgabe, 77. Jg., Nr. 460 vom 29.9.1929, S. 2.
**S. 16:** „Borsig schliesst": Berliner Volks-Zeitung, Abendausgabe, 79. Jg., Nr. 600 vom 21.12.1931, Titelseite.
**S. 16:** „Bewag-Verkauf": Berliner Volks-Zeitung, Abendausgabe, 79. Jg., Nr. 216 vom 9.5.1931, Titelseite.
**S. 18:** Grafik: „Reichstagswahlen": erstellt nach: Wolfgang Ribbe, Kleine Berlin-Geschichte, Berlin 1988, S. 244/5.
**S. 21:** Der Angriff, Jg. 1927, Nr. 1 vom 4.6.1927, Titelseite.
**S. 21:** „Politische Schlägerei": Berliner Morgenpost, Abendausgabe, Nr. 37 vom 12.2.1927, S. 3.
**S. 24:** „Nazi-Krawalle": Berliner Volks-Zeitung, Morgenausgabe, 79. Jg., Nr. 432 vom 13. September 1931.
**S. 25:** „BVG-Streik": Arbeiter Illustrierte Zeitung, Nr. 46 vom 13. November 1932, S. 1110/1.
**S. 34:** „Hitler Reichskanzler": Berliner Volks-Zeitung, Abendausgabe, 81. Jg., Nr. 50 vom 30. Januar 1933, Titelseite.
**S. 36:** Reichsgesetzblatt I, Berlin 1933, S. 83.
**S. 36:** Völkischer Beobachter, Norddeutsche Ausgabe, 46. Jg., 60. Ausgabe vom 1.3.1933, Titelseite.
**S. 37:** Arbeiter Illustrierte Zeitung, Nr. 21 vom 23.5.1935, Titelseite.
**S. 41:** „Ehrung…": Berliner Lokal-Anzeiger, Abendausgabe, 51. Jg., Nr. 299 vom 27.6.1933, S. 3.
**S. 44:** Völkischer Beobachter, Berliner Ausgabe, 64. Jg., 84. Ausgabe vom 24.3.1933, Titelseite.
**S. 45:** „Alle Führer…": Berliner Börsen-Courier, Abendausgabe, 65. Jg., Nr. 202 vom 2.2.1933, Titelseite.
**S. 45:** „SPD erledigt": Berliner Morgenzeitung, 45. Jg., Nr. 170 vom 23.6.1933, Titelseite.
**S. 45:** „Völlige Umgestaltung …": Berliner Lokal-Anzeiger, Morgenausgabe, 51. Jg., Nr. 167 vom 8.4.1933, Titelseite.
**S. 45:** „Auch Beamtenrecht …": Berliner Lokal-Anzeiger, Abendausgabe, 51. Jg., Nr. 168 vom 8.4.1933, Titelseite.
**S. 45:** „Die Reinigung …": Berliner Lokal-Anzeiger, Sonntagsausgabe, 51. Jg., Nr. 157 vom 2.4.1933, 8. Beiblatt.
**S. 45:** „Die Presse …": Der Montag, 2. Ausgabe, Nr. 16 vom 24.4.1933, S. 3.
**S. 46:** „Nationale Männer …": Berliner Lokal-Anzeiger, Abendausgabe, 51. Jg., Nr. 122 vom 13.3.1933.
**S. 47:** „Wohnung eines SPD-Stadtrats …": Berliner Volks-Zeitung, Abendausgabe, 81. Jg., Nr. 98 vom 27.2.1933, Titelseite.
**S. 48:** „Hitler zerschlägt…": Berliner Börsen-Zeitung, Morgenausgabe, Nr. 303 vom 1.7.1934, Titelseite.
**S. 49:** Todesanzeige Klausener: Germania, 64. Jg., Nr. 181 vom 3.7.1934, S. 10.
**S. 49:** „Hitler Staatsoberhaupt": Berliner Morgenpost, Nr. 184, Zweite Beilage vom 3.8.1934, S. 10.
**S. 52:** „Ein Volk …": Berliner Lokal-Anzeiger, Morgenausgabe, 51. Jg., Nr. 165 vom 7.4.1933, Titelseite.
**S. 55:** „Hitlergruß …": Völkischer Beobachter, Norddeutsche Ausgabe, 46. Jg., Nr. 229 vom 17.8.1933, S. 10.
**S. 63:** „Rundfunkempfang …": Völkischer Beobachter, Norddeutsche Ausgabe, 48. Jg., Nr. 36 vom 5.2.1935, Titelseite.
**S. 64:** „Generalangriff …": Berliner Lokal-Anzeiger, Morgenausgabe, 51. Jg., Nr. 276 vom 14.6.1933, S. 3.
**S. 65:** „Neues Arbeitsbeschaffungsprogramm …": Berliner Lokal-Anzeiger, Abendausgabe, 52. Jg., Nr. 228 vom 16.5.1934, S. 2.
**S. 66:** „Am Eintopfsonntag …": Völkischer Beobachter, Norddeutsche Ausgabe, 50. Jg., Nr. 10 vom 10.1.1937, S. 1.

**S. 68:** „Volksgemeinschaft …": Völkischer Beobachter, Norddeutsche Ausgabe, 49. Jg., Nr. 339 vom 24.12.1936, S. 2.

**S. 70:** „Kinderarmes Volk …": Völkischer Beobachter, Norddeutsche Ausgabe, 50. Jg., Nr. 140 vom 20.5.1937, S. 2.

**S. 72:** „Berlin, die Stadt …": Deutsche Zeitung, Abendausgabe, 38. Jg., Nr. 239B vom 12.10.1934, Beilage, S. 4.

**S. 76:** „14 Nachtlokale …": Berliner Morgenpost, Nr. 55 vom 5.3.1933, Beilage 1, S. 3.

**S. 85:** „Jüdische Frechheiten!": Völkischer Beobachter, Norddeutsche Ausgabe, 48. Jg., Nr. 196 vom 15.7.1935, Titelseite.

**S. 86:** „Rassenschande": Der Stürmer, 13. Jg., Nr. 36 vom September 1935, S. 7.

**S. 88:** „Kunden bei Grünfeld": Der Stürmer, 16. Jg., Nr. 10 vom März 1938, S. 3.

**S. 90:** „Versteigerungen": Berliner Lokal-Anzeiger, 56. Jg., Nr. 265 vom 27. November 1938, 11. Beiblatt, S. 1.

**S. 96:** „Austritt Deutschlands …": Berliner Volks-Zeitung, Abendausgabe, 81. Jg., Nr. 487 vom 14.10.1933, Titelseite.

**S. 104:** „Heimkehr ins Reich": Völkischer Beobachter, Norddeutsche Ausgabe, 48. Jg., 16. Ausgabe vom 16.1.1935, Titelblatt.

**S. 106:** „Dieser Vielvölkerstaat …": Berliner Lokal-Anzeiger, Abendausgabe, 56. Jg., Nr. 228A vom 22. September 1938, S. 4.

**S. 112:** „Neues Mietgesetz …": Berliner Lokal-Anzeiger, Morgenausgabe, 57. Jg., Nr. 107, vom 5.5.1939, S. 3.

**S. 117:** „Warschau hat kapituliert!": Berliner Lokal-Anzeiger, Morgenausgabe, 57. Jg., Nr. 232 vom 28.9.1939, Titelseite.

**S. 117:** „Belgiens …": Völkischer Beobachter, Norddeutsche Ausgabe, 53. Jg, 130. Ausgabe vom 29.4.1940, Titelseite.

**S. 117:** „Hollands …": Völkischer Beobachter, Norddeutsche Ausgabe, 53. Jg., Nr. 137 vom 16.5.1940, S. 4.

**S. 117:** „Deutschland …": Völkischer Beobachter, Norddeutsche Ausgabe, 53. Jg., 101. Ausgabe vom 10.4.1940, Titelseite.

**S. 117:** „Paris …": Völkischer Beobachter, Norddeutsche Ausgabe, 53. Jg., 107. Ausgabe vom 15.6.1940, Titelseite.

**S. 146**: „Dieser Kampf …": Berliner Morgenpost, 45. Jg., Nr. 1 vom 1.1.1943, Titelseite.

**S. 147:** „Ein Plünderer…": Berliner Morgenpost, 45. Jg., Nr. 55 vom 5.3.1943, S. 3.

**S. 178:** „Grenzübergänge": Berliner Morgenpost, 64. Jg., Nr. 188 vom 15.8.1961, S. 7.

**S. 180:** „Internationaler …": Berliner Zeitung, 1. Jg., Nr. 136 vom 19. Oktober 1945, Titelseite.

**S. 181:** „Spruchkammerentscheid …": Der Tagesspiegel vom 24.11.1954.

**S. 182:** „Dämonisch …": Der Kurier, 13. Jg., Nr. 147 vom 28.6.1957, S. 6.

**S. 183:** „Freisprüche …": Der Tagesspiegel vom 8. April 1971, S. 9.

**S. 184:** „Mörder …": Neues Deutschland, 13. Jg., Nr. 28 vom 1.2.1958, S. 6.

**S. 185:** „NS-Richter …": Berliner Morgenpost, 87. Jg., Nr. 262 vom 7.11.1984, S. 4.

**S. 186:** „Erste Vollsitzung …": Deutsche Volkszeitung, Nr. 17 vom 1.7.1945, S. 7.

**S. 186:** „Ein falsches OdF": Telegraf, Nr. 51/1 vom 9.6.1946, S. 3.

**S. 187:** „Gesetzliche …": Der Tagesspiegel, Nr. 1019 vom 22.2.1949, Beiblatt, S. 4.

**S. 187:** „Ehrenpensionen …": Neues Deutschland vom 10.4.1965, S. 2.

**S. 189:** „Zum Verbot …": Die Tat vom 16.9.1950.

## Ausgewählte Literatur

Aly, Götz / Sontheimer, Michael: Fromms. Wie der jüdische Kondomfabrikant Julius F. unter die deutschen Räuber fiel, Frankfurt am Main 2007.

Andreas-Friedrich, Ruth: Der Schattenmann. Tagebuchaufzeichnungen 1938–1948, Frankfurt am Main 2000.

Arbeitsgruppe zur Erforschung der Geschichte der Karl-Bonhoeffer-Nervenklinik (Hrsg.): Totgeschwiegen 1933–1945. Zur Geschichte der Wittenauer Heilstätten seit 1957 Karl-Bonhoeffer-Nervenklinik, 2. Auflage, Berlin 1989.

Arbeitskreis Berliner Regionalmuseen (Hrsg.): Zwangsarbeit in Berlin 1938–1945, Berlin 2003.

Arnold, Dietmar / Janick, Reiner: Sirenen und gepackte Koffer. Bunkeralltag in Berlin, Berlin 2003.

Ayaß, Wolfgang: Wohnungslose im Nationalsozialismus. Begleitheft zur Wanderausstellung der Bundesarbeitsgemeinschaft Wohnungslosenhilfe e.V., Bielefeld 2007.

Berliner Unterwelten e.V. (Hrsg.): Mythos Germania. Schatten und Spuren der Reichshauptstadt, Berlin 2008.

Biggeleben, Christoph / Schreiber, Beate / Steiner, Kilian J.L. (Hrsg.): „Arisierung" in Berlin, Berlin 2007.

Botor, Stefan: Die Berliner Sühneverfahren. Die letzte Phase der Entnazifizierung, Frankfurt am Main 2006.

Broszat, Martin: Die Anfänge der Berliner NSDAP 1926/27, in: Vierteljahreshefte für Zeitgeschichte 8 (1960) 1, S. 85–118.

Demps, Laurenz: Berlin-Wilhelmstraße. Eine Topographie preußisch-deutscher Macht, Berlin 1994.

Endlich, Stefanie: Wege zur Erinnerung. Gedenkstätten und -orte für die Opfer des Nationalsozialismus in Berlin und Brandenburg, Berlin 2006.

Falanga, Gianluca: Berlin 1937. Die Ruhe vor dem Sturm, Berlin 2007.

Friedrich, Thomas: Die missbrauchte Hauptstadt – Hitler und Berlin, Berlin 2007.

Gailus, Manfred: Protestantismus und Nationalsozialismus. Studien zur nationalsozialistischen Durchdringung des protestantischen Sozialmilieus in Berlin, Köln 2001.

Gedenkstätte Deutscher Widerstand (Hrsg.): Reihe zur Geschichte des Widerstands in Berlin, 23. Bde., Berlin 1983–2003.

Gruner, Wolf: Widerstand in der Rosenstraße. Die Fabrik-Aktion und die Verfolgung der „Mischehen" 1943, Frankfurt am Main 2005.

Ders.: Judenverfolgung in Berlin 1933–1945. Eine Chronologie der Behördenmaßnahmen, 2. Auflage, Berlin 2009.

Jersch-Wenzel, Stefi (Hrsg.): Das Leinenhaus Grünfeld. Erinnerungen und Dokumente von Fritz V. Grünfeld, Berlin 1967.

Kellerhoff, Sven Felix: Hitlers Berlin. Geschichte einer Hassliebe, Berlin 2005.

Knobloch, Heinz: Der beherzte Reviervorsteher, 2. Auflage, Berlin 1993.

Korff, Gottfried / Rürup, Reinhard (Hrsg.): Berlin, Berlin. Die Ausstellung zur Geschichte der Stadt, Berlin 1987.

Krüger, Arnd (Hrsg.): Die Olympischen Spiele 1936 und die Weltmeinung. Ihre außenpolitische Bedeutung unter besonderer Berücksichtigung der USA, Berlin / München / Frankfurt am Main 1972.

Meyer, Beate / Simon, Hermann (Hrsg.): Juden in Berlin 1938–1945. Begleitband zur gleichnamigen Ausstellung in der Stiftung „Neue Synagoge Berlin – Centrum Judaicum", Berlin 2000.

Pagenstecher, Cord: Zwangsarbeit in Berlin. Archivrecherchen, Nachweissuche und Entschädigung, Berlin 2007.

Pretzel, Andreas (Hrsg.): NS-Opfer unter Vorbehalt. Homosexuelle Männer in Berlin nach 1945, München 2002.

Ders./ Rossbach, Gabriele (Hrsg.): Wegen der zu erwartenden hohen Strafe. Homosexuellenverfolgung in Berlin 1933–1945, Berlin 2000.

Reinhardt, Hans / Schäche, Wolfgang (Hrsg.): Von Berlin nach Germania. Über die Zerstörung der „Reichshauptstadt" durch Albert Speers Neugestaltungsplanung, Berlin 1998.

Ribbe, Wolfgang: Geschichte Berlins, 2. Auflage, München 1988.

Rosenberg, Otto: Das Brennglas, Frankfurt am Main 1998.

Roth, Karl Heinz: Zwangsarbeit im Siemens-Konzern (1938–1945): Fakten – Kontroversen – Probleme, in: Kaienburg, Hermann (Hrsg.): Konzentrationslager und deutsche Wirtschaft 1939–1945, Opladen 1996, S. 149–168.

Sandvoß, Hans-Rainer:
Die „andere" Reichshauptstadt. Widerstand aus der Arbeiterbewegung in Berlin von 1933–1945, Berlin 2007.

Schäfer, Hans Dieter (Hrsg.): Berlin im 2. Weltkrieg. Der Untergang der Reichshauptstadt in Augenzeugenberichten, 2. Auflage, München/ Zürich 1991.

Schilde, Kurt: Versteckt in Tiergarten. Auf der Flucht vor den Nachbarn. Gedenkbuch für die im Bezirk in der Zeit des Nationalsozialismus Untergetauchten, Berlin 1995.

Schilde, Kurt / Tuchel, Johannes:
Columbia-Haus. Berliner Konzentrationslager 1933–1936, Berlin 1990.

Shirer, William L.: This is Berlin. Rundfunkreportagen aus Deutschland, Leipzig 1999.

Stiftung Topographie des Terrors (Hrsg.): Berlin 1945. Eine Dokumentation, 3. Auflage, Berlin 2003.

Stiftung Topographie des Terrors (Hrsg.): Die Wilhelmstraße. Regierungsviertel im Wandel, Berlin 2007.

Stiftung Topographie des Terrors (Hrsg.): 1936. Die Olympischen Spiele und der Nationalsozialismus, 2. Auflage, Berlin 1996.

Tausendfreund, Doris: Erzwungener Verrat. Jüdische „Greifer" im Dienst der Gestapo 1943–1945, Berlin 2006.

Thijs, Krijn: Drei Geschichten, eine Stadt. Die Berliner Stadtjubiläen von 1937 und 1987, Weimar/Wien 2008.

Verein Aktives Museum (Hrsg.): Vor die Tür gesetzt. Im Nationalsozialismus verfolgte Berliner Stadtverordnete und Magistratsmitglieder 1933–1945, Berlin 2006.

Wilderotter, Hans: Alltag der Macht. Berlin Wilhelmstraße, Berlin 1998.

Willems, Susanne: Der entsiedelte Jude. Albert Speers Wohnungsmarktpolitik für den Berliner Hauptstadtbau, Berlin 2002.

Wippermann, Wolfgang/Brucker-Boroujerdi, Ute: Das „Zigeunerlager" Berlin-Marzahn. in: Pogrom. Zeitschrift für bedrohte Völker, Nr. 130, 1987, S. 77–80.

## Personenregister

**A**ldag, Heinrich 73
Allers, Dietrich 130
Andreas-Friedrich, Ruth 95

**B**aeck, Leo 132
Baillet-Latour, Henri Comte de 99
Baldwin, Stanley 243
Baum, Herbert 126
Beck, Ludwig 236, 240
Behagel, Fritz 222
Benn, Gottfried 14
Bersarin, Nikolai E. 166
Best, Werner 214
Bethge, Eberhard 35
Blachian, Emil 135
Blecha, Kurt 176
Blumenfeld, Emil Israel 132
Bonhoeffer, Dietrich 234, 240
Bouhler, Philipp 128, 130
Bovensiepen, Otto 136, 183
Bracht, Franz 223
Brack, Viktor 130
Brand, Jan 149
Brandt, Karl 128
Braun, Otto 210
Brecht, Bertolt 14
Brüning, Heinrich 18
Brünn, Adolf 94

**C**hurchill, Winston 245, 247
Conti, Leonardo 219, 222

**D**aluege, Kurt 123
Dickow, Margarete 144
Dix, Otto 14
Dobberke, Walter 134, 228
Dobroszczyk, Hans 147
Dohnanyi, Hans von 236
Douhet, Giulio 242, 245, 247f.

**E**bermayer, Erich 84
Ebert, Friedrich 174
Ebert, Friedrich junior 36, 174
Eggeling, Günther 186
Eichmann, Adolf 136
Elser, Johann Georg 235
Engels, Friedrich 42
Epenstein, Elisabeth von 93
Ernst, Karl 48, 224

**F**ehling, Fritz 79, 80
Fiehler, Karl 216, 218
Foß, Hans 140
Foß, Harry 140
Foß, Margot 140
Foß, Peter 140
Foß, Werner 140
Freisler, Roland 159
Frick, Wilhelm 47, 212
Fritsch, Werner von 227
Fromm, Friedrich 159
Fromm, Julius 92f., 189

**G**eißler, Erich 185
Goebbels, Joseph 9, 20f., 26, 32, 35, 43, 61, 94, 106, 115, 123, 133f., 139, 146, 160, 181, 207–211, 216–220, 243–247
Goerdeler, Carl Friedrich 236
Goldstein, Bruno 143
Göring, Hermann 35, 47, 65, 93, 118, 207, 211–213, 242, 244
Gosch, Willi 73
Graustück, Max 183
Grünfeld, Max 88f.
Grynszpan, Herschel 94
Grzesinski, Albert 210
Gudell, Kurt 78f., 188

**H**ácha, Emil 106
Haeften, Hans-Bernd von 236
Haenisch, Konrad 201
Hanel, Erwin 231

Harnack, Arvid 127, 236
Harris, Arthur 246f.
Hassell, Ulrich von 236
Heartfield, John 19
Heilmann, Ernst 36
Heimannsberg, Magnus 210
Helldorff, Wolf Heinrich Graf von 24, 94, 210, 218–220
Henschel, Moritz 220
Herrmann, Werner 73
Heß, Rudolf 47, 180
Heydrich, Reinhard 74, 93, 136, 214
Hildebrandt, Friedrich 47
Himmler, Heinrich 213, 225-228, 230f., 240
Hindenburg, Paul von 10, 27, 31f., 49, 210–213, 216
Hirsch, Georg 94
Hirschfeld, Magnus 42, 223, 225
Hitler, Adolf 9f., 20, 27, 29, 31f., 34f., 47–49, 51f., 54–58, 62–64, 96–99, 101–103, 105f., 108, 110f., 115–118, 128, 132, 146, 158, 162, 207f., 210–213, 216f., 219, 221, 233–238, 240–242, 245–247, 249
Höhler, Albrecht 61
Honecker, Erich 195
Hunke, Heinrich 217

**I**saaksohn, Rolf 143

**J**akob, Erich 80

**K**aiser, Jakob 239
Kanstein, Paul 80
Kardorff, Ursula von 234, 246–248
Karsten, Leo 145
Kästner, Erich 42
Keitel, Wilhelm 163
Klausener, Erich 49
Klemperer, Victor 201, 205
Krause, Anna 144f.

Krause, Johann 144f.
Kronika, Jacob 249
Krützfeld, Wilhelm 94
Kübler-Issaksohn, Stella 142f., 182
Kühl, Max 89
Kuhn, Karl 221

**L**ammers, Hans Heinrich 47
Lasker-Schüler, Else 14
Lauenburger, Rudolf 74f.
Leber, Julius 252
Leon, Arno 135
Leon, Bernhard 135
Leon, Daisy 135
Leon, Gerhard 135
Leon, Gertrud 135
Leon, Harold 135
Leon, Heinz 135
Leon, Ilse 135
Leon, Käte 135
Leon, Rose 135
Leuschner, Wilhelm 236
Ley, Robert 45
Lichtenberg, Bernhard 236
Liebermann, Max 14, 33
Liebold, Gerhard 124f.
Lippert, Julius 46, 72,75, 89, 181, 216–222
Long, Luz 99
Löwenstein, Kurt 47
Luxemburg, Rosa 42

**M**ann, Heinrich 42
Maretzky, Oskar 46, 219, 222
Maron, Karl 174
Märtins, Hildegard 129
Märtins, Richard 129
Marx, Karl 42
Maschmann, Melitta 203
Mathewes, Otto 129
Meisinger, Josef 80
Meusel, Marga 236
Moltke, Helmuth James Graf von 236, 240
Morawski, Dieter 217
Mühsam, Erich 234, 237
Müller, Heinrich 136
Müller, Ludwig 45
Murr, Wilhelm 47
Mushanokoji, Kintomo 102
Mussolini, Benito 102
Mutschmann, Martin 47

**N**iemöller, Martin 45, 236

**O**lbricht, Friedrich 240
Oske, Ernst-Jürgen 184
Ossietzky, Carl von 234, 237
Oster, Hans 236
Owens, Jesse 99

**P**apen, Franz von 27, 210, 223
Paulert, Johanna 86
Pauschard, Hermann 220
Pickert, Lucian 159
Pieck, Wilhelm 236
Pinkus, Leo 86
Plönzke, Friedrich 183

**Q**uirnheim, Albrecht Ritter Mertz von 240

**R**ath, Ernst vom 94
Rehse, Hans-Joachim 184f.
Reich-Ranicki, Marcel 205
Reichwein, Adolf 239
Reimers, Paul 185
Remer, Otto-Ernst 158
Reuter, Ernst 175
Ribbentrop, Joachim von 102, 122
Riefenstahl, Leni 82, 181
Ritter, Robert 81
Röhm, Ernst 48, 213, 224f.
Rosenberg, Otto 82, 188
Rosenberg, Therese 82
Rosenthal, Gerd 141
Rosenthal, Hans 141, 188
Rumbold, Horace 33

**S**aefkow, Anton 252
Sahl, Hans 14
Sahm, Heinrich 46, 68, 216–219, 222
Sattler, Bruno 135
Sauckel, Fritz 47
Schell, Helene von 140
Schmaus, Anton 41
Schmaus, Johann 41
Schultz, Richard 78
Schulz, Elly 87
Schulze, Kuno 73
Schulze-Boysen, Harro 127, 236
Seelenfreund, Else 143
Serno, Walter 228
Severing, Carl 210
Shirer, William L. 116, 243f.
Sklarek, Leo 16

Sklarek, Willy 16
Smith, Howard K. 243, 246
Speer, Albert 110–113, 220
Spiewok, Karl 112f., 222
Sprenger, Jakob 47
Stauffenberg, Claus Schenk Graf von 158f., 235, 240
Steeg, Ludwig 216, 220–222
Steuck, Willi 94, 161
Studnitz, Hans-Georg von 247
Stübs, Gerhard 136

**T**enhold, Wilhelm 80
Todt, Fritz 64, 245
Trott, Adam von 236

**U**hland, Ludwig Adolf Gustav 218
Ulbricht, Walter 176, 190, 236

**V**enter, Kurt 183

**W**agner, Pesach 87
Wagner, Robert 47
Wartenburg, Peter Graf Yorck von 236, 240
Wassiltschikow, Marie 245
Weber, Paul 224
Weidling, Helmut Otto Ludwig 162, 242
Weigert, Evelin-Gisela 138f.
Weigert, Hans 138
Weigert, Herta 138f.
Weigert, Horst 138f.
Weiß, Bernhard 209f.
Wernicke, Hilde 180
Wessel, Horst 61, 208f.
Wieczorek, Helene 180
Wilhelm II. 201
Wulf, Joseph 192

**Z**ech, Paul 241
Zehden, Emmy 124
Zweig, Stefan 14

**Die Autoren**

Prof. Dr. Laurenz Demps ist emeritierter Professor für Territorialgeschichte am Institut für Geschichtswissenschaften der Humboldt-Universität zu Berlin.

Prof. Dr. Wolf Gruner hält den Shapell-Guerin Chair in Jewish Studies und ist Professor für Geschichte an der University of Southern California in Los Angeles.

Sven Felix Kellerhoff ist seit 2003 Leitender Redakteur der WELT-Gruppe für Zeit- und Kulturgeschichte.

Andreas Pretzel ist seit 1992 wissenschaftlicher Mitarbeiter an der Forschungsstelle zur Geschichte der Sexualwissenschaft bei der Magnus-Hirschfeld-Gesellschaft Berlin und promoviert am Zentrum für Antisemitismusforschung der Technischen Universität Berlin.

Prof. Dr. Peter Steinbach ist seit 1989 wissenschaftlicher Leiter der Gedenkstätte Deutscher Widerstand in Berlin und Professor für Neuere und Neueste Geschichte am Historischen Institut der Universität Mannheim.

Prof. Dr. Johannes Tuchel leitet seit 1991 die Gedenkstätte Deutscher Widerstand in Berlin und ist apl. Professor am Otto-Suhr-Institut für Politikwissenschaft der Freien Universität Berlin.

Prof. Dr. Michael Wildt ist Inhaber des Lehrstuhls für Deutsche Geschichte im 20. Jahrhundert mit Schwerpunkt Nationalsozialismus am Institut für Geschichtswissenschaften der Humboldt-Universität zu Berlin.

## Abkürzungsverzeichnis

| | |
|---|---|
| Bewag | Berliner Kraft- und Licht-AG |
| BDM | Bund Deutscher Mädel |
| BVG | Berliner Verkehrsbetriebe |
| CBS | Columbia Broadcasting System |
| DAF | Deutsche Arbeitsfront |
| Gestapa | Geheimes Staatspolizeiamt |
| Gestapo | Geheime Staatspolizei |
| HJ | Hitlerjugend |
| IOC | Internationales Olympisches Komitee |
| KdF | Kraft durch Freude |
| KPD | Kommunistische Partei Deutschlands |
| KZ | Konzentrationslager |
| NSDAP | Nationalsozialistische Deutsche Arbeiterpartei |
| NSV | NS-Volkswohlfahrt |
| OKW | Oberkommando der Wehrmacht |
| RFB | Roter Frontkämpferbund |
| RKPA | Reichskriminalpolizeiamt |
| RLB | Reichsluftschutzbund e.V. |
| RAF | Royal Air Force |
| RSHA | Reichssicherheitshauptamt |
| SD | Sicherheitsdienst |
| SA | Sturmabteilung |
| SS | Schutzstaffel |
| ZK | Zentralkomitee |